Rural China:
An International Journal of
History and Social Science

黄宗智
———— 主编

中国乡村研究

第十五辑

GUANGXI NORMAL UNIVERSITY PRESS
广西师范大学出版社
·桂林·

ZHONGGUO XIANGCUN YANJIU

图书在版编目（CIP）数据

中国乡村研究. 第十五辑 / 黄宗智主编. —桂林：广西师范大学出版社，2020.4
ISBN 978-7-5598-0021-3

Ⅰ. ①中… Ⅱ. ①黄… Ⅲ. ①农村－问题－研究－中国 Ⅳ. ①F32

中国版本图书馆 CIP 数据核字（2020）第 031499 号

广西师范大学出版社出版发行

（广西桂林市五里店路 9 号　邮政编码：541004）

　网址：http://www.bbtpress.com

出版人：黄轩庄
全国新华书店经销
广西广大印务有限责任公司印刷
（桂林市临桂区秧塘工业园西城大道北侧广西师范大学出版社集团有限公司创意产业园内　邮政编码：541199）
开本：720 mm × 1 000 mm　1/16
印张：19.5　　　字数：250 千字
2020 年 4 月第 1 版　　2020 年 4 月第 1 次印刷
定价：78.00 元

如发现印装质量问题，影响阅读，请与出版社发行部门联系调换。

《中国乡村研究》编辑委员会

主　编
黄宗智　中国人民大学法学院、历史与社会高等研究所,美国加利福尼亚大学洛杉矶校区历史系

副主编
Kathryn Bernhardt, History, University of California, Los Angeles

编委会
董磊明:农村社会学,北京师范大学
贺雪峰:农村社会学,武汉大学
刘昶:历史学,华东师范大学
梁桂萍:中国近现代乡村社会史,太原理工大学
王跃生:人口学,中国社会科学院
吴重庆:民间宗教,中山大学
吴毅:农村社会学,华中科技大学
夏明方:历史学,中国人民大学
应星:社会学,清华大学
张静:政治社会学,北京大学
张小军:人类学,清华大学
张玉林:乡村社会与环境问题,南京大学
赵晓力:法学,清华大学
赵旭东:人类学、法学,中国人民大学
Andreas, Joel, Sociology, Johns Hopkins University
Chan, Jenny, Sociology, The Hong Kong Polytechnic University
Day, Alexander, History, Occidental College
Dubois, Thomas, History, Independent Scholar
Harrell, Stevan, Anthropology and Environmental and Forest Sciences, University of Washington
Isett, Christopher, History, University of Minnesota
Judd, Ellen R., Anthropology, University of Manitoba

Lee, Ching-kwan, Sociology, University of California, Los Angeles
Li Huaiyin, History, University of Texas, Austin
Li Lianjiang, Government and Public Administration, The Chinese University of Hong Kong
Murphy, Rachel, Sociology, Oxford University
O'Brien, Kevin, Political Science, University of California, Berkeley
Peng Yusheng, Sociology and Economics, Brooklyn College
Pun Ngai, Sociology, The Hong Kong Polytechnic University
Reed, Bradly W., History, University of Virginia
Shue, Vivienne, Politics and Society, Oxford University
Unger, Jonathan, Political and Social Change, Australian National University
Whiting, Susan, Political Science, University of Washington
Wu Jieh-min, Sociology, Academia Sinica, Taiwan
Zhang, Qian Forrest, Sociology, Singapore Management University

协调编辑
张家炎：肯尼索州立大学历史与哲学系

执行编辑
陈柏峰：法学、社会学、政治学，中南财经政法大学法学院
高原：经济史与经济理论，中国人民大学
黄家亮：社会学、人类学、法学，中国人民大学社会与人口学院社会学系
李放春：历史学，重庆大学人文社会科学高等研究院
彭玉生：Sociology and Economics, Brooklyn College
尤陈俊：法学、历史学、人类学，中国人民大学法学院

投稿邮箱
ruralchinastudies@gmail.com

组织单位
历史与社会高等研究所(中国人民大学法学院、社会与人口学院暨农业与农村发展学院)

编辑部地址
广西桂林市七星区五里店路9号
广西师范大学出版社集团有限公司

目 录

国家与村社:历史、现实、未来

黄宗智　国家与村社二元合一治理传统的失衡、再失衡与再平衡:华北与江南地区的百年回顾与展望　1

革命史研究

岳谦厚、乔傲龙　"党报姓党"的实践逻辑——基于《抗战日报》的一项微观考察　28

民国山西的社会与经济

王志峰　山西根据地减租减息运动中"左"倾偏向何以发生　69

农村宗族研究

黄岩、胡侦　族群正义下的祖业权动员——以赣中地区下塘村反开发事件为例　107

农村家庭变化

杨华、王会　中国农村新"三代家庭"研究　128

吴海龙　大家庭式微:理解粤北宗族村落彩礼变迁的一种视角——基于城村的考察　162

新农业

夏柱智　嵌入行政体系的依附农——沪郊农村的政府干预和农业转型
　　　　 189

余　练　无雇佣化的资本化:对新型农业经营主体家庭农场性质再
　　　　 认识——以皖南萍镇粮食家庭农场为例　221

台湾农家经济

叶守礼　"寄接梨"的诞生:东势的农民家计经济与农业技术创新　276

国家与村社二元合一治理传统的失衡、再失衡与再平衡：华北与江南地区的百年回顾与展望

黄宗智（中国人民大学法学院，美国加利福尼亚大学洛杉矶校区历史系）

内容摘要：本文从论述中国的基本治理哲学出发，将其与英美现代传统思想进行对比，分析两者的优劣、得失。然后，聚焦于国家和基层社区间的关系的实际运作，回顾华北和江南地区近百年的历史演变，既突出其源自中华文明的国家与社会、道德理念与实用运作的二元合一治理思想，区别于西方现代英美模式中的二元对立非此即彼思想，也梳理了其在实践之中所展示的优点和失误，提出如何纠正后者的问题。文章对比了传统的治理模式及其近现代的演变、集体化时期采用的模式、改革期间采用的模式，以及这些变迁中所展示的一些基本问题。文章进而提出，需要在中国体制本身的传统之内探寻可用资源来纠正部分偏颇的倾向，并建议采用"群众路线"中的优良传统，去掉其运动政治的偏颇，把其优越的"调查研究""试点""民众参与"传统进一步制度化，倡议把民众参与设定为拟定和执行关乎民生的重大公共政策的必备条件，真正做到结合由上而下和由下而上的二元合一设想，用意是以其来取代英美模式中的民选制度。"民众参与"的制度化设定既部分源自中华文明"仁治"理念，也源自现代政党—国家体制的为人民服务的理念和由下而上的民众参与传统，借此应该可以防范过去民生公共政策中出现的偏颇。

关键词：道德意识形态与实用意识形态　国家与个人/经济/社会的二元对立　国家与个人/经济/社会的二元合一　集体化模式与改革模式　社区合作模式与民众参与模式

回顾传统中国的治理意识形态，我们可以区别两个层面，一是其理念方面的道德主义，可以称作道德意识形态，二是其实践方面的实用主义，可以称作实用意识形态。这对概念既取自笔者自身关于中国传统正义体系的"实用道德主义"分析（黄宗智，2014b），也借助了舒尔曼（Franz Schurmann，1970 [1966]）关于中国共产党的"纯粹意识形态"（pure ideology，指马列主义）和"实用意识形态"（practical ideology，指毛泽东思想）的划分。如此的划分有助于我们理解儒家和中国共产党治理思想中的道德主义和实用主义的二元性。同时，需要进一步强调的是，两者这样划分的用意并不是要把它们建构为非此即彼对立的二元，而是要强调两者间的二元合一与平衡，缺一不可，其间既有张力，也有互动和互补，更有应时的演变。

这就和现代西方，尤其是英美传统的思维方式十分不同。在英美主流的"古典自由主义"思想中，特别是在经典的亚当·斯密（Adam Smith，1976 [1775-1776]）的经济思想和约翰·斯图尔特·密尔（John Stuart Mill, 1859）的政治思想中，国家与市场／经济、国家与个人／社会是对立的，据此思维而形成的"古典自由主义"（classical liberalism）经济思想的核心是，要求国家"干预"市场的最小化，尽可能让市场机制自我运作，让其充分发挥"看不见的手"的作用，认为那样才能促使生产资源的最佳配置。在政治领域，则特别偏重确立个人自由的权利，认为法律的主要功能是防范国家权力对其的侵犯（也要防范大众对个人的侵犯），从而延伸出保障个人思想、言论、组织自由等基本权利的法理。前后一贯的是，从国家与社会／经济、国家与个人的二元对立基本思维，得出偏重二元中的单一方的经济自由主义和法律自由主义，由此形成所谓的自由—民主（liberal democracy）治理传统。

更有进者，自由主义思想采取了同样的二元对立倾向来思考一系列其他的问题，不仅是国家 vs. 经济、国家 vs. 个人，还包括道德主义（实质主义)vs.形式主义、非理性主义 vs. 理性主义、特殊主义 vs.普世主义等二元对立范畴(binary opposites)。在英美传统的斯密和密尔之外,特别突出的是德国的韦伯,他也是一位影响深远的自由主义思想家。他虽然提出了实质与形式、非理性与理性的二元划分,并据此演绎出交叉的四种法律理想类型(实质非理性、实质理性、形式非理性、形式理性),但实际上,他在法律历史叙述中,基本只采用了单一的二元对立,即实质非理性与形式理性的二元对立,把西方的法律演变历史叙述为趋向形式理性法律的历史,把非西方文明(包括中国、印度、伊斯兰)的法律传统则全都认作实质非理性的法律。对他来说,道德理念是实质主义的和非理性的,是特殊的而不是普世的,它们多是来自统治者一己的意愿,而不是依据不言自明的公理(个人权利),凭借普适的(演绎)逻辑而得出的普适法理。在他那里,现代西方法律的总体趋势是形式理性法律的逐步形成。(Weber,1978[1968]:viiii,尤见第1章结尾部分的总体框架和第4—8章的论述)

　　与此相比,中华文明的传统则一贯没有如此把二元范畴对立起来建构成非此即彼的选择。一个突出的例子是,建立"帝国儒家主义"(imperial Confucianism)的董仲舒所采纳的阴阳学说的二元合一宇宙观。它是董仲舒结合偏重道德理念的儒家和偏重实用刑法的法家的"阳儒阴法"二元合一思想背后的基本思维。中国传统法律中道德主义与实用主义的长期并存,普适的理念与特殊的经验的二元合一等思维,也是基于同一的思路。在"帝国儒家主义"的治理理念中,拒绝国家与经济/市场、国家与社会/个人间的二元对立、非此即彼的建构,强烈倾向二元(乃至多元)合一的思维。(黄宗智,2014b.1;亦见黄宗智,待刊 c:"代后记")

　　当然,正如自由—民主思想者所指出,如此的思维欠缺针对国家权力的个人权利设定,倾向允许威权乃至于极权治理。它也拒绝严格要求法律在逻辑上的统一,允许普适理念和特殊经验、道德理念和实际运作之间的背离共存。但反过来说,我们也可以从二元合一的思维角度来批评二元对立思维中偏重理念无顾经验的反实际倾向,以及偏重个人权利而强烈抑制国家权力的自由主义思维。其中,缺乏平衡、结合二元的"过犹不及"的("中庸之道"的)思想。我们还可以说,无论是在人际关系层面、认知层面,还是治理层面上,二元对立、非此即彼的思维都很容易失之偏颇。譬如,它促使现代西方正义体系强烈倾向把几乎所有的纠纷都推向必分对错的框架,由此形成了过度对抗性的法律制度,缺乏中华文明中经过调解和互让来处理大部分纠纷的传统。(黄宗智,2016b)

具体到国家和基层社区间的关系,中国的治理体系从古代、近现代到当代,都展示了简约治理的倾向,高度依赖社区的道德化非正式民间调解机制,并且由此产生了多种多样的源自国家正式机构和民间非正式组织间的互动而形成的"半正式""第三领域"治理系统。后者和国家与社会二元合一而不是非此即彼对立的基本思维直接相关,也和道德意识形态与实用意识形态二元合一的思维直接相关。

以上固然是简单化了的、乃至于夸大了的中西对照,但是,本文将论证如此的划分有助于我们更清晰地思考中国的政法传统及其今后的出路。本文特别关注的是国家和村庄间关系的问题,从笔者深入调查研究的华北和江南地区近百年来的历史回顾出发来梳理、区别其历史演变中所展示的几种不同的国家与村庄关系的模式,据此来论析各种模式的优点和缺点,进而提出对中国未来发展的看法。

一、百年回顾

(一)现代之前

1.道德意识形态

儒家治理的道德意识形态的核心在于"仁政"的道德理念,即儒家经典四书中的《大学》所开宗明义的理念:"大学之道,在明明德,在亲民,在止于至善。"理想的统治者是道德修养(格物、致知、修身、齐家、治国、平天下)达到至高境界的贤者、"圣人"。而治理实践中的至理是孟子所言的"民为贵,社稷次之,君为轻"(《孟子·尽心下》),也是历代格言谚语"得民心者得天下"所表达的儒家道德意识形态。

固然,在实用层面上,历代的皇帝较少有达到"贤君"境界者,在一个数百年的朝代的历史中,不过有三两位"贤君",而达不到理想的"庸君""昏君"(乃至"暴君")则占大多数。在那样的历史实际中,儒家的仁君理念显得过度抽象,不仅缺乏对君主权力的有力制衡和对君主的制度化约束,而且缺乏凭民选来更替统治者的制度。在世袭君主的帝国制度之下,最终只能凭借民众的反叛来建立新皇朝而更替皇帝。

即便如此,我们也应该承认,中国古代的政治体制不能简单地总结为"专制"。在仁治理念的推动下,中国唐代以来便形成了典范性的科举制度,通过考试来选择全国在高度道德化的儒学中成就至高的人员为帝国的官员。在实际运作中,由这些官员所组成的行政体系已经带有一定程度的现代"科层制"特征,是个对皇帝的极权具有一定制约功能的制度。此外,根据仁政道德理念而形成的法律制度,在实际运作层面上,对皇权也形成一定的制度化约束(譬如,皇帝不能轻易、随意修改律法)。虽然如此,由于帝国皇帝近乎绝对的权力以及其世袭制度,并未能真正有效地排除历朝都多有权力过大的庸君和昏君的弊端(当然,西方的民选制度也多会产生昏庸的统治者,但其权力受到"三权分立"体制的制衡)。

至于国家与最基层社会的村庄的关系方面,中国自始便形成了一个依赖德治多于管制的传统。在儒家的理念中,道德高尚的统治者会促使庶民也遵从国家的道德意识形态,促使民众和谐共处,不需要国家的过分干预。有清一代,在县级政府以下村社以上,甚至一度设有专管道德教育的半正式"乡约"人员,由其负责庶民的道德教化。民间的纠纷多凭借国家"仁"与"和"的道德意识形态而形成的社区非正式调解制度来处理;国家机构在民间调解不能解决纠纷的时候方才介入。在那样简约治理的实用意识形态中,把关乎"细事"的民间纠纷认定为应该优先让社区本身来处理的事务,不能解决时才由县衙介入,并且是由其"(州县)自理",不必上报。这就是道德意识形态下的无讼、厌讼治理理念的实用状态,更是(中央集权下的)"简约治理"实用意识形态的具体体现。(黄宗智,2007;亦见黄宗智,2015:第18章)

2.实用意识形态

这个治理体系的关键在崇高的道德理念与实用性治理的二元合一、互补与互动。在基层,尽可能依赖村庄人民的道德观念,以及不带薪的(非正式的)村社自生领导来处理村庄内部的问题,尽可能依赖社区自身的内在机制来解决纠纷。在村庄之上,县衙之下,则设置简约的半正式治理人员。有清一代,除了上述负责道德教育的乡约外,在理论上还设定管治安的不带薪酬的半正式保、甲长,以及管征税的同样是半正式的里、甲长。但实际上,伴随长期的安宁,这个乡约+保甲+里甲的基层治理制度蓝图则趋向比其设计要简约得多的实施。在19世纪的文献证据中,我们可以看到,已广泛演化为三者合而为一的"乡保"制度(Hsiao,1960)。所谓的乡保是个处于自然村之上,介于村庄和县衙之间的一个不带薪的半正式国家治理人员(在19世纪宝坻县平均20个村庄一名乡保——黄宗智,2014a.1:41),由地方上的士绅推荐,县衙认可,由他们来负责连接县衙和村庄的职务。(黄宗智,2014a.1:193—199;黄宗智,2007)

伴随如此的简约治理制度,村社内部多产生了自发的纠纷处理和治理体系。譬如,华北平原的村庄形成了村社内在的非正式"首事"(亦称"会首")制度,一村之中会有几位威信高的人士被公认为带领村务的首事。这些被村民公认的人士还参与村内的调解工作——由他们之中的一位或(在重大纠纷情况下)多位,与纠纷双方当事者分别会谈,凭"仁"

与"和"的道德理念来劝诫双方,促使双方互让来解决纠纷,而后由双方"见面赔礼",由此"息事宁人"。这样,大部分的民间"细事"纠纷都通过社区本身来解决,既起到和谐的作用,也减轻了国家正式机构的负担。这一切在19世纪的县级诉讼档案和20世纪30年代和40年代在华北的(满铁)经济和社会人类学的实地调查研究中(主要是详细具体的对村民的按题访谈记录),都有详细的资料为凭据。(黄宗智,2014a.1:203—209;调解见黄宗智,2014b.1:49—57;亦见黄宗智,2014b.3:20—29)它较好地展示了崇高的道德理念和简约的实用运作的二元合一治理系统。

3.国家与村庄的二元合一

与现代西方(特别是英美的)政治思想传统相比,中国的基层治理没有设想国家和村庄(社会/个人)非此即彼的二元对立,一直坚持把国家和人民(村社)视作一个二元合一体。那样的基本观点的优点在于其比较崇高的道德理念,并由此形成了中国比较独特的简约正义体系,借助民间的非正式调解体系来辅助国家的正式法律制度,借此解决了大部分的民间"细事"纠纷,没有形成英美的过分对抗性的法律制度。

伴随"简约治理"实用意识形态而呈现的另一关键性实践方式是国家和社会在互动、互补中所形成的"第三领域"中的半正式治理制度。半正式的"乡保"可以从两个不同视角来理解:一是国家机构的权力凭借不带薪但由国家认可的半正式人员来延伸,是县衙权力伸向基层农村社区的具体体现;二是基层民间组织通过国家的认可而半国家化,延伸向国家的正式机构。半正式的"乡保"所代表的是国家和社会的互动、互补的交接点。

更具体而言,笔者之前详细论证了在诉讼案件进行的过程中,县衙常会榜示其对当事人的告状和之后呈禀的文件的批示,而当事人通过乡保或榜示,或通过衙役传达,会由此获知知县对一个案件进程的陆续反应。而那样的信息会直接影响社区由于诉讼而引发更为积极的调解或重新调解。而社区的非正式调解一旦成功,当事人便可以具呈县衙,要求撤诉。县衙则会在简约治理实用意识形态下(民间细事纠纷应该优先由社区本身来处理),几乎没有例外地批准销案。在这个国家与社区互动的"第三领域"中,乡保处于重要的衔接地位。(详细论证见黄宗智,2014b.1:第5章)

正是这样的国家和社会/社区的互动、互补,具体展示了国家和社会二元间的二元合一设想。它是国家以"仁"与"和"为主的道德意识形态,与其"简约治理"实用意识形态的搭配下所产生的非正式和半正式治理现象的具体体现。西方传统中的国家与社会二元对立的基本思维则不会产生这样的二元合一治理实践,而是会更多依赖非此即彼的国家与民间、正式与非正式的划分,也会更多依赖必分对错的方式来解决纠纷。这也是西方的中国研究大多忽视国家正式治理体系之外的非正式和半正式治理的根本原因。(黄宗智,2007)它堪称中国治理不同于西方的一个重要"特色"。

(二)民国时期

进入民国时期,上述的中国治理系统既有演变也有延续。首先,"现代"国家更为深入地渗透村庄,具体体现为在"县"级机构之下,组建了"区"级正式带薪的区长(其下设有武装人员)的正式政府机构(近似当代的"乡镇"行政阶层)。(黄宗智,2014a.1:235—237,243—245)其次,建立了村长制:之前最底层的半正式治理人员"乡保"是设置在村庄之上的,而村长则是设置在村庄本身的半正式人员。在华北平原一般是自然村,在江南松江地区则是在小型自然村(塍)之上,合并几个"塍"而组成的"行政村"。

"村长制"仍然是一种半正式的制度,村长由村社体面人士举荐,县政府批准,但不是一个带薪的正式国家人员。新村长的主要职责(像之前的乡保那样)在征税和治安,也包括(与村庄自生的其他领导人士一样)协助解决社区内的纠纷。在盗匪众多的淮北地区,不少村长还会领导、组织村庄自卫,如红枪会。(Perry,1980)河北、山东的村庄中也有那样的实例。(黄宗智,2014a.1:206—211,224—225)

这样,民国时期的中国一定程度上也步入了具有较强渗透力的"现代国家政权建设"(modern state-making)的过程。虽然如此,仍然维持了传统崇高的"和"的道德理念以及仍然是比较简约的基层实用治理,包括依赖非正式和半正式的人员以及民间的调解,与西方的"现代国家"仍然有一定的不同——无论是韦伯(Weber,1978[1968])所论析的现代"科层制"国家,还是迈克尔·曼(Michael Mann,1986)所论析的"高渗透力"(high infrastructural power)现代国家——它们都是高度正式化的治理体系。(黄宗智,2007)

在军阀战争频发和盗匪众多的民国时期中,有的村庄呈现了传统村社秩序的衰败乃至于崩溃,从而导致所谓的"土豪劣绅"或"恶霸"势力的兴起,显示了传统实用道德主义治理系统的衰败。在被调查的华北平原村庄中便有如此的实例。他们成为后来土地革命运动中的重要斗争对象之一。(黄宗智,2014a.1:225—230,230—233)

(三)集体化时期

在集体化时期,村庄经历了进一步的改组和演变。首先是在村级的行政组织之上,成立了村社的党支部,使得政党—国家的体制权力深入村社。这个新制度是伴随20世纪50年代中后期的"社会主义建设"运动而设定。后者全面改组了村庄的一些最基本的制度,包括土地和生产资料的集体化、村庄劳动力的(集体)组织化以及村庄生产的计划化。其次,社区的调解制度被"干部化",不再是主要由村社内受村民尊敬的非正式人士来进行纠纷调解,而是主要由新设的村支书和村长来调解村庄内部的纠纷。伴之而来的是国家(政党—国家)权力深入每个村庄。这一切在笔者20世纪80年代在江南和华北所做的实地访谈研究和当地县法院诉讼档案的研究,以及笔者其后在20世纪90年代所做的聚焦于纠纷处理的访谈研究中,都有比较翔实的资料为证。(黄宗智,2014a.1:151—164;黄宗智,2014b.3:30—37)

在"大跃进"时期,政党—国家体制下的全能统治大趋势达到其顶峰。国家试图把农业完全产业化,使用类似工厂乃至于军队的组织,认定生产和组织规模越大越好,把村民完全纳入庞大的人民公社,甚至把一般生活组织化,一段时期中还设立了公共食堂来取代一家一户的分爨。同时,把人可胜天的革命意识推到了极端,要求完全克服自然条件的制约,要求把农业跃进到不可思议的高产水平。在政党—国家高度集权体制中,出现了由上到下的政策实施过程中的极端化和简单化("一刀切")。由于政策严重脱离实际,更引发了由下到上的作假现象,导致完全背离实际的浮夸和弄虚作假等恶劣的状态。加上自然灾害的影响,导致1959—1961三年困难期的严重危机。① 它是当时体制可能失衡的弱点的重要实例。在思维方式的层面上,"大跃进"更把国家和社会二元合一中的"合一"推到了"统一"的极端,实际上抛弃了二元共存互动、互补的传统。②

---

① 在笔者调查的华阳桥村(和松江县),对中央的"大跃进"路线有一定的抵制,而因此被认作是反对毛泽东的"彭[德怀]主义"的一个据点。尤其是在种植业方面,华阳桥把极端的种植方式限定于少量的"卫星地"试验田(总共才6亩土地),其总体的粮食生产因此相对稳定,直到1961年、1962年的春季多雨和秋季早寒气候的天灾时方才明显下降。虽然如此,我们也可以从华阳桥的经验证据看出当地大队干部(乃至于县领导)所面对的压力。在"大跃进"风暴的影响下,华阳桥也终止了自留地和家庭副业,并一度执行了大食堂政策,对村庄生产起到破坏性的影响。虽然,在发展村(大队)级工业方面,做出了一定的正面成绩。(黄宗智,2014a.1:230—236)但从全国范围来看,"大跃进"的结果无疑是灾难性的。

② 应该说,如此的"统一"和中国传统中对马列主义中的二元辩证对立统一的认识不无关系,与中华文明中的(变动中的)二元合一(持续的互动、互补)思维有一定的不同。后来的"文化大革命"则可以被视作相反的,由社会运动吞食国家的二元辩证对立统一的极端。

(四)改革时期

在去集体化的改革时期,先是一定程度上返回到类似于民国时期的状态:国家管制范围收缩到主要限于保安和征税(加上1980年后严格执行的计划生育政策),但较少管制生产,并把纠纷解决制度重新非正式化(从以村长和支书为主降到越来越多依赖村社本身的其他威信高的人士的"调解委员会",乃至于完全非正式的人士来处理纠纷)。同时,借助新型的半正式化的国家机构,如乡镇政府下属的法律服务所和警察派出机构,来处理村社的(半正式化)民间"调解委员会"所不能解决的纠纷和问题。(黄宗智,2014b.1:37—51)一定程度上,这一切是对过去极端化治理的反应,返回到比较平衡的二元合一实用道德主义治理传统。

其后,在2006年正式完全废除农业税之后,更经历了重要的历史性变化:国家不再从村庄汲取税费,而转入越来越多地凭借"项目"和其他类型的"转移支付"来试图"发展"经济。2016年以后计划生育的全面松弛化也促使村庄"管制型"治理的收缩。如今的国家和村庄间的关系,已经成为一个"给"多于"取"的关系,"放任"多于"管制"的关系。表面看来,这是国家从汲取到给予、从管制到服务村庄的"现代化"和根本性改变。

二、村庄社区的衰落

最新的状态对村庄来说应该是个划时代的大好事,国家不再汲取村庄资源,反之,将"反哺"农村,"以工补农",以政府的"转移支付"和"项目"来补农。但在实际运作中,却没有那么简单。

首先,废除税费——特别是农业税和之前的"三提五统"收费——的实际效果并不简单是减轻了农民的负担,而同时也掏空了最接近村庄的乡镇政府的财政收入。周飞舟(2006)把这个过程称作乡镇政府财政的"空壳化"以及乡镇政府之成为"悬浮型政权"。由于村庄不再是他们的重要收入来源,乡镇政府不再十分关心村务,除了直接与项目和上级政策相关的事务外,很少介入村社的治理。其中的一个关键问题是村级的公共服务,包括村级水利维修、村级小道路和桥梁的建设和维修、村庄内部的垃圾和污水处理、医疗卫生以及环境保护的措施等诸多方面。

在这个层面上,国家的"转移支付"(主要是通过项目制)所起的作用是有限的,因为项目制的运作机制非常容易使政策实施偏离国家的原意,存在"形式主义"倾向的作风和问题,这也是目前中央所极力反对并要重点解决的问题之一。许多官员们真正关心的是自己的政绩。为此,不少乡镇政府倾向把项目经费拨给条件最优越的村庄,甚至把项目经费集中起来,"打包"给几个典型和示范的村庄,甚至打造"示范区"来应付上面的项目验收,证明自身施政的成绩。同时,国家农业政策实施中又特别强调扶持龙头企业、大户、大型专业合作社,以及成规模的"家庭农场",也存在相同的问题。(黄宗智,2014c;亦见黄宗智,2017a)

之所以如此的部分原因在于国家这些年来所采用的激励机制,即目标责任制,其对推进 GDP 的增长显示了一定的成效,但也导致公德价值方面的问题。(黄宗智、龚为纲、高原,2014;王汉生、王一鸽,2009)项目制的设想基本源自同一战略:依赖个人逐利机制来推动竞争和发展,推动乡村的现代化。但是,在那样的去道德化的逐利实用意识形态下,村庄公共服务几乎完全陷入真空状态,村民个体顾不上,乡镇政府也顾不上,因为村庄社区已经不再是其财政收入的重要来源,而村社本身则缺乏必须的财源(除非是村领导依赖自身的关系网从企业或大户筹借)。中华文明的"仁政"理念和政党—国家体制下的为人民服务的道德理念受到了个人逐利意识形态的冲击。

正因为村级公共服务面临危机,才会促使成都市 2009 年以来采用广受称道的、针对村级公共服务真空问题的新政策:由财源丰厚的市政府每年直接拨给每一个村庄一笔公共服务费用(开始是 20 万元,2016 年预期达到 60 万元)来填补上述空白,意图凭借那样的资源来带动村社和村民的公共性、民主性和参与性。(田莉,2016;亦见杜姣,2017)

根据城镇化及西方的视角和理论预期,小农户及其村社必然行将完全消失,要么转化为城镇居民、市民,要么转化为个体化的、类似于城镇产业的农业企业的工人。但社会实际则是,中国农村仍然主要是由亿万"半工半耕"的小农户所组成,在近期内不可能像理论意识的预期那样消失。

中国在基层治理的过程中也出现了一些反面的现象。一个例子是征地和拆迁中呈现的"征迁公司",堪称一种异化了的"半正式"行政机构。(耿羽,2013)另一个例子是近十年来兴起的"劳务派遣公司",其将一些国企、私企,乃至于事业单位的原有正规工人以及新雇全职职工(多是农民工)转化为非正规的(名义上是)"临时性、辅助性或者替代性"的"劳务派遣工",借此来减轻企业在福利和劳动保护方面的"负担"。(黄宗智,2017a、2017b)两者都该被视作异化了的营利性"半正式"机构,与本文重点论述的仁政和为民服务理念下的简约半正式机构性质十分不同。

"仁"与"和"道德理念主导下的国家与社会二元合一的传统已经再次陷于失衡的状态。在笔者看来,这是改革后中国今天面临的至为庞大、至为重要、至为紧迫的问题。

三、国家与村庄关系的三大模式

根据以上的百年回顾论述,除中国传统的实用道德主义治理模式之外,我们可以区别之后的两大不同农村治理模式:一是改革期间的市场经济和资本投入模式,二是其前的计划经济与集体化模式。以下先分别论析两大模式的得失,进而建议采纳既综合两者优点又承继古代和革命传统优点的第三模式。

(一)市场经济与资本投入模式

国家20世纪80年代以来对农村采用的战略基本是去计划经济化和去集体化,一定程度上也是去社区化,转而把农民视作在市场经济大环境中的一家一户的"个体"。这是联产承包责任制的基本精神,要从"集体"激励转为"个体"激励,从社区公益驱动机制转为个人私利驱动机制。这是伴随(古典和新)自由主义经济学理论而来的观点,其代表乃是舒尔茨(Theodore W. Schultz),他争论,在市场经济的环境中,每一家农户都会"理性"地追求自己利益的最大化,这是最基本、最高效的激励机制,能够导致资源的最佳配置。国家只需为小农提供适当的技术条件,便能够推进农业和农村的发展和现代化(即"改造传统农业"),但绝对不可干预市场"看不见的手"的运作,更不要说采用计划经济了。(Schultz, 1964)"专业合作社"的设想便是一个试图模仿美国的设想,无视村庄社区,试图以农业企业为基本单位,让其合作追逐其"专业"的市场利益。20世纪90年代以来,主导国家政策的实用意识形态把上述的战略具体化为尽力扶持龙头企业、大户、专业合作社以及规模化(超过100亩的)"家庭农场",同时推动(扶持、补贴)现代投入(化肥、良种、机械),意图借此来发展中国农业。(黄宗智,2008;修改版见黄宗智,待刊a:第3章——《舒尔茨〈改造传统农业〉理论的对错》)

在最近十多年"转移支付"的"项目制"实施下,这一切更体现为凭借地方各级政府以及农村各种实体之间的竞争来确定国家转移支付资本的投入,想借助"典型"和"示范"实体来带动农村的发展。正是在这样的国家政策之下,促使相当比例的企业公司农业和大户"发展"的兴起。

但是,那样的村庄、企业和大户迄今明显仍然只是农村和农民中的少数,充其量最多可能达到总耕地面积的 6%—10%。(黄宗智、高原、彭玉生,2012;黄宗智,待刊 a)伴随以上政策而来的是农村中逐渐呈现的一系列问题。这些事实的具体体现之一是城乡差别没有得到改善且日益显著:全球各国的基尼系数比较显示,中国已经从集体时代的全球较平等的国家之一转化为较不平等的国家之一。(黄宗智,2016a:23—26)说到底,这是在发展过程中逐渐丧失了中国古代和现代政党—国家本身的崇高道德理念。

这里,我们应该清楚区别中国之前的"典型"和如今的"典型"。之前的典型多是"劳动模范"型的,为的是借以拉动广大人民的积极性。如今的则是"让一部分人先富起来"战略下的少数人的"典型",存在过分逐利的道德偏差。

即便如此,我们仍然看到小农经济的强韧生命力。首先是近三十年来小规模"新农业"(高值农产品,主要是生鲜农产品,包括菜果、鱼肉禽、蛋奶)的发展,它凭借的主要是中国人民伴随国民经济发展和收入提高而来的食物消费的转型,从传统的粮食、蔬菜、肉食 8∶1∶1 的比例,朝向城市生活水平较高的人们(以及日本、韩国和中国台湾地区的食物消费结构)的 4∶3∶3 比例的转化,由此扩大了对高附加值农产品(菜果、鱼肉禽、蛋奶)的需求和其发展的市场机遇,推动了(一、三、五亩的拱棚蔬菜,几亩地的果园,乃至十几亩的种养结合)小农户这方面的发展。(黄宗智,2016a)而推动小农户从旧农业转向新农业的动力其实主要并不是国家偏重资本的资助,而是市场营利的激励以及农户自身的打工收入。(黄宗智、高原,2013)近三十多年来,农业生产的产值(区别于某些作物的产量)一直以年均(可比价格的)约 6% 的速度增长。如今,小规模的高附加值"新农业"的产值已经达到(大)农业总产值的三分之二,总耕地面积的三分之一。(黄宗智,2010;亦见黄宗智,2016a;黄宗智,待刊 a:第 2 章)

但是,我们也需要清醒地认识到,这一切是在没有小农户所必须的现代型"纵向一体化"物流服务体系来应对"大市场"情况而来的,而是必须依赖低效且昂贵的旧型商业资本,包括千千万万的小商小贩来进入市场。结果是,即便是新农业的农户,也多处于广泛的"种菜赔、买菜贵"的困境。这是个既不利于小农生产者,也不利于城镇消费者的局面,这也导致部分新农业农民仍然需要依赖打工和农业的半工半耕兼业来维持生计。(黄宗智,2018;亦见黄宗智,待刊a:第15章)

至于"旧农业"(即大田农业,尤其是谷物种植)中的小农户,他们固然由于打工工资的上涨(亦即农业劳动的机会成本的上涨),而国家又相当大力地支持机械化,如今已经越来越多借助自身的打工工资来雇用机耕—播—收服务,由此而推动了那方面的农业现代化。(黄宗智、高原,2013)虽然如此,他们同样由于现有物流体系的缘故,相当广泛地处于(可以称作)"粮农贫、粮价贵"的困境。如今,中国的粮价已经高于国际市场的价格,但旧农业的小农仍然收入很低。(黄宗智,待刊a:第15章,以及第8章的后记)

无论是新农业还是旧农业的小农户,其年轻的父母亲都需要靠打工来维持家庭生计。后果之一是他们大多要依赖孩子的爷爷奶奶来为他们把子女带大(因为孩子不能进入就业地的公立学校,除非交纳昂贵的"择校"费),从而造成了普遍的、大规模的"留守儿童"以及"隔代家庭"的现象。在那样的家庭中,孩子们自小便会形成一种源自父母亲缺席的深层不安全感,也会缺乏对村庄社区的认同,而且,祖父母不会和父母亲同样、同等、具有相似权力地来教养留守儿童。那样的留守儿童,等成年后进城打工而成为"新生代农民工",在城市也将同样缺乏安全感和认同感,因为他们大多无法获得大城市的市民身份,无法购置房屋,无法过上稳定体面的生活而真正融入城市,只能像他们的"农民工"父母亲那样以"流动人口"的身份在城市干最重和最脏的工作,其中大多数不享有基本的福利。(黄宗智,2017b:153—155;黄宗智,待刊c)黄斌欢(2014)把这种现象称作"双重脱嵌"——留守儿童—新生代农民工是个既"脱嵌"于农村,也"脱嵌"于城市的群体。换言之,"新生代农民工"多是一种惯常性流动的群体,他们带着一种无根者和流浪者的心态在城市打工。他们既不会真正扎根于城市,也不会返回村庄,实际上组成了一整代"无家可归"心态的"迷失"群体。(黄宗智,待刊 c;亦见吕途,2013、2015)他们使"三农问题"和农民工问题变得更为严峻。也就是说,国家与农民间的关系再度失衡。

在那样的客观实际下,一再宣称农业已经越来越高度"现代化"实在无补于事。相对其每年日益扩增的转移支付和各种补贴与资助的投入量而言,这种扶持对广大的农民影响并不大,其绩效大多只可见于"典型""示范"村庄和个别的大户。可以说,三农问题仍然是未来很长一段时期国家所必须重视和解决的问题。

(二)计划经济与集体化模式

改革前的计划经济和集体化模式确实失于过分控制农民、农村和农业,最终脱离、违背了小农的利益,导致了走向极端的"大跃进"(和"文化大革命")政策实施。总体而言,农村每工分的报酬久久停滞不前,农民生活久久不得改善。

但是,我们也要认识到,其中实际的失策并不在于早期的互助组和合作社,而是在于当时脱离民众利益的"越大越好"和国家过分控制农村的政策。早期的互助和合作无疑协助了占比不止一半的"贫下中农"解决其生产要素不足的问题(土地不足、牲畜不足、农资投入不足,甚至由于打短工而劳动力不足)。(高原,2017)而且,在"大跃进"高潮之后(1963—1978年)的"三级所有、队为基础"(生产小队平均才约 30 户)制度下,农村社区组织再次返回到比较合理的规模,比较贴近农民的切身利益。那样的制度,虽然仍附带着一定的依赖过分管制和僵硬的计划经济,但仍然在 1952 到 1979 年期间实现了粮食产量平均每年 2.3% 增长率的成绩(这是珀金斯的比较权威的研究的数字——Perkins and Yusulf, 1984:第2章)。(黄宗智,待刊a:第16章,第三节)其间,固然有失于压制农民在市场环境中营利的自我激励机制,但我们也不该无视适度规模的(相对较小的)小集体在许多方面的成就,不仅是农业持续的增长,还是水利以及其他公共服务(特别是村庄秩序和村级公共服务)的绩效,更包括普及("民办公助")教育("小学不出队")和医疗卫生(每村一名"赤脚医生")方面的显著成绩。后者是诺贝尔奖得主阿马蒂亚·森和他的合作者比较印度(同样是小农经济农业大国)和中国的专著研究中特别突出的优点。(Drèze and Sen, 1995:第4章)那些成绩不该伴随"大跃进"的极端现象而被全盘否定。

到改革时期,在过去过分僵硬的计划经济和国家过分管制的体制下,全盘去集体化和去计划经济化的反动当然是可以理解的,也在一定程度上释放了农民在市场经济中自我激励的积极性(如上述的"新农业")。但与此同时,我们也要问:完全依赖"资本"(实际上多是旧型的榨取性商业资本而不是新型的产业或物流资本——黄宗智,2018),抛弃社区组织的传统和其优越的贡献方面,是不是有点矫枉过正、再次失衡了?如果是,今后有没有可能综合、再平衡这两大模式的优点而又避免其弱点的方案?

(三)社区合作社推动模式

要简单总结的话,集体时期国家更多关注国家计划,过分管制农村,未足够重视小农户个体,使其生活久久不得改善;而其后的改革时期,则在于过分关注资本,同样不够重视小农,导致村级公共服务不足、社区解体。相比之下,这正是日本、韩国与中国台湾地区所谓"东亚合作社模式"的优点所在。它既借助了市场经济来激发个体农户的生产积极性,又借助了社区整合性来组织新型的农产品公共服务,尤其是其在市场经济环境中所必须的纵向一体化(物流)服务。一方面,它借助了农民营利的自我激励机制;另一方面,它又借助了传统社区的凝聚性而组织了农民为其社区利益("公益化了的私利")服务的体系。国家则扮演了在社区基层之上的组织角色,特别是组建现代化的服务性批发市场,通过拍卖和大规模的批发交易来让农产品能够系统有序地进入大市场交易,为小农户提供了低成本的高效服务。

合作社与批发市场的搭配,成功地塑造了完整的新型物流体系,包括在原产地的规范化加工、分级、包装,以及其后的"供应链",更包括对生鲜农产品来说至为关键的具有冷冻条件的屠宰、加工、包装、储藏、运输、交易、配送中的完整的"冷链",大规模降低了生鲜农产品进入市场的损耗,为新农业提供了完整的新型物流服务,也包括为"旧"农业[大田作物,主要是粮食作物(谷物和豆类)]提供高效的加工、包装、运输、储藏、销售等条件。相比较而言,"社区合作社+国家"的批发市场提供了相对高效和廉价的物流服务,为小农户提供了较高收入的条件,成为全球国家中分配比较均匀(社会公平的基尼系数)的国家和地区。当然,上述的新型合作社的物流体系服务逻辑是一个不同于之前的互助组和初级合作社为了解决贫下中农要素不足问题的合作逻辑。(黄宗智,2018)

更有进者,东亚模式的综合型合作社农业现代化模式,较好地联结了传统的小农及其社区凝聚性与新型的市场化农业发展,较好地融合了国家由上而下的角色和农民由下而上的参与,体现了农民自身的主体性以及农村社区及其原有的公益价值观。(黄宗智,2018)同时,在日本和韩国,也较好地综合了社区的调解机制和新型的法律制度,以及其间的半正式型司法体系,由此组成了一个源自中华文明传统的多维正义体系,避免了西方国家的偏重私人、偏重私利、偏重必分对错的法律体系,较好地搭配了国家功能与民间组织,道德意识形态与实用意识形态。(黄宗智,2016b:20—21,16—19)

在更深层面上,它也是一个延续传统中华文明核心价值观和思维方式的模式。它拒绝简单和偏一方的非此即彼二元对立思维,而维护了长期以来中华文明倾向二元(乃至多元)合一的思维和价值观。在这个意义上,目前的过分个人私利化的"市场和资本推动模式",与其前身的过分国家威权化的"计划和集体化模式",同样不符合中华文明核心中的二元合一中庸价值观与思维模式。"社区合作+市场经济"模式实际上是一个更为符合中华文明基本"特色"的模式,也是一个原来来自中华文明基本治理哲学的模式。在这个框架下,我们还可以纳入二元互补的民间半正式化的调解组织,如村庄的调解委员会,以及官方的半非正式化的调解组织,如乡镇法律服务所以及公安局的调解。(黄宗智,2016b)

如今,农村社区的凝固性与农民的家庭和社区伦理观虽然受到一些私利价值观的冲击,但其核心仍然顽强、坚韧地存续,尤其是在人们深层的家庭和社区观念以及对待道德和实用二元的思维方式层面上。农村解决社区纠纷的调解制度仍然存在,其所依据的道德价值观完全可以取代追逐一己私利所导致的伦理真空和村级公共服务真空,可以取代在国家与村社二元之间非此即彼地偏重单一方的错误抉择。后者是来自对中国近现代百年国难的过度反应。如今,在恢复了国家与民族的尊严和自信之后,我们已经具备采取更为平衡、中庸的抉择的基本条件。如此的抉择所涉及的不仅是长远的经济效益问题,一定程度上更是中华文明延续还是断裂的问题,以及中国的未来是否真能具有优良的"中国特色"的问题。

四、新型的民众参与模式?

更具体地来说,什么样的国家与农村关系的模式才能够连接传统与现代,才能够成为既不同于西方现代传统也不同于中国过去的皇帝专制体系?才能使国家和民众有效地平衡二元互补、形成良好互动?

笔者认为,要回答这样一个问题,我们首先需要梳理清楚现当代中国三大传统(古代中国、共产党革命、西式现代化)历史中的得失、优劣,借此来塑造一个新的综合性的前景。此中的关键问题是,怎样才能够避免过分依赖国家威权来强制执行不符实际或违反大多数民众利益的政策?怎样才能够防范过去趋向极端和脱离实际的政策倾向——特别是关乎民生的重大公共政策?显然,现当代中国不可能简单依赖西方的经验和选举制度,虽然目前的人民代表大会已经起到一定的代表民意的作用,但要更有效、更有力地纠正过去的错误决策,中国需要从共产党本身的执政历史和理论中来挖掘可用资源,其中,既有值得警惕的错误和失败的倾向,也有值得突出、强调和进一步制度化的资源。

(一)调查研究、试点和民意

在党内长期以来使用的重大公共政策决策和实施过程的传统中,向来有比较清晰的"调查研究"、"试点"、"推广"和"调整"等不同阶段的划分。首先是"调查研究"("没有调查就没有发言权")的传统,在最理想的状态中,甚至要求决策者深入与民众进行"三同"(同住、同吃、同劳)。笔者认为,在维持这个调查研究传统的优良一面之上,可以更明确地要求决策者广泛虚心地聆听民意(如已有的个别访谈或小规模座谈的传统,或新型的半正式协商会议等),不仅是了解实际情况而后据之来拟定政策,更是虚心地深入了解民意——这是过去决策过程中没有被十分明确突出的一点。今天,应该特别突出从这样一个维度来作为对过去的"调查研究"传统的补充和改进,把深入了解民众的意愿也定为"调查研究"传统的一个关键部分,为的是体现真正的民主精神和为民服务的党性。

其次,一旦形成一个初步的政策思路,应该仍采纳过去传统中的"试点"方法来确定初步拟定的政策是否真正可行,通过实验来检视其实际效果并做出相应调整。(韩博天,2009)这里,同样应该加上民众的反应来作为试点的一个重要衡量维度,而不是简单依赖决策者自身的衡量,也不是简单依赖"目标责任制"下的"数字化"管理技术。

(二)民众参与和群众路线传统

更为关键的是,在实施关乎民生的重大公共政策的过程中,应该明确加上要有由下而上的民众参与,把其当作重大关乎民众切身利益的政策的必备条件,而不是简单依赖政府管制或党组织的"动员"和"宣传"来执行政策。这是因为,民众积极参与才是最实际可靠的民意表达,绝对不可以凭借官僚自身的形式化民意估计来替代实质性的民众参与,或以意识形态化的"理论"来推定和宣称民众的支持。毋庸说,其中的关键在于官员们真正尊重民众意愿的道德观念和党性,而不是官僚体制中存在的走形式、满足上级要求、追求自身政绩等行为。当然,在大众传媒高度发达的信息时代,媒体也是一个重要的民众意愿表达器和测量器。近年来一再被使用的广泛征求学者、专家意见的做法也是。新信息技术当然也可以用来鼓励更为广泛的民意表达。在经过试点后的推广阶段,民众的参与更为关键。好的关乎民生的重大公共政策是民众真正愿意参与实施的政策。

在党的历史中,最接近上述设想的是党的群众路线传统。(许耀桐,2013;张雪梅,2013;卫建林,2011)未来,也许应该把群众路线的优良面定位于"民众参与",处于形式化的选举制度和过度运动化的制度之间。不同于选举,它不是每几年一次性的、针对某些竞选人的选举,而是要求其成为每一关乎民生重大公共政策的实施过程中的必备条件,要求借助民众参与的力量来进行政策的拟定和实施,尽可能把衡量政策优劣的标准定于是否真正受到民众积极参与所表达的欢迎。当然,也不同于"大跃进"和"文化大革命"那样的运动政治。

这样的话,不会像如今的西方国家那样把国家重大涉民公共政策设定主要依托于选举的形式,因为那样的选举只是多年一度的检测,而且多会取决于民众对某一竞选人的表面——如容貌、谈吐、风度、言词等——的反应,而不是真正对其实质性的人格和具体政策的反应。通过民众是否积极参与政策拟定和实施的检验,可以得知政策的成功与否不会简单取决于政党—国家体制下超级政党的"动员"能力,更不会取决于在西方常常是关键性的政党竞选经费数额,而是取决于实质性的民众参与。笔者认为,这才是中国革命的"群众路线"的至为优良的传统。此中,至为重大的实例也许是抗日战争和解放战争时期民众的积极参与和对共产党的积极支持,验证了"得民心者得天下"的传统治理道德理念。它是国家与人民二元合一的相互依赖、互动、互补的最佳体现。

(三)东亚合作社的实例

与本文议题直接相关的实例是东亚型合作社的历史。它自始便强调,参与合作社与否必须完全取决于每位社员的自愿。在那样的基本要求下,扎根于社区的、主要服务于小农户的东亚型综合合作社几乎做到了所有农民自愿参与,这就和中国大陆 2007 年以来推动的"专业合作社"的经验形成极其鲜明的对照。(黄宗智,2017a:140—144)在东亚模式的经验中,合作社既由于政府把相当部分的支农资源让渡给了民主管理的合作社,也由于那些合作社成功地由社区农民自己为绝大多数的小农户提供了其所必须的"纵向一体化"新型物流服务而赢得了绝大多数农民的积极参与。(黄宗智,2015b、2018)

总体来说,群众路线的优良的一面,也可以说是其真髓,在于要求国家行为不简单限于由上而下的民生决策和施行,而在于要求广泛的由下而上的参与。那才是共产党群众路线传统中至为核心与优良的含义,才是值得我们今天发扬光大和进一步制度化的传统,也是防范、制约无顾民众意愿的威权政治和错误政策偏向的一个实用的方法,一个能够排除强加于民众的"瞎指挥"的方法。它可以成为结合崇高道德理念与实用性实施的一个关键方式，促使国家与民众间的二元合一良性互动、互补的重要制度。

如此的设想其实是比较符合中华文明（包括中国共产党的执政）长期以来的治理传统和思维方式的一个方案，它把国家和人民设定为一个二元的合一体（也可以说，一个二元而又合一的系统工程），拒绝现代西方的二元对立、非此即彼的偏向。它不简单是一个抽象的、无顾实用的理念，而更是一个结合道德理念和实用运作的方案。它要求的是，通过民众参与的基本要求来排除脱离实际、脱离民众意愿的重大公共政策的拟定和实施。它也是迥异于西方制度传统的一个真正具有中国特色的治理模式，更是针对帝国传统以及政党—国家体制传统中部分负面倾向的一种制度化约束。

参考文献

杜姣（2017）:《资源激活自治：农村公共品供给的民主实践——基于成都"村级公共服务"的分析》，载《中共宁波市委党校学报》第4期，第100—106页。

高原（2017）:《工业化与中国农业的发展》，载《中国乡村研究》第14辑，第196—217页，福州：福建教育出版社。

耿羽（2013）:《当前"半正式行政"的异化与改进——以征地拆迁为例》，载《中国乡村研究》第12辑，第79—95页，福州：福建教育出版社。

韩博天（Heilmann, Sebastian）（2009）:《中国异乎常规的政策制定过程：不确定情况下的反复试验》，载《开放时代》第7期，第41—48页。

黄斌欢（2014）:《双重脱嵌与新生代农民工的阶级形成》，载《社会学研究》第2期，第170—187页。

黄宗智（2020a）:《中国的新型小农经济：实践与理论》，桂林：广西师范大学出版社。

黄宗智（2020b）:《中国的新型正义体系：实践与理论》，桂林：广西师范大学出版社。

黄宗智(2020c):《中国的新型非正规经济:实践与理论》,桂林:广西师范大学出版社。

黄宗智(2018):《怎样推进中国农产品纵向一体化物流的发展?——美国、中国和"东亚模式"的比较》,载《开放时代》第1期,第151—165页。

黄宗智(2017a):《中国农业发展三大模式的利与弊:行政、放任、合作的利与弊》,载《开放时代》第1期,第128—153页。

黄宗智(2017b):《中国的非正规经济再思考:一个来自社会经济史与法律史视角的导论》,载《开放时代》第2期,第153—163页。

黄宗智(2017c):《中国的劳务派遣:从诉讼档案出发的研究(之一)》,载《开放时代》第3期,第126—147页。

黄宗智(2017d):《中国的劳务派遣:从诉讼档案出发的研究(之二)》,载《开放时代》第4期,第152—176页。

黄宗智(2016a):《中国的隐性农业革命(1980—2010)——一个历史和比较的视野》,载《开放时代》第2期,第11—35页。

黄宗智(2016b):《中国古今的民、刑事正义体系:全球视野下的中华法系》,载《法学家》第1期,第1—27页。

黄宗智(2015a):《实践与理论:中国社会、经济与法律的历史与现实研究》,北京:法律出版社。

黄宗智(2015b):《农业合作化路径选择的两大盲点:东亚农业合作化历史经验的启示》,载《开放时代》第5期,第18—35页。

黄宗智(2014a):《明清以来的乡村社会经济变迁:历史、理论与现实》,三卷本,增订版。第一卷《华北的小农经济与社会变迁》[1986、2000、2004、2009];第二卷《长江三角洲的小农家庭与乡村发展》[1992、2000、2006];第三卷《超越左右:从实践历史探寻中国农村发展出路》[2014],北京:法律出版社。

黄宗智(2014b):《清代以来民事法律的表达与实践:历史、理论与现实》,三卷本,增订版。第一卷《清代的法律、社会与文化:民法的表达与实践》[2001、2007];第二卷《法典、习俗与司法实践:清代与民国的比较》[2003、2007];第三卷《过去和现在:中国民事法律实践的探索》[2009],北京:法律出版社。

黄宗智(2014c):《"家庭农场"是中国农业的发展出路吗?》,载《开放时代》第 2 期,第 176—194 页。

黄宗智(2010):《中国的隐性农业革命》,北京:法律出版社。

黄宗智(2008):《中国小农经济的过去和现在——舒尔茨理论的对错》,载《中国乡村研究》第 6 辑,第 267—287 页,福州:福建教育出版社。修改版见黄宗智,待刊 a,第 2 章,《舒尔茨〈改造传统农业〉理论的对错》。

黄宗智(2007):《集权的简约治理——中国以准官员和纠纷解决为主的半正式基层行政》,载《中国乡村研究》第 5 辑,第 1—23 页,福州:福建教育出版社。亦见黄宗智,2015a,第 18 章。

黄宗智、高原(2013):《中国农业资本化的动力:公司、国家还是农户?》,载《中国乡村研究》第 10 辑,第 28—50 页。

黄宗智、高原、彭玉生(2012):《没有无产化的资本化:中国的农业发展》,载《开放时代》第 3 期,第 10—30 页。

黄宗智、龚为纲、高原(2014):《"项目制"的运作机制和结果是"合理化"吗?》,载《开放时代》第 5 期,第 143—159;亦见黄宗智,2015a,第 20 章。

焦长权、周飞舟(2016):《"资本下乡"与村庄的再造》,载《中国社会科学》第 1 期,第 100—116 页。

吕途(2013):《中国新工人——迷失与崛起》,北京:法律出版社。

吕途(2015):《中国新工人——文化与命运》,北京:法律出版社。

田莉(2016):《成都市推进村级公共服务和社会管理改革的实践》,载《成都发展改革研究》第 3 期,转引自四川经济信息网,http://www.sc.cei.gov.cn/dir1009/223968.htm,2017 年 10 月 15 日访问。

王汉生、王一鸽(2009):《目标管理责任制:农村基层政权的实践逻辑》,载《社会学研究》第 2 期,第 61—92 页。

卫建林(2011):《党的历史是形成和完善群众路线的历史》,载《中国社会科学》第 4 期,第 11—19 页。

许耀桐(2013):《关于党的群众路线形成和发展的认识》,载《理论探索》第 4 期,第 5—10,13 页。

张雪梅(2013):《群众路线面临的时代挑战与对策解析》,载《求实》第 1 期,第 30—34 页。

周飞舟(2006):《从汲取型政权到悬浮型政权:税费改革对国家和农民关系之影响》,载《社会学研究》第 3 期,第 1—38 页。

周雪光(2008):《基层政府间的"共谋现象":一个政府行为的制度逻辑》,载《社会学研究》第 6 期,第 1—21 页。

Drèze, Jean and Amartya Sen. (1995). *India: Economic Development and Social Opportunity.* New Delhi: Oxford University Press.

Hsiao Kung-ch'üan(萧公权). (1960). *Rural China: Imperial Control in the Nineteenth Century.* Seattle: University of Washington Press.

Mann, Michael. (1986). *The Sources of Social Power, I: A History of Power from the Beginning to A.D. 1760.* Cambridge, Eng.: Cambridge University Press.

Mill, John Stuart. (2000[1859]). *On Liberty, in On Liberty and Other Writings, Cambridge Texts in the History of Political Thought,* edited by Stefan Collini. Cambridge, England: Cambridge University Press.

Perkins, Dwight and Shahid Yusuf. (1984). *Rural Development in China.* Baltimore, Maryland: The Johns Hopkins University Press.

Perry, Elizabeth J. (1980). *Rebels and Revolutionaries in North China, 1845-1945.* Stanford: Stanford University Press.

Schultz, Theodore. (1964). *Transforming Traditional Agriculture.* New Haven, Conn.: Yale University Press.

Schurmann, Franz. (1970[1966]). *Ideology and Organization in Communist China.* Berkeley and Los Angeles: University of California Press.

Smith, Adam. (1976[1775-1776]). *An Inquiry into the Nature and Causes of the Wealth of Nations,* 4th ed. 3 Vols. London: n.p.

Weber, Max. (1978[1968]). *Economy and Society: An Outline of Interpretive Sociology,* ed. Guenther Roth and Claus Wittich, trans. Ephraim Fischoff et al., 2 Vols. Berkeley: University of California Press.

"党报姓党"的实践逻辑
——基于《抗战日报》的一项微观考察①

岳谦厚(山西大学近代中国研究所)
乔傲龙(山西大学近代中国研究所)

内容摘要:全面抗战爆发之前,晋绥地区是一个典型的文化沙漠。1940年初中共开始独立主政晋绥根据地,并在人财物力匮乏、生存面临威胁的条件下,经过努力动员,组织起一个相对完整的新闻出版体系;其中《抗战日报》是其意识形态部队的"压舱石"。该报在中共中央"全党办报""群众办报"号召下,在晋绥边区建立了规模庞大的通讯网络,将数以千计的"大老粗"培养成舞文弄墨的报纸作者,将无数文盲半文盲改造成报纸的忠实读者或听众,创造了中国新闻史上的奇迹。而"群众路线"和"全党办报"的实践过程不仅是党报自身的有机化改造过程,更是以党为中心统一民众意见的过程——通过深入广泛的文化动员,中央意志成为全党意志,党的意志成为全民意志,整个根据地结成一个同呼吸共命运的政治共同体,基层民众卷入到抗战与革命的洪流中,为中共最终夺取全国胜利奠定了坚实基础。

关键词:晋绥边区 《抗战日报》 全党办报 党报姓党

中共一贯重视报纸的作用,办好报纸不仅是重大问题且具有"原则意义"。(中共中央文献研究室等,1983:150)全国抗战初期各根据地创

---

① 本文系教育部哲学社会科学研究重大课题攻关项目《太行山和吕梁山抗战文献整理与研究》(16JZD035)阶段性成果。

办的报纸尽管依靠少数办报人才艰难支撑,但因良好的政策,很快吸引大批知识分子和爱国青年奔赴于此,加上通过发展教育事业培养的一批本土文化精英,逐步形成人才济济的局面,到1940年9月《抗战日报》创刊时,已建立起晋察冀、太行、太岳、晋绥四大党报同声相应的大格局,并成为动员民众、建设和巩固根据地的有力手段。1942年整风运动之后,中共提出"全党办报"号召,各地党报在党组织和各级政权支持下相继建立了深入基层民众的通讯网络,将新闻触角伸向广大农村,在汲取优质新闻资源之时将党的意志贯彻到群众之中并使之成为"全民共识"。因此,中共报纸抛开新闻自身勿言,仅就报纸功能尤其对社会生活的干预程度而言,是其他任何民间报纸或党报无法望其项背的。作为中共报纸阵营中的佼佼者之一,中共晋西区党委(1942年8月后改称中共晋绥分局)机关报《抗战日报》创办于1940年9月18日,1946年7月1日更名为《晋绥日报》,1949年5月1日终刊,历时9年共出版2171期(以下统称《抗战日报》)。

晋绥根据地山河关隘纵横交错,境内平绥、同蒲两条铁路均掌握于日伪之手,交通手段处于原始状态,基本靠步行或借助畜力;通讯技术落后,除边区党政机关、部队和新华分社个别电台外,日常通讯以信函邮递为主;民众文化水平低下,十之八九为文盲半文盲;加上日伪长期包围和不间断"扫荡",有的村与村间鸡犬之声相闻而往来不能自由。在这里,办报缺少作者,看报缺少读者,印刷所需设备和纸张油墨等材料匮乏,送报靠人扛马驮,就传播媒介生存和发展所需各类要件而言可谓寸草难生之地。然从晋西事变后独立主政晋西北起,中共及其领导下的抗日民主政权和武装力量在这样一个文化沙漠中经过努力动员,组织起以《抗战日报》《晋西大众报》《战斗报》及新华社晋西北分社、吕梁文化教育出版社为骨干的新闻出版体系,各种书籍、报纸、刊物大量发行,对于宣传马列主义及中共路线、方针、政策并推动根据地政治、经济、军事、文化教育等各项建设起到了难以估量的作用。其中,《抗战日报》作为这个文化方阵中的"压舱石",对根据地社会动员居功厥伟。该报不但组建起一支坚强可靠的采编队伍,且在"全党办报""群众办报"的号召下,自上而下地建立健全了以报社、分区通讯科、县委通讯干事、基层通讯组为组织框架,由千余名各级各类通讯员组成的覆盖全边区的通讯网络。同时,又将数以千计初识字甚至不识字的"大老粗"培养成舞文弄墨的报纸作者,将无数文盲半文盲改造成报纸的忠实读者或"听众",并使报纸融入生活之中,用一张四开四版、发行万余份的报纸搅动整个边区社会,做活了一盘社会动员的"大棋",将数以百万计边区民众卷入减租减息、参军参战、变工互助、劳武结合、民主村选、清算反霸、生产支前、土地改革等群众运动中。总之,"在黄河两岸的沟壑山村里,这家近代新闻舆论工具冲破穷山恶水,把党和人民的声音播向远近各方","组成了共产党在农村办报而影响全国的奇观"。(山西日报新闻研究所,1985:276)故考察中共在根据地创办党报的活动具有深刻的现实意义。

一、报纸是社会动员的制高点:《抗战日报》的创办

兵马未动,舆论先行,"笔杆子运动"是所有革命政党的共性。就中共而言,拿笔杆子要早于枪杆子,武装斗争是大革命失败后之事,而笔杆子运动尤其办报办刊则从大革命时期到1949年后始终被视为社会动员的重要手段。考诸历史,即使在最艰苦的条件下,中共坚定不移地通过出版报刊进行社会动员。抗战时期的晋绥根据地在物质极度匮乏的情况下仍拿出边区一级机关开支的30%用作《抗战日报》社办报经费(康溥泉,1984)。晋绥如此,其他根据地或解放区亦如此。

1. 全面抗战初期中共领导下的晋西北进步报刊

全面抗战爆发特别是八路军东渡黄河之后到晋西事变之前,中共、牺盟会、战动总会在山西各地均积极创办报刊,动员民众抗日救国。

1937年12月创刊的《晋察冀日报》(原名《抗敌报》)是中共在华北敌后抗日根据地最早创办的党报,而中共中央华北局机关报《新华日报》华北版亦于1939年初创刊。在此之前,太行山根据地已有中共报纸,如1938年创刊于屯留的中共晋冀豫特委机关报《中国人民》和创刊于和顺的中共晋冀特委机关报《胜利报》,《新华日报》华北版创刊后两报分别于1939、1941年并入。(穆欣,1992:9、17)在晋西南地区,1938年5月25日中共晋西南区党委在孝义创办《五日时事》报,1939年底晋西事变后迁往晋西北并作为中共晋西区党委机关报继续出版,1940年《抗战日报》创刊前停刊。(晋绥日报简史编委会,1992:161)在晋西北地区,1938年八路军一二〇师在岢岚恢复红二方面军时期的《战斗报》作为军内报纸。在此前后,三五九旅创办《战声报》、三五八旅创办《战线报》《战线画报》,但发行限于部队而不向社会公开。1939年夏,中共晋西北区党委以八路军一二〇师民运部名义创办《战地烽火》,这是晋西北重要的出版物之一。(山西省出版史志编纂委员会等,1997:18、21、75—82)不过,这一时期晋西北尚无中共报纸。出于在统一战线中拉住阎锡山及群众动员形式合法性的考虑,许多中共组织尤其与友党友军共存的晋西北、晋西南地区党组织尚处秘密状态,"办报办刊单位,除了有共产党的地方组织外,主要是接受共产党领导的'戴阎锡山的帽子''讲山西话'的革命群众团体,即战动总会及其在各县的动委会,牺盟会的各级机构,还有一些进步的文艺团体"。因此,此时晋西北最引人注目的是由牺盟会和战动总会等在各地创办的报刊,"在晋西南和晋西北,各种油印刊物,真可谓蓬勃发展,遍地开花。现在尚能数起报刊名称的即有50余家"。如1939年牺盟会晋西北办事处在岢岚创办的《新西北报》,1940年《抗战日报》创刊后并入其中。(晋绥日报简史编委会,1992:164—167)牺盟会各中心区亦纷纷办报,如临县中心区《西北战旗》、岢岚中心区《黄河日报》、太原中心区《太原战旗》等。(康溥泉,2005:299)山西新军领导机关第二战区政治部创办《政治周刊》(1939年9月更名《黄河战旗》),新军一、二、三纵队分别创办《行军日报》《长城》《铁军》,在晋西北的决死四纵队出版《前线报》《前线》《前哨》《广播台》,工卫旅办有《工卫报》,暂编第一师创办《长城报》《战地快报》《萌芽》。(山西省出版史志编纂委员会等,1997:21)战动总会1937年9月在太原成立之初即在阎锡山控制的《山西党员通讯》报上编发《总动员》副刊,并在《太原日报》开辟《动员》副刊。太原沦陷后,续范亭率战动总会进入晋西北,1937年冬在离石创办油印《战动通讯》,填补了敌后看不到报纸的空白,该报一度停刊,后又复刊,共出版182期,之后又在离石出版《动员》半月刊,是晋西北唯一的铅印综合刊物。转移到岢岚后,又与一二〇师民运部(实际即中共晋西北区党委)、牺盟会岢岚中心区、山西保安二区政治部、晋西北农民救国联合会等联合创办间日刊《西北战线》,之后停刊并恢复《战地通讯》。在岢岚时期,还出版过《战动周刊》,周刊停办后恢复《动员》半月刊,后改为《战地动员》半月刊。战动总会宣传部创办了以工农群众为主要对象的《老百姓周报》《战动画刊》两份油印通俗报纸。(穆欣,1992:297—299)

在晋西北,各县战动组织都编有油印报纸,有的不只一份。据穆欣统计,有临县《战旗》、五寨《动员》、岚县《岚动》、岢岚《抗战建国》、宁武《汾旗怒吼》、神池《火花》、河曲《雪耻》、保德《自卫》、兴县《抗战》、忻县《战声》、静乐《战潮》、偏关《怒吼》、右玉《抗日先锋》,以及战动总会雁北办事处《炸弹》。另有《抗战形势》《战斗救亡》《农村救亡》等刊物。同时,中华民族解放先锋队晋西北支部出版《先锋》半月刊。(山西省出版史志编纂委员会等,1997:21)这一时期报纸虽大多为油印且出版时间短,但数量可观。据康溥泉回忆:山西抗战初期编印的各类抗日报纸约有240种、杂志100多种,1939年全国报刊展览上山西有300多种参展。(康溥泉,2005:300)至于晋绥地区,据现有资料,1937—1949年间至少出现过大大小小油印、石印、铅印报刊100余种,出版各种图书400余种。(山西省出版史志编纂委员会等,1997:17)

值得注意的是,这一时期中共根据地报纸尚未形成晋察冀、太行、太岳、晋绥四大局级分局级党报并存局面,然正如其在社会动员中将自己组织隐蔽在牺盟会和动委会之中、组织建设通过牺盟会和战动总会进行一样,牺盟会和战动总会创办的报刊尤其在根据地创办的报刊实际都在中共掌控中。以《新西北报》为例,1939年战动总会被阎锡山下令撤销,当时尚处于秘密状态下的中共晋西区党委负责人刘俊秀和战动总会组织部长南汉宸与之后负责创办《新西北报》的民族解放先锋队晋西北队部负责人吉喆谈话称:战动总会《西北战线》将随战动总会撤销而被迫停办,但中共宣传动员工作不能中断,因此要求吉喆以牺盟会名义筹办一份新报即《新西北报》。由此看出,《西北战线》就是出于共产党宣传动员工作的需要而办,战动总会被撤销后《新西北报》作为《西北战线》替身,总编仍是吉喆,使命一如既往,同样是在中共党组织直接策划指导下出版,只不过名头由战动总会变成牺盟会西北办事处。吉喆回忆说:"《新西北报》实际上是中共晋西北区党委领导下的统一战线报纸,当时为了照顾统一战线关系,名义上由牺盟会晋西北办事处主办的,这样在对外说话方面就有些讲究,以利于争取更多的同盟军同情分子的拥护。"报社内部设有党组织,起初为小组并由吴子牧任党小组长,后设党团且由吉喆任党团书记并受中共晋西区党委(晋西北与晋西南两个区党委合并而成)领导。《抗战日报》创刊后中共在晋绥地区有了自己的党报,《新西北报》人员与器材全部并入。(晋绥日报简史编委会,1992:164—167)再如《牺牲救国》,1936年冬创刊时中共党组织派赵石宾从北平回到太原参加牺盟会宣传委员会工作并负责编辑《牺牲救国》。次年,牺盟总会成立秘密党组,总会负责人牛荫冠任书记,赵石宾作为3名成员之一分管宣传。显然,《牺牲救国》名义上是牺盟总会刊物,实际是党的组织在管、党员在办。1939年撤到陕西宜川秋林镇后,牺盟总会党组统一领导牺盟总会、第二战区政治部、山西绥署政治部及牺盟会和新军的宣传机关黄河出版社工作,赵石宾任《牺牲救国》和黄河出版社总编辑,这样则《牺牲救国》、黄河出版社整个办报办刊都置于中共领导之下。晋西事变后各类统战刊物纷纷停办,赵石宾从宜川经延安到达晋西北,党员身份由秘密到公开,担任中共晋西区党委宣传部编审科科长,开始筹办根据地文化事业,《抗战日报》创刊后成为第一任总编辑。(山西日报新闻研究所,1985:283—285)至于各县动委会办报办刊,既然其是八路军和中共地方组织推动成立并由中共党员担任领导,故这些刊物虽"对外说话方面就有些讲究"而所发出的无疑是共产党的声音。总之,战动总会、牺盟会、山西新军这一时期所办报刊与共产党组织所办刊物一样都是中共宣传和动员工作的组成部分,在1937—1939年国共合作蜜月期,这些统一战线报刊实为中共不方便出面说话时的"代言人"。

2. 晋西事变与《抗战日报》创刊

太原沦陷后,阎锡山完全丧失对晋东北、晋东南地区军事行政控制,根据当时中共华北局对各地党组织指示,在这些既"未被敌人占领"又无"友军友党和其他政治团体"需要联合的地区,共产党和八路军可独立地发动并领导群众运动而无须顾忌阎锡山或其他势力,故晋察冀根据地1937年底创办《抗敌报》、华北局1939年初在晋东南创办《新华日报》华北版。而同蒲路以西地区则大不一样,阎锡山退守的晋西南地区活跃着八路军一一五师和总政民运部,八路军一二〇师驻扎的晋西北地区不但有第二战区部队且存在阎锡山政权,中共在上述统战地区须应对复杂情况、处理微妙关系、把握彼此平衡,公开以党报形式对民众进行宣传动员难免有"赤化宣传"之嫌,影响与阎锡山的统战合作。因此,转移到太岳的北方局对外称"八路军办事处",晋西南区党委机关报《五日时事》只能"作为区党委和下面联系的渠道"存在,更多时候以战动总会和牺盟会刊物代言发声。(晋绥日报简史编委会,1992:162)

1939年底发生的晋西事变虽因统一战线需要而和平处理,但双方本就脆弱的互信出现更深裂痕,作为统战工具和双方合作桥梁的牺盟会和战动总会被阎锡山撤销,新军表面上依旧拥阎抗日而实则成为中共领导下的武装力量。此时,一方面牺盟会和战动总会不再具备代言的合法性,另一方面晋西北不再有友党友军存在,独立自主地动员和领导群众不但可行且必须。于是《新西北报》《五日时事》停刊,于1940年"九一八"纪念日创刊的《抗战日报》作为中共晋西区党委机关报诞生,尽管初期仍以统一战线面孔出现,但随1942年整风运动发动而与前大不相同,它具有了坚强的党性。正如贺龙所言,有了《抗战日报》,"我们的阵容更整齐了,我们的力量更雄厚了,我们的精神更焕发了,我们的意志愈加成为不可战胜的了","抗战日报有如晋西北抗日根据地的一面旗帜,广布新民主主义的光华,团结着全晋西北的群众,奋斗前进"。(贺龙,1941)至此,在华北各抗日根据地,晋察冀、太行、太岳、晋绥四大党报同声相应的大格局形成,共产党办报活动进入一个新阶段。

二、从"三三制"到"在地化":晋绥"意识形态部队"的组建

晋西北抗日根据地建立初期,该地区基本是一个文化沙漠,知识分子凤毛麟角。据中共晋西区党委统计资料显示:20世纪40年代初,在区和分区干部中,大学生和文盲半文盲各占10%左右,各县县长六成以上为中学学历,县里干部50%以上是小学毕业,各区区长70%以上是小学、2.6%是文盲,村干部则以文盲半文盲为主。(岳谦厚、董春燕,2009)而成功的群众运动必然是思想上觉悟了的群众的自觉运动,群众的觉悟离不开宣传,宣传不能没有报纸,办报又需报人。晋绥本地知识资源先天不足,故1940年初《抗战日报》筹办时,尽管中共组织及其武装力量扎根于此已两年有余,牺盟会和战动总会从太原及全国各地带来不少知识人才,其依然面临"一个编辑和一个记者甚至比一个有实际工作才能的干部还要缺乏"的困境。(廖井丹,1941)《抗战日报》出版时只有少数几个编采人员,专门记者仅三两人。八年后的1948年5月晋南全境解放,

《晋绥日报》社即从《晋绥日报》《晋绥大众报》两报编辑部抽调郁文、阮迪民、邵挺军、张惊秋、富文等一批骨干力量南下晋南工委创办晋绥根据地第一份城市报纸《临汾人民报》(后名《晋南日报》)。而此时经过多年惨淡经营之后,中共在晋西北当地培养起来的一大批新闻人才已堪当大任,由于其及时递补,虽然两张报纸变成三张,但依然正常出版。1949年5月,《晋绥日报》终刊,全体编辑人员及印刷发行骨干再度南下,与先期创办《临汾人民报》的人马会师临汾后兵分三路各赴使命。一路由太原绕道武汉随二野西向入川,在重庆创办西南《新华日报》及新华社西南分社;另一路随第十八兵团由陕西入川创办《川西日报》;第三路随一野挺进西北先后创办陕西、甘肃、新疆等地党报。(晋绥日报简史编委会,1992:48、66、68)此时,继续留守晋西北《晋绥大众报》的,除总编辑张友外基本上都是各县调来的县委通讯干事,清一色晋西北口音,当年7月《晋绥大众报》终刊后其一部分南下,另一部分参与《山西农民报》的创办。(山西日报新闻研究所,1985:246)因此,《抗战日报》不仅是中共在晋绥根据地进行社会思想动员的"意识形态部队",其自身发展壮大本身就是中共在晋西北社会动员的成果之一。

1.固有知识分子与国共两党对立时期的中共人才储备

《抗战日报》最初的新闻业务人员来自五湖四海,但除交城籍的常芝青和保德籍的陈之向外,无一个晋西北人。这批最初的播火者无论是从军队或地方政权中抽调来的"老革命",还是从大后方"万里赴戎机"并在延安经过马列学院、抗大、陕北公学、鲁艺培训后派到晋绥的"新青年",绝大多数是外乡人。可以说,中共在晋西北新闻事业最初的火种是从外部移植而来的。在《抗战日报》先后担负领导工作及参与创办该报的骨干业务人员有赵石宾、常芝青、廖井丹、周文、郝德青、赵仲池、穆欣、郁文、高丽生、阮迪民、汪涛、高锡嘏、陈之向等人,考诸其履历不难发现,这批新闻精英大多是中共在1927年之后国共对立时期组织动员起来的知识分子(见下表)。

《抗战日报》历任领导

姓名	籍贯	入党时间	学历	所任职务
赵石宾	山西	1933年	国立山西大学	总编辑
常芝青	山西	1932年	北京平民大学	副总编兼编辑部主任、总编、社长
廖井丹	四川	1937年	西南大学	社长
郝德青	山西	1928年	北平师范大学	社长
赵仲池	山西	1933年	天津北洋大学	总经理
周文	四川	1930年	川康边政训练所	社长
陈之向	山西	1936年	太原第一师范	党支部书记

资料来源:晋绥日报简史编委会(1992);山西日报新闻研究所(1985);康溥泉(2005);中共山西省委组织部(2003);张稼夫口述,束为、黄征整理(1984);山西省出版史志编纂委员会等(1997)。

相关史料表明,《抗战日报》领导层虽此前或多或少都有过办报办刊新闻从业经历,如赵石宾和穆欣等人,他们与大后方著名报人相比毫不逊色,但这些人中无一人是职业报人。常芝青担任过战动总会除奸干事和抗日游击县长,廖井丹和郝德青担任过新军指挥员,赵仲池指挥过对日作战,赵石宾是牺盟会中共组织骨干,周文参加过"左联"领导工作(中共山西省委组织部,2003:56),故与其说他们是报人或文化人而勿宁说他们都是职业革命者,至于革命的方式是扛枪还是抓笔则视组织需要而定。总之,在他们身上,共产党人与报人、革命与办报是"体""用"关系。同时,他们中几乎所有人都在青年时代参加过中共领导的学生运动,通过中共领导下的外围团体如左联、共青团、学生会等被发展为党员,除廖井丹外其余6人均在1927—1937年国共对立时期从事过白区地下工作。(穆欣,2007)也就是说,他们早在全国抗战爆发前就已经历过殊死斗争的考验并成为坚定的马克思主义信仰者。廖井丹入党晚些,但红军长征时期就在四川组织过红军之友社,全国抗战初期已是中共在新军中的骨干。(李洪启,1987)这批知识分子不但是开辟建设根据地的文化先锋、带动新进的党外知识分子政治素质提升的关键支撑,同时也是在根据地撒播新文化种子的拓荒者和开展新闻事业的奠基人。

2."三三制"与《抗战日报》首发阵容

1940年是晋绥根据地建设的分水岭,此前在该地区你中有我、我中有你的国共统一战线关系随晋西事变结束而被双方南北分治的新格局取代。《抗战日报》在9月18日创刊则使这一年又成为根据地新闻事业的分水岭,之前的《五日时事》原本是中共晋西南区党委机关报,事变后才迁到晋西北继续出版,《新西北报》《牺牲救国》虽受中共实际控制,但毕竟以战动总会和牺盟会名义即第二战区的牌子刊行。因此,《抗战日报》的创刊标志着中共在晋绥根据地开始独立发声并努力以自己的意识形态引导社会生活。

《抗战日报》筹备和初创时期因人员很少,不但采、写、编之间无明确分工,各层领导与基层一线间亦无明显界线,是一种所有人做一切工作的状态。(晋绥日报简史编委会,1992:66)工作人员中除前述赵石宾、廖井丹、赵仲池、陈之向等人外尚有下列人员:

穆欣是采访通讯部第一任主任,亦是根据地大笔杆子。穆系河南扶沟人,最高学历是河南省立百泉乡村师范学校,故一直视《抗战日报》为"我的大学"。(山西日报新闻研究所,1985:97)1937年,他到山西的第一站是牺盟会军政训练班,7月入党,后到决死二纵队做政治工作。1938年,他随部队调往第六专署,因在学校读书时给报纸写过新闻、通讯,专署就将创办报纸之事交给他。6月7日,《战斗周报》在汾西创刊,9月1日更名《战斗三日报》,一年后印数由200份增加到2000份并改间日刊。报社附设战斗通讯社,供稿单位最初仅限《牺牲救国》《政治周刊》等,后来邹韬奋主编的《全民抗战》、黄炎培的中华职业教育社主办的《国讯》月刊、重庆《新华日报》、各战区《阵中日报》《前线日报》等都大量采用该社新闻。(穆欣,1939)由于作为"西战场"的山西前线举世瞩目,该社深受中外新闻界关注,"所发稿件虽然数量有限,水平不高,还是受到有关报刊的欢迎"。1939年春,经六专署、中共洪赵特委、决死二纵队、中共设在牺盟会洪赵中心区的党组织同意,穆欣又接受第二战区民族革命通讯社吕梁分社社长一职,该社由第二战区司令部秘书梁延武任社长,除山西各地外在香港、重庆、成都等地设有分社,一时人才济济,常芝青、段云、仓夷等均参与其中。"在山西政局逆转之前,民革总社所编发的电讯、通讯稿件,尚能在一定程度上如实反映山西前线的战争面貌,比较客观公正地报道八路军三大主力进入山西战场以后,在山西新派和人民群众支持下,依据太行山、五台山、吕梁山、管涔山创建抗日根据地的情况,起了有利于团结抗战的作用。"(马明,1999:20—24)晋西事变爆发后,穆欣于1939年11月到达延安,此前曾邀其加盟国际新闻社的范长江从重庆通过内部交通捎来一封长信称,经周恩来同意,国新社将在晋西北设立分支机构,拟由穆欣任特派员兼通讯站主任。(穆欣,1992:359)国新社是全国抗战初期在中共领导下建立的新闻通讯社,总社在桂林,重庆设办事处,香港设分社,各重要地区设通讯站,受中共南方局领导,社内有党支部,1941年皖南事变后被国民党查封。1940年5月,穆欣到达晋西北后一边参与筹办《抗战日报》,一边为国新社采访,报纸创刊前的8月1日国新社晋西北通讯站正式成立。(马明,1999:25—26)《抗战日报》创刊之前,作为革命者的穆欣党龄虽仅3年,但作为记者已有过独立支撑一个颇有影响力的通讯社和一张堪称优秀的战地报纸的经验,并担任过或仍担任两个具有全国影响力的通讯社的地方负责人,在《抗战日报》内部可与之比肩者,除赵石宾外恐无他人,故穆欣成为该报最重要的业务部门之一的采访通讯部首任主任。

高丽生是《抗战日报》筹办时的骨干,亦是报纸初创时为数不多的记者之一，1947年关于刘胡兰的报道即是其从来稿中发现、整理并及时编发的。高是广东人，自幼家贫，只上到中学，少时通过邹韬奋主编的进步刊物接受新思想，中学毕业后受到革命报人冯剑南影响，参加其组织的抗敌救亡同志会。全面抗战爆发后入党，1938年辞去小学教职，从广东奔赴延安并进入抗大学习，其间因文才而受关注，有不少作品在延安报刊发表。1939年冬被派往晋西北，在赵石宾、常芝青领导下筹办《抗战日报》，后曾任新华社晋绥总分社副社长、总编辑，1949年该报停刊后随刘邓大军挺进大西南，并在廖井丹任社长的新华社西南总分社任副社长主持日常工作。（黄羡章，2016）

另一位业务骨干是被毛泽东称为"当代梁山阮氏兄弟"的阮迪民，从《抗战日报》到《晋绥日报》要闻版一直由其主持。（中共山西省委组织部，2003：108）其是《抗战日报》接生者之一，1940年3月晋西区党委决定停办《五日时事》《新西北报》并着手筹办铅印新报时，阮就是赵石宾和常芝青班底成员，直到1948年临汾解放，该报抽调人马筹办《临汾人民报》时才离开晋西北。（晋绥日报简史编委会，1992：48）和高丽生一样，阮迪民未上过大学，战前是小学教师，在浙江省立湘湖乡村师范上学时深受陶行知进步思想熏陶，全国抗战爆发后从临安老家千里奔赴山西前线，在民族革命大学入党。毕业后被分配到第二战区政治部宣训科编辑《政治工作》（后名《黄河战旗》），晋西事变后奉组织指令撤回延安。（李振水，1990：502）阮的这一段履历与赵石宾重合，当时赵作为中共设在牺盟会的党组成员，任宣训科副科长，负责《政治周刊》等刊物，晋西事变后经延安到达晋西北。（山西日报新闻研究所，1985：125—133）赵石宾筹办新报，老部下阮迪民成为其左膀右臂。

汪涛于全面抗战爆发后在老家广东汕头潮阳县参加青抗会并任乡抗日工作团主任、抗日短期小学校长，1938年与新婚妻子石虹经香港到广州，并经八路军广州办事处介绍到延安，同年入党。1939年被派到晋西北，1940年夏秋之际报纸还未创刊就已受赵石宾派遣以"特派记者"

名义到晋绥八分区采访。(山西日报新闻研究所,1985:285)

《抗战日报》创刊前就已牺牲的筹备者高锡暇是山西榆次人,出生士绅之家,未受系统教育,当过学徒和兵工厂描图员。1936年秋牺盟会成立初即加入,同年加入中共组织。1937年8月日军轰炸太原时负伤,次年任民族革命大学政治指导处宣传科长,参与校刊编辑工作,是该校中共地下组织负责人之一。晋西事变后,高锡暇奉命组织中共党员、牺盟会员和进步师生撤回晋西北和延安。1940年2月调到晋西北参加《抗战日报》筹备工作,之后被派到八分区组织通讯网络并购买印刷设备和器材,因汉奸告密在汾阳被日军杀害。(山西日报新闻研究所,1985:286—288)

上述9人组成《抗战日报》从筹备到初创时期新闻业务方面的基本阵容。其中,全面抗战爆发前即有大学学历者3人,余为抗大、陕公等培训过者及师范学校或相似学历者,这在整个根据地独一无二。虽然新闻业务水平有别,但除高丽生外均有办报办刊经历。9人全是中共党员,且绝大部分在入党前参加过中共领导或受中共宣传影响的学运或其他形式的救亡活动,这亦是战前绝大多数知识分子加入中共组织的途径。(黄羑章,2016;李振水,1990:502;山西日报新闻研究所,1985:125—133)从《抗战日报》首发阵容看出,这一时期由于中共在晋西北培养知识分子的行动尚在初始阶段,从各地奔赴包括晋西北在内的华北各根据地的知识分子数量有限,大批奔赴延安的青年知识分子尚在后方的抗大、陕公、鲁艺、中央党校等"熔炉"锻造,故此时在晋西区党委机关报《抗战日报》新闻队伍中,抗战爆发后参加革命并入党的知识分子仅占1/3,而战前入党者占2/3的绝对多数。在此2/3中,国共对立时期储备的固有文化人才和战前通过牺盟会等统一战线组织新近发展的知识人才各占半数,从而形成三个时期各1/3的人员构成。

三类知识人才共同组成的队伍因资历和业务水平不同而呈现出有规律的梯次结构。首先,国共对立时期入党的固有知识分子不但政治上可靠、经验丰富且大多学历较高,多数处于领导层。其次,战前通过统一战线发展的知识分子,因1937—1940年间复杂的军事文化斗争的考验,各方面均比较成熟。因此,名牌大学毕业、入党较早又在决死纵队担任过指挥员、后在中央党校进修并在中央机关和晋绥军区锻炼过的廖井丹被任命为社长,而抗战初即从事新闻工作并对通讯社和报纸稔熟,且对大后方国统区、阎统区和根据地新闻事业比较了解的穆欣被任命为《抗战日报》最核心的业务部门采访通讯部的主任。最后是全面抗战爆发后参加革命的知识分子,其虽在延安接受抗大、陕公培训教育或在实际工作中积累了初步业务技能并入党,但这些人斗争经验不足,还须在实践中不断磨炼,对于办报或只有初浅技能或新闻经历为零,如汪涛在《抗战日报》筹备阶段被赵石宾安排组建资料室时,对"资料"为何物尚不知。(山西日报新闻研究所,1985:50、128)因此,一般只能作为基层和一线人员使用并在实际工作中进一步培养提高。总之,《抗战日报》筹备和初创阶段的人员,无论是国共对立时期动员和储备的固有文化人才,还是抗战前后来到延安或山西并加入中共组织的知识青年,都已根本不同于传统意义上的知识分子,他们都是有着自觉身份认同和阶级归属的有机知识分子,这个由革命政党的有机知识分子所组成的办报集体,在根本上不同于传统知识分子所创办的同人报纸,后者更多出于泛泛的政治理想,前者则是为了直接的战斗目的。换言之,它不仅是一张报纸,更是一种武器,他们不仅组成一个报社,更组成一支意识形态部队,正如贺龙在该报创刊一周年纪念刊上的署名文章《强有力的武器》所称:"我们多了一个抗战日报,就是增加了一种新的装备,使我们能够有效地打击敌人,保卫晋西北抗日根据地。"(贺龙,1941)

3.《抗战日报》的地方化努力

1941年7月,中共中央宣传部对华北各根据地报纸数量多、质量差的问题提出批评,要求除必办一种政治报纸和一种通俗报纸外,须将主要精力放在报纸质量而非数量上。关于质量问题,要求各地除加强通讯工作以使报纸更好地反映当地实际外,须想方设法搜集并有计划地培养专业新闻干部以解决人才紧缺问题。① 就《抗战日报》而言,初创时期四个版面中,二、三版全部刊登国内外新闻,第四版副刊上发表和转载一些与本地无直接关系的大块头文章,本地新闻仅占第一版除社论外的版面。造成这种情况的原因很多,如编辑部缺乏在根据地办报经验,而在办报方针上沿袭城市做法,但主因在于人手紧张导致写稿缺人、基层无根导致无稿可写。(晋绥日报简史编委会,1992:7)要纠正中宣部所批评的"无的放矢和空谈的缺点",并解决"质量差"和"形式铺张、内容贫乏"等"严重弱点",就须在地方稿源上下功夫。② 而在广泛的通讯网络建设起来之前,稿源问题的唯一解决办法就是培养更多的编辑记者。

  事实上,在中宣部指示之前,中共晋西区党委和《抗战日报》社就意识到上述问题,并开始为新闻地方化努力。首先是1941年5月和1942年5月两次改版。1941年5月1日第一次改版后一版仍是社论和要闻,四版副刊仍是专文,但对二、三版做了较大调整,之前两个版面均为国际国内新闻,改版后二版为国内国际混合新闻,三版全部刊登地方新闻,也就是地方新闻除原有第一版部分版面外又增加整整一个版面。9月,在报纸创刊一周年之际,《抗战日报》进一步要求:除地方新闻必须联系根据地实际外,国内新闻须"按照根据地的特点"以是否有利于"推动晋西北军民的斗争"为方针,副刊首先要反映当地实际,其次再讲文字水准。此时,《抗战日报》已将新闻采编工作聚焦于当地。1942年5月19日第二次改版后,头版由社论和要闻变成"地方重要新闻和社论",第四版副刊要么讨论地方各种实际工作、要么是根据地建设和对敌斗争文学作品,地方化的编辑指向更明确且对地方新闻和国际国内新闻版序进行对调,地方新闻放在第二版、国际国内新闻放在第三版。(晋绥日报简史编

---

① 《中央宣传部关于各抗日根据地报纸杂志的指示》,《共产党人》,1941年8月。
② 《中央宣传部关于各抗日根据地报纸杂志的指示》,《共产党人》,1941年8月。

委会,1992:7、8、10)当天社论《为改版告读者》称:"作为根据地的报纸,最主要的任务就是能针对根据地实际情形,团结广大人民,组织一切力量,以实现根据地的政策法令和工作任务。"并向读者承诺今后的努力将从当下不足开始。① 与此同时,为有效获取来自基层和各地的信息,《抗战日报》创刊不久即开始通讯队伍建设的努力,并于1941年春成立采访通讯部,采通部下设通讯联络科,专门负责与通讯员联系。(晋绥日报简史编委会,1992:83)在报纸出版到第一年头上时,通讯员数量达到300多名,但初期通讯网络建设并非依靠党组织自上而下的制度化、普遍化的行为,而是记者以报社名义个别开展工作,因此分布不匀,许多边缘县乡通讯员很少,当地情况反映不上来且许多通讯员只挂名不写稿,整体通联工作效果不理想。(山西日报新闻研究所,1985:22)1941年1月,全边区共有50多个通讯员,但报社全月只收到通讯员来稿37件。(晋绥日报简史编委会,1992:83)即使到一年半之后的1942年秋季本地新闻仍有2/3由专职记者采写,这种情况到1942年10月1日晋绥分局《关于抗战日报工作的决定》发表后才逐渐改观。(山西日报新闻研究所,1985:22)

4. 本地知识人才的崛起

1942—1948年虽经抗战胜利、报纸更名,采编人员时有出入,如社长廖井丹赴东北办报、周文调重庆《新华日报》、1947年部分采编人员赴各地参加土改工作团后,由《晋绥大众报》抽调邵挺军等人补缺,以及部分人员从延安和晋绥边区其他部门零星调入,但人员规模并无大变化。1948年5月晋南解放,因抽调人员南下筹办《临汾人民报》,包括采通部主任兼新华社晋绥总分社社长郁文、负责地方新闻的阮迪民、负责副刊的殷白、骨干记者邵挺军、吕梁分社社长富文、记者林夫和朗可(王充)等10余名新闻干部,《晋绥日报》出现严重人员缺口。(晋绥日报简史编委会,1992:47)为保证报纸正常出版,一批基层宣传干部和通讯员调入报

---

① 《为改版告读者》,《抗战日报》1942年5月19日。

社补缺。(山西日报新闻研究所,1985:246)据苗振青回忆,先后调来的有兴县闫玉、岚县柴钟荣、崞县刘宗武、神池陈良柱、保德康溥泉以及苗振青本人共10余人。(康小明、康为民,2007:94)新闻采编人员既是文化人才又是技术干部,从人才培育角度讲,首先须具备一定知识基础,然后才有新闻采编业务的不断熟练。如此之短的时间内10多名晋西北本地干部密集进入报社采编岗位,这既有《抗战日报》多年来建立健全通讯网络、发现培养优秀通讯员的持续努力,更离不开中共在根据地建设中对文化教育的重视和对本地文化人才的培养。据康溥泉回忆,晋绥二中校长范若愚在北平上大学时就在《世界日报》做过记者,在二中时曾为学生讲授新闻学常识并经常为《抗战日报》撰写散文、杂文、通讯、论文,"在校长的耳濡目染之下,许多同学学会了写新闻,爱上了党的新闻工作……在我的人生道路上,我得到了两个好老师,第一个老师是晋绥二中,它教导我树立无产阶级的世界观,把自己的终身交给无产阶级的先锋队共产党。第二个老师是晋绥日报,它教给了我一种为党、为人民工作的具体知识和本领"。(康溥泉,2003)可以说,这是晋绥根据地新闻事业发展过程中绝大多数本地知识人才的成长之路。

在"第一个老师"普遍的正规的学校教育基础上,"第二个老师"的职业技能教育才有用武之地。《抗战日报》对通讯员的传帮带,主要包括不定期的新闻训练班和针对性的培养物色。报社新闻研究班经常举办,学员一般都是各县抽调来的宣传文化干部或具有一定文化基础的积极通讯员,马列主义新闻理论一般由报社组织学员自学,新闻常识由报社领导及有关科室负责人授课,关键是实习操作,主要学习修改和处理通讯员来稿,先由采通部通讯科具体指导,逐渐过渡到自己动手独立操作。学员能独立胜任稿件处理工作后,就被安排在通讯科工作,原通讯干部则抽调到采访或其他岗位,等下一批通讯员入职时上一批再依次递进。通过这种办法,《抗战日报》培养了不少新闻干部,1941年从决死二纵调到《抗战日报》的曾孚即是例子。曾虽是只有小学文化的部队通讯员,但有办报经历且热爱写作,培训期间成绩优异,几百个速记符号掌握无误,培训3个月后直接留用,由扛枪兼写作的"二杆子"变成专业"笔杆子"。(山西日报新闻研究所,1985:131、169—170)

另一个办法是从通讯干事中物色。通讯干事不仅是各地通讯网络的骨干,且新闻业务较一般通讯员熟练,《抗战日报》对这些骨干的培养十分重视。稿件无论采用与否都要求通讯科以信函方式回复,采用的说明原因并指出不足,不采用的要指明缺点和注意事项。记者下去采访,和通讯干事一起活动、一起写稿,当面帮助指导。当这些通讯干事成长起来后,报社有计划地从中物色人选充实采编队伍。(晋绥日报简史编委会,1992:68)可以说,对《抗战日报》新闻队伍而言,各地通讯干事和优秀通讯员是一个后备人才库。1948年一次性从各县调来10多名通讯干事足以说明,以根据地教育事业为支撑,经过报社多年经营,覆盖全区的通讯网络不但具备强大的信息供应能力且为报社储备了数量可观的后备人才。

三、全党办报:《抗战日报》通讯网络的构建

(一)融入中共组织

从今天的视角观之,抗日根据地的报纸可以说缺乏技术含量——粗糙的马兰纸、劣质的油墨、落后的印刷设备、"傻大黑粗"的面孔、扫盲级别的文字技巧、下里巴人的村言野语,然后人背马驮送到深山沟里那些有时种地有时扛枪且长满老茧的手中,最后还得念出来才能被理解。这些文盲遍布的穷乡僻壤,理论上讲不具备媒体生存的基本条件,既缺少作者又缺乏读者且原本亦无信息需求。但中共党组织及其领导下的政权不可思议地"创造"了作者、"创造"了读者,同时"创造"了普通民众对报纸的需求,这不能不说是中国新闻传播史上的一大奇迹。奇迹背后的

秘密是中共的群众路线,及在这条伸向社会底层的道路上各级组织和党员干部所表现出的决心、勇气和执行力。正是凭着这些,中共成功地在文化薄弱、技术落后的根据地编织起一张"人力密集型"通讯网络,这个网络既是边区社会的感知神经和传导神经又是社会的效应器官,在中枢和末梢之间发挥刺激、反射、协调、整合作用。正因其不是一般意义上独立的且在某种程度上又处于孤立状态的新闻传播活动,而是作为有机体的一个功能器官深刻地内化于党的组织机体,其社会功能远远超出一般意义上的新闻活动范畴。换言之,渗透社会底层、融入民众之中,对《抗战日报》及中共其他根据地创办的报纸而言,群众路线是其真正的技术含量。

1. 党报姓党:不带编号的党内文件

虽然文化教育的各门类各有其重要性,但报纸这一内容更通俗化、形式更大众性、接受更少障碍、传播更广泛的意识形态传输载体显然具有不可替代的价值。全国抗战初期,中共中央就发出《关于党报问题给地方党委的指示》,要求在秘密工作状态已结束的新条件下必须纠正过去观念,在公开状态下应重视报纸、阅读报纸、研究报纸,并要求各地"尽一切力量来帮助《新华日报》,以达到加强报纸与群众的联系,如帮助建立通讯工作,帮助建立读者会"。(穆欣,1992:9)1941年7月中共中央宣传部《关于各抗日根据地报纸杂志的指示》不仅对干部培养和通讯工作提出要求,而且对各根据地哪些报纸必须办(如机关报和通俗报)、哪些可以根据实际情况自主决定均作出具体指示,同时建议通过党校教育培养新闻人才。① 1942年中宣部《为改造党报的通知》进一步明确这是党的中心工作之一。② 显然,对中共党的工作而言,报纸并非一般意义上的新闻产品,亦非简单意义上附着于主体工作的宣传教育工具,正如《抗

---

① 《中央宣传部关于各抗日根据地报纸杂志的指示》,《共产党人》,1941年8月。
② 《怎样办党报》,《抗战日报》1942年4月7日。

战日报》1944年一篇社论所言：报纸的功能不单是广而告之的宣传，是"深入的组织工作"。① 言外之意，报纸不是整个系统的"外挂"或"附件"，而是作为这一系统的核心程序有机地内化于各项工作。党报则通过这样的有机内化，以党的代言人身份获得言论权威的优势地位，在中共执政地区这种权威既是排他的又是垄断的，党报因此站在独一无二的高度成为引导舆论的意见领袖。

根据地时期中共报纸并不限于对外宣传动员，特殊情况下又是党内工作文件——不带红头和编号的文件。晋西事变之前的《五日时事》作为中共晋西南区党委机关报就是区党委和基层组织联络的渠道，一些党内可以公开的指示经常通过报纸传达，党报文章及其权威性类同于上级组织文件。实际上，虽然《五日时事》只是一张八开四版、五日一刊的小报，但编辑出版流程的严格程度不亚于党委文件，当时区党委宣传部长张稼夫不但经常为报纸撰写社评，且每次审阅全部稿件。《抗战日报》创刊时晋西北虽由国共并存变为中共主导，但仍处日伪包围之中，由于持续不断的"扫荡"，根据地边界时伸时缩、面积时大时小，最严峻时有效控制范围仅限于腹心地区数县，在边缘地区因敌我错处的复杂环境，许多党组织和政府机构驻地秘密且行踪无定、沟通不便。在此情况下，报纸经常就是上级文件。《抗战日报》社在每个专区都派有常驻记者，由于其都在各地独立活动，很难随时与报社联系，所到之处在政治上、组织上须受所在地党委领导。同时，因报社采通部与新华社晋绥分社是一套人马，各专区外派记者都配有收发新闻电讯电台、手摇发电机、收发报员和译电员，既拍发当地新闻也抄收延安新华社电讯稿并负责将重要新闻抄送地区党委，以便党委了解中央工作部署等重要信息。（晋绥日报简史编委会，1992:70、161—163）由此可见，《抗战日报》外派记者既是上级党委派来的宣传干部又是各地党委的工作助手。

事实证明，在这些对敌斗争复杂的地区，即使以党报这样相对便捷

---

① 《如何使我们的报纸更加与群众相结合》，《抗战日报》1944年5月20日。

的形式作为上情下达、下情上知的渠道亦面临重重困难。因此,为适应对敌斗争需要,报社制定外出采访的"非常"流程:记者到基层采访属于组织行为,须通过报社地委县委层层转交组织关系,然后基层党组织派人陪同,不经此程序新闻记者不可能在敌占区或游击区找到处于秘密状态的党组织和地方政权,即便找到亦不可能接受被采访;对记者和采访对象之间组织派来的陪同人员只作口头介绍不留文字,同时为防意外发生导致组织机密外泄,记者采访不做记录,写成稿件后底稿烧毁而不留痕迹。(晋绥日报简史编委会,1992:75)在此条件下,记者工作与地下工作别无二致,且新闻工作者与地下工作者一样随时面临危险。如1940年记者汪涛赴八分区清太徐县采访,穿越铁路进入敌占区后与专署其他人员失散,后在当地群众掩护下才与区村干部取得联系并脱险。(山西日报新闻研究所,1985:131)采访人员之外,负责送报的交通员与敌遭遇后为保护报纸开枪战斗的事件时有发生,离石交通员李人和甚至壮烈牺牲。(山西省出版史志编纂委员会等,1997:228)可以说,在上述地区报社记者和交通员所采集和传送的并非常规意义上的新闻,而是开展党的工作所需要的公开情报。虽然抗战期间中共合法地位得到国民政府承认,其组织工作由秘密状态变为公开,并适应新的条件建立了全国性或区域性的党报党刊系统、承担起比秘密时期更大的宣传功能,但在敌后根据地复杂的外部环境下,中共组织在许多地方并非完全公开,秘密时期报纸的职能仍保持,既是宣传工具又是组织手段。这一职责虽较一般意义上的宣传功能显得狭窄,但对党组织的工作需求而言无疑更具刚性,故只能通过高度有机化的媒体即党的机关报才能实现。

2."聋盲软哑":言说与倾听之间的疏离

尽管特殊情况在局部地区存在,但《抗战日报》在中共独立主导的晋西北毕竟是一张公开报纸。除前述狭窄却刚性的功能外,更多时候主要是作为党组织代言者面向社会发声,然这个功能并非自动实现。该报虽一方面将宣传党的方针政策作为一项经常性的重要任务,另一方面坚持用党的方针政策来指导报纸编辑工作,但在创办之初对根据地的融入程度和有机化水平并非尽善——内容上存在脱离根据地实际情况、形式上存在超越根据地读者接受水平的问题,地方新闻量少质劣,大量新闻版面用来刊登新华社国内国际稿件,即毛泽东批评的"为新华社办报"而非"为晋绥人民办报"。(晋绥日报简史编委会,1992:13)同时,社论几乎天天有却多空发议论,与地方工作无关。究其原因,一是人手不敷使用,创刊初连每个区派驻一个常驻记者都做不到;二是因惯性作用,编辑记者因袭城市办报思路,农村办报经验尚在探索阶段;三是通讯工作尚未发展起来,无法充分发掘新闻资源。三个原因互有关联,如因人手不足而腾不出力量发展通讯队伍,因袭故法而未足够重视通讯网络建设并形成群众办报理念,然脱离根据地实际而"为新华社办报"归根到底是因通讯网络无力、地方稿源不足。通讯网络问题则因初期只靠记者在采访中发展通讯员,不但量少且分布不均,许多地方和部门无通讯员,许多通讯员只挂名不写稿。实际上,农村办报不同于城市,开门办报不同于同仁办报,表现在晋西北,作者队伍是一个大问题。

虽然存在种种缺点,但绝不意味着初期的《抗战日报》作为党的机关报是不成功的。事实上,无论军事斗争方面的百团大战和反"扫荡"报道、政权建设方面对村选和统一战线工作中的纠"左"报道,还是文化建设方面对国民教育正规化、开展冬学、普及卫生工作的宣传,《抗战日报》都可圈可点。即便如此,毛泽东1948年对晋绥日报编辑人员谈话中所称赞的生动局面远未出现,经常性存在的依然是该报编辑部在1942年整风运动中通过自查所认识到的"聋盲哑软"四种病症,即对群众呼声和要求失聪、对各种问题失明、解释党的政策失声、批判和斗争无力。(山西日报新闻研究所,1985:17)可见,《抗战日报》作为中共晋绥分局机关报或党组织代言人,与晋西北民众依然存在某种程度上的疏离感。

3.一纸《决定》:晋绥全党参与办报

党报有机化的实现是一个双向互动的过程,一方面报纸须以党性为指导而融入党的工作,另一方面党的各级组织须以报纸为坚强自身的重要阵地、动员宣传的重要手段、各项工作展开的重要方式,并举全党之力办报。这两个方面互为前提,但从党报对党的依附性而言后者显然是前者的基础。作为党的机关报,其最基本的职责正如毛泽东对晋绥日报编辑人员的谈话中所言,就是使群众认识到自己的利益并团结起来为实现自己的利益而奋斗。因此,关键并不在于报纸说什么,而是这种言说对听到的人有什么作用,只有在这个意义上,它才上升为具有重大意义的原则问题。为此,必须建立相应的渠道和机制,以汲取过滤来自民间社会的声音和意见,并对其进行基于新闻传播学的专业加工和技术处理,在对这些意见传播中使党的声音成为舆论的"领唱者"甚至成为舆论本身。因此,它不仅是一个党发表意见的过程,亦不仅是一个党与民众交换意见的过程,而是一个以党为中心统一意见的过程。

中宣部1942年3月通知提出,报纸反映生活(包括党的生活与群众的生活)是一个党性问题,并明确要求党政军民负责人成为报纸作者,报社要与党的政治生活联成一气。① 10月,成立伊始的中共晋绥分局作出《关于抗战日报工作的决定》(以下简称《决定》),称《抗战日报》是"体现党和政府一切政策的有力工具"、是"对敌斗争的锋利武器",亦是"根据地党政军民的喉舌""反映人民生活和要求的镜子"。《决定》将"忽视或轻视"报纸、不懂得利用报纸指导工作、"没有为它写文章,写消息,写通讯"、没有向不识字干部群众读报的问题,上升到党性高度,提出严厉批评并要求迅速纠正。为办好报纸、用好报纸、发挥报纸的宣传鼓动效能和指导工作的作用,以教育干部和组织群众,晋绥分局要求:(1)从分局到各级党委党团,要把办报作为重要业务定期讨论,讨论情况要定期报

---

① 《怎样办党报》,《抗战日报》1942年4月7日。

告分局，分局宣传部要将其作为工作检查之一。(2)各地委县委宣传部长、军区宣传部长、军分区和旅宣传科长、团宣传股长须担任抗战日报特约通讯员，与报社直接联系。特约通讯员职责包括以下五项：第一，负责组织所管辖地区和部队内通讯员，吸收具有写消息能力的干部担任通讯员并具体帮助和领导通讯员如何收集材料写作稿件；第二，负责发动通讯员及有抗战日报的机构或个人进行组织读报组工作，使每份报纸常有一百人读到或听到，并反映报纸在干部和群众中的影响和意见及对报纸各个时期号召的响应；第三，负责供应抗战日报各种新闻材料或文章，并组织同级党政军民学负责人及党外人士替抗战日报写文章；第四，负责切实帮助抗战日报各地办事处、分销处，检查报纸赠送和发行情况并帮助其改善健全，不得有停滞、缓慢、浪费等现象；第五，负责帮助抗战日报派驻的记者了解情况并供给必要材料，使其采访工作便利，必要时帮助解决工作上的其他困难。(3)各单位负责人有为报纸写稿的义务并对通讯工作负有责任，同时要对通讯员投稿审阅签字并及时寄送。(4)凡党员中经聘定或指定的抗战日报特约撰稿员均须遵守既定规约按期写稿。(5)凡抗战日报派人前往各地购买印刷材料者各级党委党团应切实负责帮助，如该社委托代购应负责完成任务。(中共中央晋绥分局，1942)晋绥分局一纸《决定》为《抗战日报》发展了大批特约通讯员，从文件规定上看，各地委县委和军区宣传部长、军分区、旅、团一级宣传科、股长以及部分经县委宣传部推荐的区干部均在其中，不但数量上远远超过报社采编人员，而且对各地各项工作的熟悉程度远非专业记者可比。

根据《决定》，全边区凡带"长"的人都负有为《抗战日报》发展通讯员、建立读报组、协助采访和发行、提供线索和稿源的具体责任。可以说，为实现人人办报、人人看报，以特约通讯员为枢纽，晋绥边区党政军民学被自上而下地动员起来并参与其中。尤其广泛建立的读报组更使发行万余份的《抗战日报》受众群体成百倍放大，在人口仅有二三百万的晋绥边区受众占比超过同期所有城市报纸。或者说，《决定》使整个边区成为一个大报社,各级各类机关负责人成为报社编外工作人员,"全党办报"目标得以实现。

4. 晋绥全党办报的生动局面

《关于抗战日报工作的决定》下发后,《抗战日报》依托中共晋绥分局组织架构迅速融入遍布晋西北的中共党的组织网络,通过这个网络来自基层的报道不断增多,生动活泼的办报局面由此打开。这种局面,从抗战胜利到1947年初全面土改之前该报对边区开展的反奸清算运动报道中可见一斑。

抗战胜利后,中共在解放区广泛开展群众性反奸清算运动。1945年10月,晋绥分局指示老解放区群众运动的任务是减租查租与反对特务破坏分子,新解放区则是反汉奸、贪污讹诈、摊派不公以及清理敌伪时期一切纠纷。次年5月,中共中央"五四"指示发出后,晋绥分局要求群众尚未发动地区务必于1946年底前全部或大部完成,当年6月召开的分局高干会议通过张稼夫所作开展群众运动解决土地问题的报告,贺龙在总结报告中强调新区要根据"五四"指示继续进行土改,同时坚决制止侵犯中农利益。(中共山西省委党史研究室等,1989:293、317、321)期间,反奸清算、减租查租、土地回赎始终是《抗战日报》的报道重点并随时间推移不断升温。以同年8月为例,该报共发此类报道51篇,若加上开明绅士和部分地主无偿献地及在清算果实分配时优待抗烈属报道则总数近百条,日均3条。在51篇稿件中,一版稿件19篇,占比近40%,其中一版头条11篇,占比超过20%。上述稿件中,讯头为"本报特讯"的文章按通例应为晋绥分局直接供稿,故不计入记者或通讯员名下。除此之外的50篇稿件中,记者、编辑纪希晨、韩生本(生、本、生本皆系韩生本)、曾孚(孚)、刘祖武、黄照、成刀戈、刘焕文等独立采写者,新华社晋绥总分社发自晋绥各地者,评论文章未署名者,计21篇。若记者与通讯员合署名的5篇均按半数计,则报社自采稿件23.5篇,占比不足半数。特约通讯员与通讯员参与署名的稿件29篇,其中独立提供的24篇,如与记者合署名的5篇按半数计,则特约通讯员与通讯员来稿共26.5篇,占比超过半数。通讯员中凭职务可确定为特约通讯员者有:晋绥五地委专员屈健、交城县委宣传部长李立功、静乐县长李春芳、静乐县委书记王敖、六分区抗联主任张承武、晋绥人民剧社政治指导员胡宗武、中阳县委负责人阎明、忻县县长刘杰、方山县委书记胡克实、临县县委书记秦克昌、宁武县委宣传部长周恭以及石敬野和李六平(前者1940年任新军长城剧社艺术指挥、后者1945年在贺龙中学负责学生工作,两人1946年职务不详)。上述13人皆为各分区各县及边区其他机关单位负责人,职务最高者地委专员,最低者县委常委,其参与署名稿件超过20%。13人中除胡宗武、石敬野、李六平、张承武来自文化艺术单位和人民团体,其余9人均为地县级党政领导。① 据1942年统计,《抗战日报》特约通讯员共291人,其中每月来稿一篇及以上者48人,直到1948年特约通讯员中常写稿者仍有三四十人之多。(晋绥日报简史编委会,1992:95)

  总之,1946年8月一个月时间内,该报就反奸清算减租回赎专题组织了51篇报道,这些报道来自边区各地,可以说全景式地展现了晋绥边区农村阶级关系和土地关系的变化,同时折射出中共由减租减息向全面土改过渡的土地政策对解放区社会生活所产生的影响。该报作为党的机关报,在此次长达一年多的战役性报道中,以其大规模、高密度、全覆盖的新闻宣传,在这场群众运动中发挥了出色的动员作用。而近40%被一版刊发、超过20%被用作头版头条的比例,一方面表明晋绥分局和该报社对此次战役性报道的高度重视,同时足以证明稿件整体质量之高。而量大质高的保证则是稿源渠道的多样化,除报社和新华总分社采访力量外,各地通讯员、特约通讯员负担了半数以上报道任务,而通过全党办报动员起来的、以党政军民学领导为主体的特约通讯员群体无疑是此次战役性报道中的最大亮点——他们不但负责组建了覆盖全区的通讯网

---

① 详见《晋绥日报》1946年8月相关报道。

络,而且以他们的基层实际工作为报纸提供了鲜活的新闻素材,甚至直接动笔写稿,承担了其中 1/5 的报道任务。可以说,没有全党办报的格局,没有这一群体的有力担当,《抗战日报》很难在 1944 年之后出现如此生动活泼的局面。

(二)嵌入基层社会

庞大而健全的通讯网络是《抗战日报》融入当地社会、落实办报宗旨、实现办报目的的主要依靠。报社首任社长廖井丹曾指出根据地办报须解决四个问题:一是正确的编辑方针,即在党的总任务下为当地人民服务;二是要有一个全区的群众性通讯网;三是建立和培养编辑队伍;四是适应战时环境的后勤服务系统。关于通讯网络,他认为采编队伍的重要性在于更好地为通讯员服务,确保在落后条件下新闻可以从群众中来,故通讯网建设是关键之关键。(山西日报新闻研究所,1985:12—34)纵观《抗战日报》1940—1949 年办报史,通讯网络建立健全和通讯员发展培养始终是报社各项工作的重中之重,"小编辑部大通讯网"的开放性理念贯穿始终,"以通讯网为根、以编辑部为干"的群众办报格局随着报纸的发展日益显著,鼎盛时期通讯员数量数十倍于专业采编人员,在边区 20 多县数以千计的通讯员队伍支撑着编辑 10 多人、记者三四十人的《抗战日报》,使之成为报纸汲取新闻资源的强大根系和融入当地社会的便捷管道,并因之成为中共在根据地进行宣传动员、社会治理的可靠手段。

1.各级党委对报纸通讯工作的推动

建立覆盖整个根据地且高效运转的通讯网络仅靠报社自身努力无法完成。初期的《抗战日报》是依靠记者外出采访时发展通讯员,故量少且分布不均、腹心地区多而边缘县份少,同时许多通讯员挂名不写稿,当地情况反映不到报面上来,主要还是靠报社派出的专职记者供稿。直到1942年报社将"情况上报,得到晋绥分局的大力支持",局面才开始扭转。(山西日报新闻研究所,1985:20—22)

事实上,就党报通讯网的建立和中共对此项工作的支持而言,"自上而下"的起点并非晋绥分局而是中共中央。继1942年3月中宣部通知之后,4月2日新华社播发题为"怎样办党报"的宣传指南小册子,7日《抗战日报》二、三两版全文转载这条新华社电文。中宣部《通知》(即1942年3月发布的《为改造党报的通知》)指出:只有反映党的工作、群众生活才是名副其实的党报,为别人的通讯社当义务宣传员是党性不强的表现,"要有与党的生活与群众生活密切相联系的通讯员与特约撰稿员"。[①] 10月,晋绥分局作出《关于〈抗战日报〉工作的决定》,对各级各地提出硬性要求,通讯网无力的问题才解决。到1944年5月20日《抗战日报》社论仍指出:必须有充分实际工作经验的党政军民各方面的同志全体动员起来参加报纸工作,只有大家动手,给报纸写稿,组织通讯,使农村工厂部队学校机关参加各种实际工作的同志写新闻通讯论文,不断地寄给报纸,热切地关心报纸,才能做到利用报纸组织教育群众并达到改进工作的目的。但目前"我们的报纸还有很大缺点,和实际工作比较起来是远远落后了的",强调"利用报纸的读者网和通讯网来组织教育群众,也和我们利用民兵和生产来组织教育群众一样具有同等的意义",要求"对于写稿还欠缺端正态度的同志,应当更深入实际,和群众结合,不是把自己而是把群众的生活、要求和情绪去表现出来"。[②] 12月20日,毛泽东对《抗战日报》做出指示,要求本地新闻"至少占两版,多到三版",版序应"本地为主,国内次之,国际又次之",强调"当地人民的需要"和"地方性的指导意义"。(晋绥日报简史编委会,1992:13—14)落实这个指示,意味着报社不但要在思想上对本地新闻给予特别重视,且

---

① 《怎样办党报》,《抗战日报》1942年4月7日。
② 《如何使我们的报纸更加与群众结合》,《抗战日报》1944年5月20日。

需更多通讯员和更为健全高效的通讯网络,以解决"至少占两版""多到三版"的本地新闻的稿源问题。1945年11月21日,中宣部长陆定一在给《抗战日报》社长周文的信中又提出"以为通讯员服务为第一"、反对报人第一,要求"动员全党干部来写稿,来提意见,稿子要给他改,给他登,意见要接受或答复,要求要满足,而且把满足他们的要求当作一件大事来做"。即使将来到了大城市,根据地报纸的有些做法还将作为我们报纸的特点保存下来,"如广大的通讯网"。1946年2月,晋绥分局转发西北局1月20日《关于加强各县通讯工作的通知》,强调在县委宣传部设立通讯干事的重要性。5月25日,晋绥分局指示各地:广泛的群众性的通讯网是全党办报的中心环节,通讯网开展的关键在于各级党委的重视与领导的负责,并决定将党报通讯与发行工作的好坏作为检查各级党委宣传部门工作的标准。11月8日,晋绥分局再发指示,要求贯彻5·25指示并提出通讯干事业务专门化。12月10日,晋绥日报和新华社晋绥总分社召开兴、岚、河、保、临、静、阳7县通讯干事会议,交流通讯工作经验。(山西日报新闻研究所,1985:56—58)1942—1946年间,办报作为中共中心工作、通讯网作为全党办报核心环节得到中共中央、西北局、晋绥分局自上而下的重视并提升到党性的高度,而《抗战日报》因楼台近水更受到毛主席和中宣部长的高度关注。晋绥各地党政机关及领导干部化政策压力为工作动力自是必然。但就政策落实和任务完成而言,动力虽重要却毕竟只是开头。在民众十之八九为文盲半文盲、干部半数以上是"大老粗"的根据地,在每天都有战事发生、每天都在流血牺牲及居不安食不饱的社会环境中,通讯队伍的建设、全党办报的实现远比下一个决心要艰难。

2. 通讯队伍的组织

晋绥分局《关于抗战日报工作的决定》下发后,摆在各县党委面前的首要任务是组织队伍,而要完成此项任务首先面对的是对文化工作的轻视态度和畏难情绪——战乱时期重武轻文、文盲半文盲对文字的敬畏及因内心敬畏而产生的口头上的不屑。这种轻视不但存于一般民众心里，甚至专门从事宣传工作的干部有时也难免。1946年2月4日《抗战日报》刊登的保德县委通讯干事康溥泉的文章《我对文化工作的反省》称：1945年10月调任通讯干事后"虽然想做好工作，但思想上又产生了许多糊涂观念"，认为自己工作"任务轻没事干"且老解放区无新鲜事情可写，想和其他同志一样到新区工作；读读《抗战日报》的文章"没有什么深切的感觉，或觉得没甚意思"。后来到基层看到"群众是如何迫切要求文化食粮"及报纸上的一首《查租歌》是如何教育了群众和地主，并使群众顺利从地主手中赎回77垧土地的事例，"从这村中才具体看到了文化工作帮助群众斗争的威力，而我以前轻视文化工作的想法是根本不懂群众的情绪和要求"，"宣传工作是一个非常重要的战线，每一篇文章都是一颗地雷"。从此才放弃调动工作想法，"下决心使自己的思想情绪完全和群众融合起来，无条件安心地为革命工作"。编辑在此文"编者按"中认为这篇反省"很好很重要"，因"有许多认识上思想上的问题，正需要大家来检讨、研究，和共同勉励"，从而使文化工作"能够担负起已经到来而更将开展的新形势所给予的新任务"。（康溥泉，1946）文化水平低不会写、工作繁忙不能写、做了工作就行不必写，面对普遍存在的思想问题，仅靠号召是不可能组织起一支覆盖全区的广泛的通讯队伍的。为此，晋绥边区各地采取抓干部、抓结合、抓制度的办法。

首先是抓干部。在组织起来的层级分明的群体中，下级不但要执行上级决定，且上级官员言行和态度对其而言相当于无声的命令。为贯彻晋绥分局关于抗战日报工作的决定，各地领导干部均视此项工作为领导工作的重要部分，不但以身作则带头写稿且"开会就讲，下乡就抓，布置检查工作时一并布置检查通讯工作"，从而形成重视通讯工作的氛围。三分区专门成立通讯科，分区领导从1943年起定期到各县检查通讯工作。静宁县领导班子中谁分到哪个区抓中心工作就负责哪个区通讯工作,不但审阅稿件且亲自向报社投递。临县县委召开的通讯工作讨论会议上要求每个县委委员检讨自己过去不写稿少写稿的情况,重新制定写稿计划并分工负责各区通讯工作,组织通讯员写稿。1948年临县县委在整党工作会议期间四次讨论通讯工作,同时组织与会干部开展报道活动,半月会期内107人写稿141篇。在许多地区,区干部被要求直接组织并负责通讯小组,分工什么就负责什么领域通讯任务,在哪个村工作就和当地村干部、积极分子一起组成通讯小组。如此层层传导压力,使晋绥边区通讯网不但广泛建立且呈现出严密的组织性。八分区通讯小组从各单位各部门一直深入到各区各村乃至模范变工队,小组长全部由政治可靠、认真负责的干部担任;军区六分区在各个连队普遍建立通讯小组。(晋绥日报简史编委会,1992:85—86)通过党政军民学机关层层传导并与相关单位对口建立,最终将分局决定一贯到底,落实到边区每一根末梢神经——农村各个村庄、军队各个连队、各工厂、各学校、各机关各系统的地方分支。

其次是抓结合。一是做与写结合,发展实际工作者参与通讯工作。1944年,二分区在开展通讯工作过程中提出"工作者就是写作者"(晋绥日报简史编委会,1992:87),《抗战日报》同年9月提出"做什么写什么"方针并号召通讯员围绕中心工作开展通讯报道,通过通讯报道推动中心工作,根据地在做什么、群众在做什么就写什么,自己做什么就写什么。①之后,各地鼓励通讯员将工作写成新闻通讯,以此为前提,发展通讯员的主要条件不是文化程度而是是否接近各种工作,如岚县有大量村干部、劳动英雄、民兵积极分子成为报社通讯员,这拓宽了发展通讯员队伍的路子,许多工农群众甚至不识字的人被吸收为通讯员,包括家喻户晓的张初元、温象栓、白改玉等,其中有些稿件甚至还上了报纸头版头条。神府县1944年2月召开通讯员会议,80余名与会者中有3/4是工农通讯员,其中一字不识的劳动模范刘德如参加了通讯组,他自称是"跑腿通讯

---

① 《改出日刊与加强通讯工作》,《抗战日报》1944年9月18日。

员",一有消息就到区上口头反映。(晋绥日报简史编委会,1992:85—86)二是知识分子与工农结合,优势互补。工农通讯员发展起来后,由于其大都是文盲半文盲,只能口头报告,写稿确实困难,为发挥他们的作用,各地在成立通讯小组时把他们和知识分子干部混合编组,前者出内容后者出文字,合作写成新闻稿件。在广大农村,知识分子与工农群众结合的普遍形式是小学教师与村干部合作,1942年保德县教育科将全县小学教师组织起来以区为单位普遍建立通讯组,这种合作方式不但促进了知识分子成长进步且许多工农干部在知识分子帮助下由不识字到识字、由不会写到会写,基层干部队伍的文化素质由此相应提升。(晋绥日报简史编委会,1992:86、103)三是工作、写稿与学习结合,这是通讯员处理工作、学习、写稿三者关系,提倡"学了文件做工作,做了工作写报道",把工作和写稿结合起来。同时,通讯组就是学习组,为写好报道要求通讯员在工作之余加强文化学习,通过学习推动实际工作,临南五区区长闫钊说,为写好稿子,他必须下去收集材料,材料收集帮助他指导了全区工作,工作干好了更有兴趣学习,更有能力写稿。(晋绥日报简史编委会,1992:102)在农村,许多通讯小组与变工组、识字组、读报组本身是统一的,生产、学习、写稿结合得更密切,报纸是读报组的工作武器,同时是识字组的现成教材,变工互助的实际工作同时又是写稿的素材,许多变工组在安排生产时就会一并布置写稿和识字任务。因此,人人都学会写新闻不但有利于办好报纸,"对于我们的全部工作乃至每个工作人员的工作品质,一定都有极大好处"。(胡乔木,1946)

第三是抓制度。通讯组织建立起来后,晋绥边区各地普遍制定工作制度,包括登记、审稿、总结报告制度。对通讯员来稿及稿件使用和处理情况逐日登记;县委负责人要对通讯员稿件进行审阅,决定寄送报社者要签字盖章,决定退回作者须说明原因;每月通讯报道情况要以书面报告形式送交报社,《抗战日报》每月在《通讯研究》杂志上公布各县情况。(晋绥日报简史编委会,1992:87、97)同时,通讯小组内部亦有写稿、审稿、学习、会议等各项制度,对通讯员均有具体的要求和规定。如保德县政府通讯小组成立时徐县长亲自参加,指定8人为通讯员并推选出正副组长,该通讯组制度包括:每月开会一次,每人每月写稿一篇,稿件需经组长签字,重要稿件集体写作等。① 雁北地委规定每县配备2—3名通讯干事,通讯干事工作调动非经地委宣传部批准各县不得擅自调整,基干通讯员调动,通讯员身份要以组织关系形式介绍到新单位。通过这些制度,从报社到各县、从通讯干事到通讯小组、通讯员,组织成一个组织严密、纪律严明的通讯信息网络。为严格执行这些制度,各地还出台相应的纪律措施和奖惩制度。如宁武二区规定通讯员完不成写稿计划者第一次小组提示,第二次批评,第三次取消资格。岚县二区规定年度总结时写稿最多的前三名每人奖励一个笔记本和一支钢笔,所需费用由最后三名出资。神池县规定模范通讯员条件包括写稿积极、量大质优、领导通讯工作出色,三个月内培养3名工农通讯员,学习认真,组织写稿突出。(晋绥日报简史编委会,1992:86、88)

对于上述各项措施,边区一级机关首先带头执行。1942年12月6日,晋绥分局宣传部召集机关中适合担任通讯员的人员成立《抗战日报》晋绥分局通讯组,并提出"为报纸当通讯员是共产党员的义务,不是额外负担"。② 次日,边区行署专门召开会议成立通讯小组,包括2名特约通记员和8名通讯员,大家检讨过去写稿少的问题,决定每人每月写稿3篇,"且做到行署所有新闻,保证不会遗漏","遇有外出同志及工作团下乡,通讯小组也要负责请人担任通讯工作"。③ 之后,各地各部门通讯组织相继建立起来。以二专区为例,晋绥分局《关于抗战日报工作的决定》下发当年,专署、抗联、二中、贸易总局办事处统一于11月28日成立各自的通讯小组,专署武装部要求"各县武装部确定一人向报纸投稿,并规

---

① 《临县整顿通讯工作,保德岚县建立通讯小组》,《抗战日报》1943年1月1日。
② 《分局抗联通讯小组成立》,《抗战日报》1942年12月19日。
③ 《行署通讯小组商讨今后通讯工作》,《抗战日报》1942年12月12日。

定每人每月至少写稿一篇,反映民兵活动情形",专署通讯小组要求分布在各科的通讯员不但要"抓紧本科材料写稿,研究报纸",且要"推动能写稿的同志写稿"。与此同时,各县各区通讯组织相继成立并投入工作,其中岢岚一县就成立9个通讯小组"并规定每一月半每人写消息两则"。①通讯工作开展过程中,各项制度逐渐完善,如二专署通讯小组在检查工作时发现不少通讯员写稿后没有交机关负责人审阅,发生多次重稿或写了没有寄送问题,因此专门强调稿件审阅签字制度。农村之外,部队亦组织通讯队伍。如八分区部队在司令部成立通讯小组的基础上每个支队又发展3—4人另设小组,在内部建立自上而下覆盖全分区各部队的通讯网络,同时"与地方通讯小组密切联系、适当分工,决不遗漏一点有价值的新闻材料"。② 厂矿亦不例外,晋西总工会指示各工厂工会加强墙报工作并"设法奖励帮助热心写作的同志,供给墙报稿件,并分别介绍给大众报、抗战日报刊登"。③ 各地墙报组织实际上等同于《抗战日报》的通讯组织。

通讯队伍不断壮大的同时,按照与党组织对口建立、归口管理原则,晋绥边区健全了以报社(通讯科)、分区(通讯干事,有的分区设通讯科)、县委(专职通讯干事)、各区及机关、团体、工厂(通讯小组,个别村亦设通讯小组)为基本架构的通讯队伍组织体系,将特约通讯员、基干通讯员、通讯员、工农通讯员纳入其中,形成一个既有纵的领导又有横向联系的高度组织化的通讯网络;其中报社通讯科是中枢,通讯科内部实行地区专管、分区包干,每个地区分管人员负责处理管辖地区通讯员来稿,按月对各县通讯情况做出小结,与各县委及通讯干事进行联系,并对各县通讯工作报告和来信回复,但有关吸收通讯员、建立通讯小组、组织报道、处理来稿等各项事宜一律通过各县归口管理,各地通讯队伍严格置

---

① 《二专区本报通讯员相继研讨通讯工作,保德教员组织读报小组》,《抗战日报》1943年1月5日。
② 《八分区部队通讯小组成立》,《抗战日报》1943年1月16日。
③ 《提倡工友写文章,晋西总工会发出指示》,《抗战日报》1943年1月1日。

于各级党委领导之下,报社不越过各地党委直接指挥通讯小组和通讯员。(晋绥日报简史编委会,1992:96)即便在土改中通讯工作受到严重影响、有的地方甚至陷于瘫痪时期,改造、整顿、新建通讯小组的工作亦是依靠各地土改工作团来具体落实。

通讯干事是承上启下的关键环节,组织上受地县党委领导,业务上接受报社通讯科指导,负责领导各地通讯报道,组建通讯小组,向通讯小组传达报道提纲,推动和帮助通讯员写稿,同时负责来稿收发、登记、编辑、送审,每月向地委宣传部和报社书面报告通讯报道情况,并就当地重大活动采写新闻报道。因此,各县通讯工作能否搞好与通讯干事关系密切。通讯小组是通讯工作基层组织,有正副组长和完善的管理制度。通讯小组由基干通讯员、通讯员和工农通讯员组成,其中基干通讯员通常是县区领导干部,除自己写稿外一般还兼通讯小组长,"从全边区看,通讯队伍是伴随着基干通讯员的增强而发展壮大的。1946年9月时的1210个通讯员中就有基干通讯员192人,接近占16%"。通讯员是通讯队伍主体,成员以区村基层干部和农村小学教师为主,分布面广、来稿量大。工农通讯员约占1/3,文化水平低,有的是口头报告情况的"跑腿通讯员",但最贴近基层实际工作,可以为报纸提供丰富的简讯内容,各地一般将之与小学教师、区村干部混编组,以集体写稿方式发挥其作用。(晋绥日报简史编委会,1992:92—94)

3.一个通讯模范县的成长

通讯工作的开展需要相对稳定的外部环境,抗战时期晋绥边区各县中处于腹心地区的兴、保、临等县因中共政权控制力较强,通讯工作开展较顺,而边缘各县则属于敌我拉锯的游击区,通讯网络运行相对艰难,如六分区静宁县。从静乐、宁武向东翻过云中山即是忻崞平川接敌区,云中山东麓蒲阁寨是晋绥边区重要门户,1942年日军在此设立据点,以控制忻县、崞县、静乐、宁武4县交通,加强对晋绥和陕甘宁边区封锁。抗日武装对蒲阁寨据点的围困从 1943 年 10 月到 1944 年 4 月持续半年之久,成为晋绥抗战中的著名战例。(穆欣,1961:31—56)静宁这个县名带有典型的接敌区特征,在此类地区抗日政权的活动一般限于两县交界地带,类似这样的"边县"还有五分区大(同)怀(仁)左(云)、左(云)右(玉)凉(城)、八分区清(徐)太(原)徐(沟)等。在这些地区,通讯网建立、通讯队伍发展必受战争影响,虽然晋绥分局 1942 年下达指示后静宁县建立了通讯组织,但通讯工作直到 1944 年 4 月才走上正轨,这个时间正好与蒲阁寨围困战胜利时间吻合。据县委书记冯凯 1945 年发表于《抗战日报》的文章载,是年 1—3 月份该县"只有县上两三个同志动笔,区、村根本无人写稿,通讯小组与通讯员都是有名无实,完全处在自然状态之中"。(冯凯,1945)但经近一年努力,静宁县将一批"大老粗"基层干部改造成积极写稿的笔杆子,来稿数量稳定在每年 400 篇以上,成为晋绥边区通讯工作开展最好的县份之一。① 其改造方法可归结为两个字:一个是"逼",一个是"哄"。

第一,用政策逼、用人情逼,先把鸭子赶上架。县委决定对通讯组织整顿后首先对全县通讯队伍诊断把脉,通过县级领导干部讨论和对通讯队伍思想检查发现主要问题是普遍存在"不愿写"(认为只有文化人、记者才能写稿)、"不敢写"(怕登不出来)和"何必写"(做工作就算了,何必出风头),于是专门召开通讯工作会议向所有通讯员强调:给报纸写稿不是出风头而是对革命负责,应与每个人本身工作及当前中心工作配合起来,把通讯工作作为推动与检查一切工作的尺度。同时要求通讯员具体检讨并布置今后通讯工作,过去写稿好的、写得不好的和一贯不写的都在会上交换意见,以提高大家写稿的勇气与能力。通讯会议后,县领导无论大小会一有机会就强调通讯工作,加强每个人的责任心。政策施压之外,还利用人际情面与通讯员打心理战,经常与通讯干部个别谈心且见面就谈,"有的同志没有写稿或没有注意写稿,一问到他,他就觉得惭

---

① 《编者按》,《抗战日报》1945 年 1 月 18 日。

愧,脸红起来",通过这样的人情压力让原本不积极的通讯员不好意思不写稿。人动员起来后,静宁县委迅速指定各区负责人担任通讯小组长,并向各小组提出具体要求:每人每月至少一篇,同时要努力发展通讯员特别是工农通讯员,进一步扩大队伍。在政策和情面"软硬兼施"的压力下,通讯队伍动了起来,工作有了很大改观,由原来每月仅1篇增加到4月7篇、5月17篇、6月24篇。(冯凯,1945)

第二,后面推、前面引,哄着写。队伍动起来后步调不一致的问题很快暴露出来,静宁县委发现"通讯员头脑中存在着一些毛病"且妨碍通讯工作开展,这些问题有新出现的如支差心理,亦有老问题如没时间,还有老问题的新表现如几篇稿子没见报就失掉信心。对此,县委再次给通讯员上劲儿拧发条。首先还是背后督促,让每个通讯员写一篇关于通讯工作的反省,继续大小会议强调和个别谈话,强化"写稿也是革命工作"的认识。其次是加强正面引导,号召通讯员"做什么写什么""怎么做怎么写",只要"以自己做过的去写稿,那就到处是材料,不仅是知识分子,工农干部也应该并且可以写稿"。经过教育,通讯员思想有了进步。为巩固既有成果,县里又采取更具体的分工办法来落实"做什么写什么"的原则,"以每个通讯员的工作岗位和职务,分配其负责报道那方面的材料,比如谁负责围困某个据点,或负责领导某项生产工作,谁就负责报道该项工作,用这种工作与写稿结合的办法,克服'额外负担'没有时间或没有材料等错误认识,真正厘清了写稿就是本身工作之一"。当年6月份静宁县投稿增至38篇,7月份达39篇,比较突出的王斌、张先两位通讯员7月份各写七八篇,且数量增加时稿件质量有了显著提高。(冯凯,1945)

第三,经常逼、经常哄,压力和引导日常化。8月份投稿量下降,减少到23篇,县委发现问题苗头并立即分析原因采取措施。首先,在全县培养骨干通讯员,将其分布到各区担任通讯小组长。这些骨干到任后同样采取连逼带哄、前推后引办法,对一般通讯员进行指导与督促,"根据我们初步提供意见、修改,并在报上刊登过一两篇,他的写稿信心就提高了,也感到了写稿中的兴趣,以后就可以慢慢培养他,以至变成中心骨干"。其次,混和编队、采写分工、集体写稿。意识到个别通讯员的写作困难短期内无法克服,为保护其积极性,静宁县开始推广集体写作办法,不会写的采访、会写的执笔,即"我们在两个区采用这个办法的结果,使不善于组织材料的同志写作情绪提高了"。通过这种办法确保写稿能力较差的通讯员不掉队并在工作中进步,最后许多工农通讯员如李芝清亦开始写稿。另外,静宁县还发明"集体领导、分区负责"办法,县里确定3个领导分片负责通讯工作,不但审稿、改稿、登记、编号、寄发、督促与帮助该组写稿,且以身作则亲自动手写稿,县领导关卡前移、亲临通讯一线,带着写、催着写、看着写,各地通讯小组时时感到上级率先垂范的重视及无处不在的注视,工作上自然不敢怠慢。上行下效,静宁四区通讯员当年12月30日举行会议决定在内容上要抓住中心工作、典型村和中心人物来写稿,在组织形式上"谁在哪地工作就负责报道哪地情形",还制定目标并保证小组每月写稿20多篇。(冯凯,1945)

就基层干部尤其区村干部文化水准言之,整个晋绥边区像静宁县一样在人力资源上并不具备开展通讯工作的先天条件,但中共的严密组织和严格纪律、党员干部的服从精神及克服困难的决心勇气确保了其相关政策在基层有力有效执行,通过层层传导的政策压力和因时因地制宜的动员策略最终完成全党办报的基层发动,"创造"出一支由"大老粗"组成的"笔杆子"队伍,保证了通讯网络终端体系的高效运行。

四、结语

作为党的一种工作手段、一种"深入的组织工作",中共各级组织对其机关报的要求虽包含但绝不限于一个简单的信息共享平台,或一个干部动员和教育为目的的党内工作交流平台。在战时环境中,上述目的固然重要却非至关重要,而此类目的的达成尚有诸多代价更低的替代性手段,如党内逐级传达的通知和文件及边区政府所办的《行政导报》等。在人财物力匮乏疲弱、生存面临巨大威胁的条件下,中共在根据地一边与日伪殊死搏斗,同时在战火燃烧的土地上千方百计地组织专业新闻队伍、动员基层办报力量,此种举全党之力而不计代价的行为显然有着更深用意。事实上,新闻信息作为一种"无形"却"最有力的意见"(胡乔木,1946),专业新闻机构和遍布域内的各级通讯组织、通讯员作为意见的采集者和新闻信息的生产者都服务于这样的目的——以报纸为平台在中共政权与根据地社会之间寻求共识、实现共振、形成共震,从而谋求民众对中共的政治支持,无论使党的意志最迅速最广泛地同群众见面还是使群众认识到自己利益并为之团结奋斗,最终都是为将边区群众改造成党领导下的人民,使中央的意志成为全党意志、使党的意志成为全民意志作准备。不以同呼吸共命运的政治共同体为目标,理论联系实际、密切联系群众、批评和自我批评均是无的之矢,群众路线亦毫无意义,只有在这个意义上办报才能成为"深入的组织工作"。

参考文献

冯凯:《静宁通讯工作是怎样开展起来的?》,《抗战日报》1945年1月18日。
贺龙:《强有力的武器》,《抗战日报》1941年9月18日。
胡乔木:《人人要学会写新闻》,《抗战日报》1946年9月16日。
黄羡章:《高丽生,潮梅籍最著名的中共报人》,《梅州日报》2016年12月7日。
晋绥日报简史编委会(1992):《晋绥日报简史》,重庆:重庆出版社。
康溥泉(1984):《党报风格要代代传——〈晋绥日报〉报史座谈会侧记》,《新闻研究》第9期,转引自康溥泉(2005)《报坛六十年耕耘录(1)》,香港:香港天马出版有限公司,第313—317页。
康溥泉(2003):《革命熔炉——晋绥边区第二中学校史纪略》,《忻州文史》第2期,转引自康小明、康为民(2007)《报人楷模康溥泉》,香港:香港天马出版有限公司,第310—324页。

康溥泉(2005):《报坛六十年耕耘录(3)》,香港:香港天马出版有限公司。

康溥泉:《我对文化工作的反省》,《抗战日报》1946年2月4日。

康小明、康为民(2007):《报人楷模康溥泉》,香港:香港天马出版有限公司。

李洪启(1987):《壮心未与年俱老——访廖井丹同志》,《中国记者》第1期,第44—45页。

李振水(1990):《中国广播电视年鉴1990》,北京:北京广播学院出版社。

廖井丹:《抗战日报的一周年》,《抗战日报》1941年9月18日。

马明(1999):《山西新闻通讯社百年史》,北京:新华出版社。

穆欣(1939):《在敌后学办报——我和〈战斗三日报〉》,《新闻记者》第1期,转引自穆欣(1992)《抗日烽火中的中国报业》,重庆:重庆出版社,第366—376页。

穆欣(1961):《晋绥解放区民兵抗日斗争散记》,上海:上海人民出版社。

穆欣(1992):《抗日烽火中的中国报业》,重庆:重庆出版社。

穆欣(2007):《难以忘怀的记忆——悼念廖井丹同志》,《党史文汇》第10期,第30—32页。

山西日报新闻研究所(1985):《战斗的号角》,太原:山西人民出版社。

山西省出版史志编纂委员会等(1997):《晋绥边区出版史》,太原:山西人民出版社。

岳谦厚、董春燕(2009):《抗日根据地时期中共基层干部群体》,《安徽史学》第1期,第35—44页。

张稼夫口述,束为、黄征整理(1984):《庚申忆逝》,太原:山西人民出版社。

中共山西省委党史研究室等(1989):《晋绥革命根据地大事记》,太原:山西人民出版社。

中共山西省委组织部(2003):《常芝青传》,北京:新华出版社。

中共中央晋绥分局:《关于抗战日报工作的决定》,《抗战日报》1942年10月20日。

中共中央文献研究室、新华通讯社(1983):《毛泽东新闻工作文选》,北京:新华出版社。

山西根据地减租减息运动中"左"倾偏向何以发生

王志峰(山西大学马克思主义学院)

内容摘要：日本大规模侵华后,为了获得社会各阶层的支持,共产党将土地革命政策改为减租减息政策。但山西地权呈分散之势,租佃关系不占主导地位,"二五减租"对自耕农吸引力不大;"分半减息"实行后,农村借贷关系几乎完全停滞,边区政府故此取消了借贷利率的限制。在现实困境之下,共产党把减租减息与反贪污、反恶霸、反维持、反黑地、反汉奸斗争相结合,利用"清算旧账"没收并分配了地富的土地、浮财和房屋,调动起了只交税不交租的自耕农的积极性。但是,人地比例失调、资源总量匮乏的"资源陷阱",宁"左"勿右的政策取向所造成的结构性痼疾,经济政治利益驱动下干部的行为主导,以及"运动"起来的农民容易失控脱序的二难选择,共同导致并加剧了"左"倾偏向的出现。

关键词：减租减息 "内卷化" "左"倾偏向

一、引言

山西是华北抗日根据地的中心,是八路军总部的所在地。因位于太行山以西,故名山西;黄河以东,别称河东。由于四周山水环绕,素有"表里山河"之称。卢沟桥事变爆发后,长征到陕北的红军主力改编为八路军三个师,随即开赴到山西五台山、管涔山、太行山区抗日前线,并将晋东北、晋东南、晋西南、晋西北等游击区扩大转化为晋察冀、晋绥、晋冀鲁豫、山东等四大块根据地。1937—1945年间,八路军从初渡黄河时的2万人发展到70.5万人(山西省史志研究院编,1997:442),①民兵、游击队等地方武装也呈现出了惊人的发展。到抗战胜利时,晋察冀边区军民歼灭日、伪军35万人,太行、太岳边区军民歼灭日、伪军18万人,晋绥边区军民歼灭日、伪军近13万人。(山西省地方志办公室编,2011:553)除了为军队提供源源不断的兵源补充外,根据地民众为前线供应了包括粮食、被服等在内的大量军需物资,还担负起了包括运输、警戒、救护伤员、站岗放哨、打扫战场等诸多繁重的战勤任务。尽管山西自然资源比较贫乏,太行、太岳、晋绥各根据地还是为中央提供了相当的物力、财力支持,仅晋绥边区的支援就占到其总收入的50%—60%,有时甚至高达80%。(山西省地方志办公室编,2015,"晋绥":298)山西各抗日根据地做出了巨大的牺牲和贡献,有力地支援了华北乃至全国的抗战。

但山西土地贫瘠粗劣,气候干旱少雨,农业生产方式落后,农业生产力低下,农业人口占总人口的83.9%,(郑会欣,2010:17)如何把广大民众发动起来不但关系着山西抗战的成败,而且关系着华北乃至整个中国抗战的大局。在抗日民族统一战线指引下,共产党推动了包括减租减息在内的社会经济改革,对包括地主阶级在内的各个阶层展开了强有力的动员。但山西佃农所占比例不大,从减租政策中获益的人群有限;"分半减息"导致农民告贷无门,边区政府做出了取消借贷利率限制的决定。在此现状之下,笔者思考的问题是:山西敌后根据地是如何调动起巨大的人力、财力、物力服务于抗战的?减租减息是如何唤醒根据地民众特别是中农抗日热情的?如果不是减租减息政策,那又会是什么运动?减租减息与反贪污、反恶霸、反维持、反黑地、反汉奸斗争之间是什么关系?运动中为什么会出现"左"倾行为?为什么"左"倾偏差反复发生,贯穿

---

① "第129师从初渡黄河时的9000余人发展到近30万人,第120师由8000余人发展到8.5万人,第115师和晋察冀部队由3000余人发展到32万人。"山西省史志研究院编(1997):《中国共产党与山西抗战》,太原:山西人民出版社。

整个抗战的始终？民众动员与乡村资源匮乏的结构性矛盾难以弥合吗？为什么会出现宁"左"勿右的政策取向偏差？干部们在此过程中的作用又该如何看待？从传统伦理道德束缚下被"解放"的农民运动为何容易失控脱序？关于解放战争时期土地改革中出现的"左"倾问题，学术界关注较多①，但对于抗战时期减租减息运动中出现的"左"倾偏向，目前学术界鲜有论述。笔者不揣浅陋，尝试着进行探索，以窥究竟。

二、土地租佃不占主导地位、农民负债率上升

按农民的土地关系来划分，山西是自耕农为主的社会，无论是自耕农的户数，还是自耕农拥有的土地，都占到山西的一半以上，佃农所占比例不大。按农民的生产关系来划分，地主和贫雇农都只占人口和土地的少数，中农占到人口的四成五，土地的五成五（见表5），土地租佃问题并不突出。但山西灾害频繁发生，土地硗薄难耕，耕地不敷分配，土地—人口比例失调，劳动边际报酬递减，陷入极度"过密化"的困境。国际上有帝国主义的掠夺、世界经济危机的影响，国内又有政治不靖、战乱不断、赋税加重等问题，农村负债户增多，农民负债率上升，山西经济到了财竭民穷的地步。

---

① 罗平汉、卢毅、赵鹏（2013）：《中共党史重大争议问题研究》，北京：人民出版社。在第四章《老解放区的土地改革》中论述了土改过程中为何发生乱打乱杀的原因，第169—183页。杨奎松（2015）：《中华人民共和国建国史研究1》，南昌：江西人民出版社。在第一章《建国前夕中共土改政策变动的历史考察》中论述了土改政策的"左"倾与纠偏，第6—103页。黄宗智（2004）：《中国革命中的农村阶级斗争——从土改到"文革"时期的表达性现实与客观性现实》，《中国乡村研究》第2辑，第66—95页。李里峰（2013）：《有法之法与无法之法——1940年代后期华北土改运动"过激化"之再考察》，《史学月刊》第4期，第80—91页。廉如鉴（2015）：《土改时期的"左"倾现象何以发生》，《开放时代》第5期，第150—161页。秦晖（2012）：《中共土改，为了什么》，《文史参考》第8期，第70—73页。张鸣（2003）：《动员结构与运动模式——华北地区土地改革运动的政治运作（1946—1949）》，http://www.aisixiang.com/data/13973.html。

(一)地权相对分散和地权分配不均并存

1.山西农田整体状况

关于抗战前山西的耕地面积,因为缺乏精密测量,目前没有统一的数字。1932年和1935年,以南京国民政府主计处统计局和实业部国家国际贸易局为调查方,分别对山西省105个县各调查了一次,统计结果见表1。

表1 山西农田总面积及户均耕地面积

年份	农田总面积(亩)	农户数(户)	户均耕地(亩)	备注
1932	60,560,000	1,874,100	32	保留小数点后一位,为32.3
1935	57,142,891.86	1,829,836	31.2	

资料来源:山西省地方志办公室编(2012):《民国山西实业志》(上),太原:山西人民出版社,第一(乙)、九(乙)页。

1932年的调查结果显示,山西的农田总面积为60,560,000亩,户均耕地面积为32.3亩。根据1935年度申报年鉴,从事农业的人口为9,745,000人,(郑会欣,2010:17)可以计算出人均耕地面积为6.21亩(见表2)。

表2 华北总面积对耕地面积及每农户每农业人口耕地面积比较

省别	总面积(亩)	耕地面积	总面积对耕地面积百分比	每农户耕地面积	每农业人口耕地面积
河北省	26,721,860	20,662,000	45.22	24.5	4.93

续表

省别	总面积(亩)	耕地面积	总面积对耕地面积百分比	每农户耕地面积	每农业人口耕地面积
山东省	250,182,000	103,432,000	44.23	18.7	3.60
山西省	263,416,320	60,560,000	22.99	32.3	6.21
河南省	276,065,532	22,691,000	40.82	22.3	4.28
察哈尔省	43,250,760	39,998,000	9.50	129.4	24.88
绥远省	494,888,940	44,452,000	8.92	179.8	34.23
计	1,354,525,412	291,795,000	28.62	67.83	13.02

备考:根据日本兴亚院华北联络部编《华北劳动问题概说》三十三页。

资料来源:郑会欣主编(2010):《战前及沦陷期间华北经济调查》(上),天津:天津古籍出版社,第17页。

在华北六省中,除察哈尔、绥远外,山西的户均、人均耕地面积皆高于其余3省,更远高于全国的平均值。但山西地处高寒,土地瘠劣,水地极少,多为旱地。据南京国民政府实业部国家国际贸易局1935年的调查,山西农田总面积为57,142,891.86亩,水地面积为1,610,166.77亩,仅占到农田总面积的2.82%,而难以耕种的山坡地却占到将近一半的比例(见表3)。

表3 1935年山西土地种类、面积及所占比例

土地种类	面积(亩)	百分比	土地种类	面积(亩)	百分比
水地	1,610,166.77	2.82%	河滩地	2,438,305.95	4.27%
平地	22,445,146.09	39.28%	碱地	2,437,118.53	4.26%
山坡地	27,722,227.08	48.51%	荒地	489,927.44	0.86%

资料来源:山西省地方志办公室编(2012):《民国山西实业志》(上),太原:山西人民出版社,第一(乙)—二(乙)页。

2.地权呈分散之势

据南京国民政府实业部国家国际贸易局1935年的调查,山西自耕农户数为1,055,186户,占总户数比重的57.67%(见表4)。

表4 1935年山西农户统计

	自耕农	半自耕农	佃农	雇农	总户数
户数	1,055,186	396,034	207,814	170,802	1,829,836
百分比	57.67%	21.64%	11.36%	9.33%	100%

资料来源:山西省地方志办公室编(2012):《民国山西实业志》(上),太原:山西人民出版社,第五六(乙)页。

但依据这种分类方法,就此得出山西自耕农占多数的结论是不严谨的,因为忽略了地主这一农村的组成部分。地主古已有之,富农则完全是一个外来词。如果从职业的角度来划分,地主属于农民这一类别。在马克思主义传入中国之前,地主仅指农村中的一个阶层,并没有指称阶级属性的政治含义。

由表4可知,佃农所占比例不高,但这也只能体现山西的租佃程度不发达,并不能完全说明农村的阶级构成情况。因为佃农和半自耕农既可能是贫农,也可能是中农和富农。特别是家里劳力充足的富农,生产工具比较先进,又因使用畜力生产效率高,再加上牲畜所产生的粪便增强了土壤的肥力,更愿意租入他人土地耕作。而没有劳动能力的鳏寡孤独以及后来的部分抗属却选择将土地出租以收取租息为生。把农户分为自耕农、半自耕农、佃农和雇农的分类方法,是按农民的"土地关系(土地所有关系与使用关系)"(《中共六届二中全会土地问题报告记录》,

2007[1929]:543)来划分的,如果仅以此为依据而缺乏其他数据的支撑,就得出山西是小土地所有制占主导地位的结论是欠妥的。

把农民分为地主、富农、中农和贫雇农的分类方法,是按农民的阶级成分来划分的,"是由农民的生产关系上来决定的"。(《中共六届二中全会土地问题报告记录》,2007[1929]:543)抗战前,地主富农占人口比例不到10%,占土地比例超过25%;中农占总人口的45.48%,土地占有率为56.22%;贫雇农占总人口的40.73%,土地占有率为16.15%(见表5)。由此看来山西地权是较为分散的,小土地所有制处于主导地位。

表5 抗战前山西农村土地占有状况表

	户数	占总户数(%)	人数	占总人数(%)	亩数	占总亩数(%)	户均土地占有(亩)	人均土地占有(亩)
地主	3,324	1.91	26,117	3.57	303,564	11.05	91.32	11.62
富农	8,427	4.85	47,300	6.40	414,263	15.08	49.16	8.76
中农	68,848	39.62	333,095	45.48	1,544,210	56.22	22.43	4.64
贫雇农	85,649	49.29	298,241	40.73	443,681	16.15	5.18	1.49
赤贫	5,646	3.23	19,829	2.71	21,100	0.76	3.74	1.06
其他	1,873	1.07	7,729	1.05	18,932	0.69	10.11	2.45
公有地	—	—	—	—	756	0.05	—	—
总计	173,767	100	732,311	100	2,746,506	100	15.81	3.75

资料来源:张启耀(2013):《民生维艰:田赋负担与乡村社会变迁——以二十世纪前期的山西为范围》,太原:山西人民出版社,第31页。不过原表中无户均、人均土地占有统计,为笔者自行计算。

不过根据张启耀的资料推算出山西户均土地占有量仅为15.81亩,与南京国民政府1932和1935年的调查相差了一倍(见表1)。而1937

年1月,南京国民政府发布《全国土地调查报告纲要》,共调查了山西省98个县,耕地面积为51,758,465.325亩,农户户数为2,005,045户,人数为10,716,085人。户均占有土地为25.81亩,人均占有土地为4.83亩。(《全国土地调查报告纲要》,2014[1937]:334)

3.地权分配不均

尽管山西土地占有整体上呈分散之势,但个别县土地相对集中、地权分配不均的现象还是存在的。在太行区的武乡,有"四大家、八小家、七十二个'圪撑'家"之说。全县地主每户平均占有土地200亩,高出中、贫农10倍以上。(太行革命根据地史总编委会,1987:3)对晋绥区的兴县、临县、保德、河曲等18个县百余村的统计显示,2.85%的地主占有土地的14.6%,5.5%的富农占有土地的12.5%,31.6%的中农占有土地的47.4%,而51%的贫农只占有土地的25.5%。地主每人平均占有的土地是贫农的9倍多。(山西省地方志办公室,2015,"晋绥":209)就山西整体而言,地主户均土地为91.32亩,人均土地为11.62亩;贫雇农户均土地为5.18亩,人均土地为1.49亩。两个阶层户均占地相差16倍多,人均占地相差近7倍(见表5)。

具体到个别村庄,土地占有不均现象更为严重。兴县赵家川口村,2户地主家庭共15口人,占有土地高达805.8垧(《赵家川口调查材料》,1942)即2417.4亩(晋西北1垧约等于3亩),户均土地为1208.7亩,人均土地为161.16亩,比黑峪口地主(19户126口人、2853.56垧土地)(《黑峪口调查:人口与劳动力变化》,1942)户均及人均土地分别高出758.1亩、93.22亩。而33户贫农家庭110口人,才拥有338.8垧(《赵家川口调查材料》,1942)即1016.4亩土地,户均土地为30.81亩,人均土地为9.24亩。两个阶层户均占地相差38倍多,人均占地相差16倍多。

除了占有土地数量的绝对值外,各个阶层占有土地质量的差异也较为显著。地主拥有的大部分是水地、平地、上等地,贫农占有的大部分为山地、下等地。对赞皇、昔东、平顺3县4村的调查,抗战前地主占有的上等地在其土地中的比例为40%,中等地为25%;贫农占有的上等地仅为12%,下等地为50%。(赵秀山,2017:10)据兴县蔡家崖村的统计,地主、富农占有水地的94%和平地的78.05%,而中农、贫农仅占有水地的6%和平地的21.95%。(刘欣,1986:63—64)

(二)苛捐杂税繁多,农民负债率高

1. 赋税、摊派负担沉重

山西作为一个内陆省份,工商业不发达,赋税主要从农业中提取,农民的负担较他省为重。田赋在20世纪30年代为地价的3%,远远超出了孙中山不得超过地价1%的规定。田赋之外,尚有附加,省附税加于上,县区附税加于下,达30种之多。根据南京国民政府1933年的统计,在全国30个省份中,除西康、蒙古、热河、绥远、西藏5省不详外,山西田赋附加的税种仅次于江苏(147种)、浙江(73种)、江西(61种)、湖北(61种)、河北(48种)、河南(42种)6省。(邹枋,2007[1934]:860)1937年1月,南京国民政府发布《全国土地调查报告纲要》,山西100个县征收的正税为5,738,564元,省县附加税合计2,805,078元,占到正税的48.88%。(《全国土地调查报告纲要》,2014[1937]:375)再加上经征人员的贪污和勒索,农民支应浩繁,不堪重负。

田赋及其附加税仅是农民负担的一部分,不分时间支取、没有上额限制的摊派(尤其是兵差)是农民的又一沉重负担。105个县中没有一县不摊派军饷、粮秣的,山西兵差负担居全国之首。自1930年10月起,某军驻扎在屯留,到1933年6月底,共计摊派面粉2,093,105斤,小米2,006,520斤,玉米面1,130,910斤,麦麸子55,870斤,谷草4,802,920斤,大洋36,356元。此外,往来差务这项损失无从计算,总数至少在10万元以上。(太行革命根据地史总编委会,1987:97)

2.农民借债生存

在低产多灾的旱作农业体制下,丰年农民还可马虎应付,一遇灾荒,农业歉收,农民即遭受重大打击。"粮价低落,已促成农村破产之危机,水灾连绵更造成农民恐怖之现象。"(刘容亭,2014[1933]:206)农产品物价暴跌,农田价格亦成跌落之势,减退率最高达80%,以致阳曲县"狄村之下地土质最低者,其地主为免除纳粮之负担计,竟有不受地价而转让他人者"。(刘容亭,2014[1933]:213)再加上战争的持续破坏,农民生活极为困苦,而田赋、附加、摊派、苛杂照旧征收。"总之农民终岁勤劳,耕耘所获,除耕种所需及度日费用外,幸而收支相抵,甚或入不敷出,实为农村破产之明证。"(刘容亭,2014[1933]:217)

阎锡山执掌晋省以来,军费开支和"村政"建设需要巨大的财政支持,每增加一种税收,对农民无异于多增添一种灾难。农民劳动所获不敷赋税,乡村出现普遍贫困化的境况。1932年,中华民国政府对16个省163个县1,745,357农户进行负债调查,其中调查了山西2个县7,076户,负债户数为3,485户,负债率为49.11%,负债总额为324,848元,户均负债额为93.213元。与全国相比,山西负债户数率稍高(全国负债户数率为43.87%),户均负债额稍低(全国户均负债额为112.709元)。(《全国土地委员会有关农业生产各项统计(四则)》,2007[1932]:858—859)在太行区,战前襄垣负债户数为20%,武乡为33%。(太行革命根据地史总编委会,1987:86)据对太行区芦寨27个典型债户的调查,农民借债原因中,有23.3%是由于婚丧而举债的,其次为买米的,占19.9%,做生意的占13.4%,买地的占11.1%,买牲口的占10%,捐款的占8.9%。(赵秀山,2017:140—141)农民借债的主要目的不是为了生产,而是为了生存,农村经济日趋凋敝。

山西农村负债户较多,负债率较大,但"负债者虽较无财产者尚贫",然"负债者必须家中有些许财产,方有负债之资格;如家徒四壁或竟四壁皆无之家庭,则虽欲负债而不可能"。(武寿铭,2014[1935]:281)在乡土社会,有血缘、地缘等人情关系的牵绊,有时借钱不需要抵押物,全靠借债人的面子、信用(有时需中间人的担保),再加上借贷机构比较少,与西方国家相比,利率普遍相对较高。对社会各个阶层而言,家境相对殷实的富农和中农,借贷的利率相对较轻;越是穷苦的贫雇农,借贷的利率反而越高,这就出现了所谓"贵人使贱钱,贱人使贵钱"的现象。农民把税、租、息比作三把刀,农村面临着普遍破产的深刻危机。

三、借助其他斗争,减租减息发动

山西土地占有相对分散,地权分化不明显,"租佃虽占有一定的比重,却不是占绝对地位的生产关系"。(罗朝辉,2010:13)对大部分拥有土地的自耕农来说,由于享受不到减租带来的红利,减租政策对他们的吸引力不大。如何把这一部分农民动员起来,就成为共产党不得不面对的主要问题。另一方面,由于借贷关系比租佃关系更为隐秘,如何把隐蔽的债户找出并发动起来,也成为共产党面临的又一障碍。

(一)减租减息面临的困境

在减租减息运动开始阶段,中央只是规定了"二五减租"及"分半减息"等一般原则,由于问题本身的复杂性及边区环境的变化,在具体执行过程中,山西各根据地对条例和法令多次进行了修订。由于佃农所占比例不大,本文着重谈谈减息政策的调整状况。中央规定无论是过去的旧债,还是现在的新债,年利率标准不得超过一分或一分五厘,明确禁止高利贷盘剥。1940年2月,《山西第二游击区(晋西北)减租减息条例》规定,"不论新欠旧债,年利一律不准超过一分(即百分之十)","剥皮利、臭虫利、印子钱等高利贷一律禁止"。(《中国的土地改革》编辑部、中国社会科学院、经济研究所现代经济史组,1988:26)1941年4月,《山西省第二游击区(晋西北)减租减息暂行条例》规定,"钱息、粮息无论年利、月利均不得超过15%(分半行息),超过15%者应减为15%,不及15%者依其约定","现扣利、利滚利等高利贷及赌博债一律禁止","抗战以前旧债旧租如清理时,应按年利分半,一本一利计算清偿;其已付过之利息超过原本者停息还本;已付过之利息超过原本二倍者,本利均停"。(《中国的土地改革》编辑部、中国社会科学院、经济研究所现代经济史组,1988:54)据不完全统计,仅在1937年9—10月,太岳区的洪赵地区就减息325,600元。(中共山西省委党史研究室,1993:43—44)1941年不到1个月的时间里,太行区的黎城县就减息104,890元,收回押地7,590亩。晋西北12个县共减息8,842元零25两(原文如此),仅临县就占了5,314.3元。(黄韦文,1942)

但在具体的现实环境中,由于害怕在春荒、灾害、面临困难(如婚礼、丧葬、看病等)时借不出钱、粮来,农民对减息比对减租问题更加有所顾忌。又由于规定的利率太低以及存在的风险,债主把现金束之高阁,农民告贷无门,农村借贷关系几乎完全停滞。党内干部认识到,"抗战后的借贷,不是限制息额高低的问题,而是有钱人不出借,农民借不到钱的问题"。"我们必须认识这是个社会经济问题,非法令所能限止的。"(魏宏运,1990:186)1940年12月,毛泽东在《论政策》中指出,利息"不要减到超过社会经济借贷关系所许可的程度"。① 1942年初,中央指示,"减息是对于抗战前成立的借贷关系","至于战后的息额,应以当地社会经济关系听任民间自行处理,政府不应规定过低息额,致使借贷停滞,不利民生"。(《中共中央关于抗日根据地土地政策决定的附件》,1988[1942]:85)"这是害自己的政策……目前农村只要有借贷,即使利息是三分、四分,明知其属于高利贷性质,亦于农民有济急之益。"(《中央关于如何执行土地政策决定的指示》,2007[1942]:645)而且做出了保护债权人权益

---

① 《毛泽东选集》第2卷,人民出版社,1991年版,第767页。

的规定,"凡抗战后新成立的借贷关系,债务人到期不能付息还本,债权人有依约处理抵押品之权"。(《中共中央关于抗日根据地土地政策决定的附件》,1988[1942]:85)

对于减息中出现的问题,山西各根据地及时地做出了调整。1943年1月颁布的《晋察冀边区租佃债息条例》规定,"凡新订之借贷契约,其利率得由双方自由约定之","债务应偿付之本息到期不能偿还时,债权人得依法追诉,或依民法规定处理其质物或抵押物品"。(《中国的土地改革》编辑部、中国社会科学院、经济研究所现代经济史组,1988:136)1943年11月颁布的《晋冀鲁豫边区土地使用条例太行区施行细则(草案)》规定,"在本条例颁布前之利息,应减为年利率15%","系指过去借贷契约而言,但今后新订之借贷契约,其利率得由双方自由约定之,但亦不应过高,形成超经济的剥削"。(《中国的土地改革》编辑部、中国社会科学院、经济研究所现代经济史组,1988:159)

(二)利用各种斗争"清算旧账"

如果租佃关系在山西农村只占很小的比例,如果1940年后边区政府认可了高利贷的存在,借贷关系亦不再是问题,那么减租减息政策是如何起到动员农民的作用的?农民的抗战热情又是靠什么调动起来的?与减租减息运动密切相伴随的,尽管各个时期重点有所不同,是反贪污、反恶霸、反维持、反黑地、反汉奸斗争,它们之间又是什么关系?

在1940年春反顽斗争中,山西根据地认为"无地主不顽固""无顽固不汉奸",把一切地主列为斗争对象,用惩办汉奸的办法来惩处;不满足于减租减息的渐进改革政策,直接满足农民对土地的要求;还发生打土豪及没收商店等过左行为。给地主扣上"汉奸分子"的帽子,将其吓跑后,代管和借种其土地;将地主富农的"黑地"分给贫农抗属无代价耕种,或分给贫农代种;规定地主富农没有耕种和出租的"余地",由村农耕委员会主持借给贫苦农民耕种,并发动地主、富农"捐地""献地";抗交租息,把清理旧债变成废除债务;不加区别地一律将抵押地、典当地回赎换约,变为借贷关系,无偿或微偿抽回抵押地,赎回典当地;将各种公地,包括族地、社地、庙地和学田都分配给贫苦农民耕种。据临县、岢岚、静乐、太原四个中心区统计,没收分配庙地、"献金地"、逃亡地主的土地等共计80,285亩。据武乡、昔东、偏城、邢东、榆社、辽县、黎城、平东及冀西5县不完全统计,共分配了17,700余亩"黑地",强借了地主富农20,340余亩土地(包括地主富农的"捐地"),给抗属和贫苦农民耕种。(陈廷煊,2007:123—125)所有这些行为都直接或间接地否定了地主的地权和债权。

1942年,在太行区比较先进的地区,主要采取群众大会的方式来发动农民。平顺县杨威村斗争了最大的地主宋福禄、宋福祥兄弟,佃户们揭发出宋氏兄弟"高利贷、高租、押租、强夺、讹诈、强迫写死契、放赌、贪污、罚款等十三种巧取豪夺农民的方式","并揭发了他们反共反人民的政治问题",迫使他们交出220张契约,100多户农民收回158亩土地、41间房屋。"在封建势力比较大的地区、一度'维持'过敌人或接敌区,主要从反'维持'、反贪污、反摊派入手发动群众。"中共武安县委"首先打击借敌人势力抢劫群众财务的'二土匪',揭露汉奸、特务分子,摧垮'维持会',帮助群众追回被抢去的财务;然后以抗日政府的名义,领导农民同'维持'敌人的恶霸地主进行斗争,清理债务,索回土地财务"。(山西省地方志办公室,2015,"太行":124—125)1943年,晋绥边区普遍开展了"挤敌人"运动,"交西、宁武等县在减租会议上开展了反恶霸斗争。各地农民纷纷起来向地主、富农算旧账,要求退免陈租或赎回土地"。(山西省地方志办公室编,2015:215)太岳区的阳城县寺坪、横河、水头、劝头村,组织联合斗争呼吁团,邀请柴疙瘩、索泉岭、岩山、临涧、西交等村派代表支援,最后共3,300多名群众对千峰寺、铁盆嶂寺的恶僧进行了斗争。把寺庙占有的3,000多亩耕地,除每僧留下5亩维持生活外,其余全都分给了寺坪、横河一带的贫苦农民。(山西省地方志办公室编,

2015,"太岳":148—149)

在反贪污、反恶霸、反维持、反黑地、反汉奸斗争中,都伴随着对地主富农的"清算",清算他们过去"压榨"的账目,包括退租、退息、包赔、罚款、向地主"挤分"等。从1942年太行区19个县斗争的内容来看,减租减息斗争的次数仅占18%,合理负担斗争占24%,反贪污、反恶霸、反维持和其他各种斗争占58%。(李大章,1989[1943]:191)在斗争过程中,地主富农的土地、财产、房屋都遭到了"清算"。"到了中裕店,人议论的很多,说有一家二十元□,就算了二十亩地,退息很厉害。""有一家民国十八年借的二十元□,就算了三百二十万,可是这人现在也穷了,只写了三亩地,后来到了算账的地方看过一次,见把阴笃(毒)之家的老婆吊起来了。"(《(太岳)一地委大川、钦安同志关于群运、减租减息等问题的会议发言及情形材料》)平顺3家债主被抽了2,831亩地,左权抽地2,419.3亩,黎城3个区抽了1,531.97亩。(太行革命根据地史总编委会,1987:126—127)而且向上追溯没有时间限制,潞城反贪污反到了光绪年间。1943年,"反特务中又发生了扩大化的错误,刺激了一些地主(而且有的打到农民身上),以致发生了阶级间的紊乱和对立"。(《中共太行区党委关于贯彻减租运动的指示》,1988[1944]:195)

"群众斗争的范围是很广泛的,不能限于减租增资,其他清算斗争控诉复仇运动……都是必要的。"(《平定县政府、抗联贯彻减租政策的初步总结报告》,1944)片冈铁哉认为中共的减租减息政策相当于分期没收。共产党采用"清算旧账"的口号,没收并分配了地主的土地、浮财和房子,不仅佃农和雇农从中得益,贫农和中农也从中获益。"斗争方式的多样性与复杂性,策略上的高度机动性与灵活性,是抗日期间土地政策的最明显的特点。它是通过减租、清算、反汉奸、反恶霸、反贪污、贯彻负担政策等多种斗争方式,逐渐把封建势力手中的一部分土地,分散转移到农民手中的。"(齐武,1957:130—131)减租减息的目的是为了削弱封建剥削关系,但经过启发的农民具有了阶级觉悟,产生了斗争意识,要求消灭剥削,分配土地。租佃率低,借贷关系停滞,但一定会有其他解决问题的办法,"乡村中每个地方都不乏悲惨与不公,足以激起革命性的变革"。([美]莱曼·范斯莱克,1998:745)通过算账、控诉的斗争策略,共产党绕过了减租减息政策,既没有破坏统一战线,又找到了土地和财富的合理转移渠道。在此过程中,自耕农比较活跃,获得很多斗争果实,这是值得关注的现象。1942年左权县第七区13个村的清债中,斗争地主54人、富农90人、中农49人、贫农1人,债户包括地主2人、富农10人、中农130人、贫农228人。(《1942—1943年左权群众斗争群众运动的各种统计数字》)奥村哲认为,"通过清算旧账目的迂回办法……实际上进行了土地改革","共产党将农民朴素的民族主义转化为阶级斗争"。([日]石岛纪之,2016:52)

四、"左"倾偏向何以发生

减租减息"是在抗日民族统一战线旗帜下所制定的一项调整农民和地主之间利益关系的社会改良措施"。(徐建国,2015:29)但在减租减息过程中,几度出现"左"倾偏向。对地主不加区别,随意没收其土地和财产,侵犯其地权和财权;在"斗地主"斗争中,不经过法律程序,随意捆绑、拷打地主、戴高帽子游街、乱捕人等;在一定程度上也触及了富农乃至中农的利益,造成了短时期的恐慌现象。问题的关键不是"左"倾偏向何以发生,而是为什么重复发生。在反顽斗争、双减普遍开展及查减阶段,皆出现斗争范围过大、斗争程度过重、斗争方式极端化等现象。

(一)民众动员与乡村资源匮乏的结构性困境

山西地处内陆,干旱少雨,且全年降水量分布极不均匀。春季降雨少,气温回升快,蒸发量增大,极易形成春旱。夏季降雨量丰沛,占到全年的80%,但暴雨集中冲刷,河道行洪能力差,极易形成洪涝灾害。伴随水旱灾而来的还有蝗灾、疫病等。1912—1948年,山西灾害频仍,共发生水、旱、虫、雹、疫灾1,050次。(夏明方,2000:34)其自然环境苦劣,除晋南外,大部分地区生长季节短,而且只能种植粗粮,如粟、高粱、玉米、谷子、土豆、红薯等,农作物复种指数低,产量鲜薄。特别是晋北地区,天寒地瘠,农作物产量更低,1垧的产量大约相当于其他地区1亩的产量。根据表2,山西的人均耕地面积为6.21亩;根据表5,山西的人均占地才3.73亩,占人口40.73%的贫雇农的人均更是少到1.49亩。李景汉在华北调查后指出,华北农村每人需5亩地才能维持最低限度的生活,这一研究结论被不少学者所证实。在晋西北地区,地多质差,维持生存大概每人得8亩地。在晋南,地狭人稠,人地压力更大,但由于土地较晋西北丰腴,所需亩数相对稍低。山西地权虽然整体上较为分散,但局部地域也呈现两级分化之势,部分农业人口人均占地不足是不争的事实。

尽管土地租佃不是主要问题,但拥有土地的部分自耕农却在生存线以下,只能靠增加复种指数、佃入土地、种植经济作物(如棉花)、从事副业或外出佣工才能勉强维持"手到口"的生活。恰亚诺夫把此称为农民家庭的"自我剥削"。伊懋可认为"中国农业更像是园艺",精耕细作到无以复加的程度。赵冈强调由于土地—人口比率的下降,农民对劳动力的使用达到极限,即使其边际产品接近于零。([美]李丹,2009:115—122)黄宗智认为,"许多小农家庭因生活的需要被迫投入极高密度内卷性的劳动量"(黄宗智,2014:131),即使边际报酬递减到零。他称之为农业的"内卷化"或"过密化"。对贫苦农民来说,土地拥有量如此之少,土地质量如此之差,农作物产量如此之低,其养家糊口的艰难程度可想而知。"阶级分化和高密度的人口两个因素相互加剧了贫民的负担和苦难。"(黄宗智,2014:261)老百姓正站在齐颈深的水中,在某种程度上贫富分化即是生死之别。

由于山西农村没有足够多的地主富农,只动他们的土地难以满足贫雇农的需求。因此尽管一再强调保护中农的利益，但每一次运动都不可避免地侵犯到中农。1942年，太行区13个县斗争的对象共计3,088人，其中地主只占28%，富农占33.6%，经营地主占6.3%，而中农居然占26%，贫农占7%。(李大章,1989[1943]:191)左权县斗争对象503人中，地主为221人，富农158人，中农90人，贫农14人，妇女20人。(《左权县1942年群众斗争总结表》)"平鲁全县斗争过834户，其中地主有232户，富农112户，中农311户(其他的不详)。"(《(晋绥)各分区土改、供给等问题的材料》)"在赎地方面，有些农民的使用地被用'左'的办法赎回去，使农民失掉了土地。"(《(晋西北)减租减息与赎地》)在前现代的农业中国，人地比例失调是经济发展难以逾越的一大障碍，这也导致"有的干部看不起减租减息工作，认为农民所要求的是土地革命，减租减息太小了，解决不了问题"。(《晋绥边区减租减息运动材料》,1945)即使贫农通过各种斗争获得了土地，但由于缺乏生产工具和资本，如牲畜、大车、水车、犁具等，也无从发挥其劳动能力，依旧不能养家糊口，部分农民获得土地后很快抛荒就是这一状况的体现。这也一定程度上揭示了一些农民对浮财、底财比土地更感兴趣的缘由。长期战争的人力、物力消耗更加剧了这种结构性矛盾，农村资源总量的匮乏是导致"左"倾过火行为出现的"资源陷阱"。(黄道炫,2012:247)

(二)宁"左"勿右的政策取向偏差

抗战期间，共产党始终要求广大干部认识到减租减息的重要性，认为凡是执行了双减的地区，农民的生产热情就大大发扬，政治觉悟就大大提高。那里(原文如此)减租减息的工作成绩做得好，那里发动农民参加抗战的成绩就好；那里忽视了减租减息的工作，那里发动农民参加抗战的成绩就差；那里不顾农民利益，要不实行减租减息，那里就不能发动农民进行抗日战争，也就不能与敌人作长期斗争争取胜利。(张雄,1988

[1941]:58)"四二年以来的经验证明:减租运动乃是最合理的调整阶级关系,增强对敌斗争力量,建设新民主主义根据地最本质的一环。"(《中共太行区党委关于贯彻减租运动的指示》,1988[1944]:194)1945年3月,晋绥边区指出"这一阶段之所以未能很好发动群众减租减息运动,首先,不能不说是干部思想问题,好些干部们对于发动群众实行减租减息的重要意义,还未能很好的接受"。(《晋绥边区减租减息运动材料》,1945)

在论述减租减息政策重要意义的同时,共产党一直强调减租减息"这一政策,在许多根据地内还没有普遍的彻底的实行"(《中共中央关于抗日根据地土地政策的决定》,1988[1942]:82)。"目前严重的问题,是有许多地区并没有认真实行发动群众向地主的斗争……这是严重的右倾错误……不但在较差的根据地中是严重存在着,就是在最好的根据地中,亦有一部分区域尚未实行减租减息与发动群众斗争。"(《中央关于如何执行土地政策决定的指示》,2007[1942]:644)1942年10月17日,《晋冀鲁豫边区政府关于减租工作指示》指出,"在先进地区我们不能满足于过去已经做过的大村庄的减租换约的胜利(如辽黎榆今年春耕时换约5651件。这当然是成绩),今年必须注意未减租未换约的小村山庄,使这一工作更加普遍深入"。(《中国的土地改革》编辑部、中国社会科学院、经济研究所现代经济史组,1988:116)就是到了抗战胜利前夕,也一再要求没有减过租息的地区,必须减租减息;曾经减过租息的地区,必须详细地进行检查。1944年11月9日,《认真贯彻减租法令——〈新华日报〉(太行版)社论》指出,"目前租佃关系中最主要而最严重的问题,有以下三种:一是始终还没有减租,这个数字还相当不小,除七、八分区以及某些新收复区全部未减外,即使象武乡那样减租比较彻底的地区,还有10%未减,平顺、潞城等县还有租额高达80%至150%的;第二种是明减暗不减,这在工作较为薄弱、群众发动不好的地区,是相当普遍的现象;第三种是减租后地主非法夺农民佃权,这情形在明减暗不减区域已普遍发生,黎城东关四十八户中就有十二户被夺了佃权。这三种问题,在四二年减租当中就已经发生了。几年以来,由于主观客观原因,不仅一直存在,而且已经在发展着"。(《中国的土地改革》编辑部、中国社会科学院、经济研究所现代经济史组,1988:193)1945年2月9日,《贯彻减租——〈解放日报〉社论》指出,平顺县路家口村"年年要按法令减一次,还有什么不彻底的呢?"而事实上却是"有问题,减租不彻底,非重新减不行"。不彻底到连村干部——副村长、武委会主任,都怕夺地没有减租。(于建嵘,2007:768)

共产党认为广大群众虽有减租减息的要求,但由于地主违抗法令,对农民打击和压制;或是农民对减租减息抱有各种顾虑,不敢轻易实行减租减息。"当广大群众还未发动起来的时候……我们必须积极帮助群众……摧毁地主阶级在农村中的反动统治……在这种广大群众的热烈斗争中,不可避免的要发生一些过'左'行动,而这些过左行动,如果真正是最广大群众自觉自愿的行动,而不是少数人脱离群众蛮干的……则不但无害,而且有益。""在纠正过火行动与作自我批评中,必须同时注意到保护干部与群众的积极性,热烈情绪或热气。"(《中央关于如何执行土地政策决定的指示》,2007[1942]:643—644)1942年4月,《中共太行区党委关于如何执行土地政策的指示》指出,"一切斗争又必须是合法斗争,不能象开辟时期的蛮干,一切斗争均须约束在法令之内,不能立法违法,但又绝不是平时斗争,限制农民……农民一经起来,可能有越法行为,司法机关要多予调解,尽量使农民不吃亏,不要给刚起来的农民泼冷水"。(《中国的土地改革》编辑部、中国社会科学院、经济研究所现代经济史组,1988:91)

中共中央认为,在动员农民、支援抗战、保卫根据地等方面,减租减息运动的开展都具有极为重要的意义。但由于各根据地工作历史不同,日军的不断扫荡与蚕食,干部主观上对双减政策的认识不够深刻,工作上存在着粗枝大叶的作风,导致有的地区没有实行双减,或双减执行得不够深入。既然减租减息工作还存在着不平衡现象,就必须认真、普遍、彻底地贯彻执行双减政策。但"把减租看成党和政府的'恩赐'是不对的。有些干部不去启发群众的斗争,反而以群众觉得这些利益是党、政府、群众团体甚至某某人给的'好处'而欣欣然有喜色,这是一种不正确意识的反映"。(《中共晋察冀分局关于彻底实行减租政策的指示》,1988[1943]:155)"群众获得了利益,但觉悟没有提高,没有真正动起来。他们认为自己的减租是'政府减的',或说'老张老李减的',这是很大的损失。"(《晋绥边区减租减息运动材料》,1945)减租减息运动不但要让农民翻身,获得经济利益;更要让农民翻心,提高政治觉悟。

因此,在联合地主抗日的过程中,"必须采取先打后拉,一打一拉,打中有拉,拉中有打的策略方针"。(《中央关于如何执行土地政策决定的指示》,2007[1942]:643)在发动群众性的减租减息运动中,必须明确先后主次,发动农民居第一位,维护统一战线居第二位。"限制农民的斗争,农民过火就大叫起来。""这些问题产生的原因,领导机关的小资产阶级成分所造成的,斗争激烈的时候怕过火,怕阶级的斗争;怕农民起来斗争。"(《(太岳)一地委大川、钦安同志关于群运、减租减息等问题的会议发言及情形材料》)因为地主阶级的阻挠破坏,只能对其运用先斗争后团结的手段,群众要怎么办就怎么办,只能是先放开再纠"左"。"党的策略,不是在事先限制这些过'左'行动不发生……而是在群众已经充分发动起来之后……纠正过'左'行动。"(《中央关于如何执行土地政策决定的指示》,2007[1942]:643)甚至"左"亦不需要纠正。"在群众中发生的过左现象,过去的就过去了,不再纠正,真正群众的左,是没有什么损失的。"(《(太岳)一地委大川、钦安同志关于群运、减租减息等问题的会议发言及情形材料》)

"今天基本上主要任务是反对右倾,反对官僚主义,四年来的教训,统一联合束缚了斗争,未打而先拉,未到拉的阶段而过早地以拉为主,方式上蛮干的左,掩盖了实质上的右。"(《中共太行区党委关于如何执行土地政策的指示》,1988[1942]:91)"但在今天说来,右倾现象仍然是主要的。如在纠正左右偏向的过程中,有的干部便觉得没办法,不敢放手解决问题,遇事能推就推,采取'民不告官不理'的态度,这是不左则右、不右则左的思想作怪。更有的干部站不稳自己的立场,以为'左也好,右也好,左右都团结一部分群众',因此对农民既得的利益保障不够,甚至给地主当尾巴。"(《平定县政府、抗联关于继续贯彻减租政策,进一步发动群众的讨论总结》)无疑,克服右倾偏向是正确的,但在党内却形成了宁"左"勿右的思想,认为削弱封建剥削越彻底越好,越"左"越革命。周锡瑞认为,"正是在阶级斗争问题上各层党组织的一致性,使左倾倾向成为一种结构性的痼疾"。(周锡瑞,1998:23)

(三)经济政治利益驱动下干部的行为主导

"秦汉以降,中国进入长达 2000 余年的帝制时代,其基本政治架构,于统治形式为君主制,于行政运作为官僚制,于权力结构则为郡县制。"(李里峰,2017)帝制时代的国家权力一般延伸到县级就终止了,乡村事务主要由士绅群体来负责。他们具有土地等有形资产,深受儒家思想熏陶,重视伦理道德修养,在民众中享有威信声望。其集政治资本、经济资本与象征资本于一身,在官—绅—民的社会权力框架下,对地方事务和社会生活起着支配性的作用。"即使在废除科举后以至于清朝专制政体灭亡后的三四十年内,借助于新的制度建构和地方社会资源,乡绅们仍然不断变换身手,影响和制约着地方权力的建构和功能。"(王先明,2009)尽管士绅的制度性来源因科举制度的废除而中断,但新学堂出身的新型知识分子很快就填补了其留下的部分空缺。山西《名人传略》资料显示,新学之士在晋西北各县的士绅构成中已占有相当比例。(《名人传略》:17—24)"直至 30 年代中期,华北各县不但用人权操在当地绅士手中,财政权也操在当地绅士手里。"(王先明,2005)阎锡山虽然推行"村治模范"政制重构政策,但士绅依旧是新乡制权力运作的重要势力。

山西各敌后根据地建立后,以中农、贫农为主体的权力格局开始形成。不像传统士绅,干部的威望不是来自财富、学识和能力,而是直接来自共产党的授权和任命。晋西北"县区干部以中小学生占多数,村干部以文盲、半文盲居多,如此知识水平对于政策解读和执行显然是困难的"。(岳谦厚、董春燕,2009)"一方面,正是党和国家以强制性资源再分配的方式使他们拥有了土地和财产,并通过入党、担任村干部而获得精英身份;另一方面,他们自身没有掌握任何可以和国家交换的稀缺资源,也就不具备传统士绅精英那样与官方讨价还价的余地。"(李里峰,2017)国家也因此通过他们实现了对村庄的直接控制,打破了两千年来皇权不下县的规则。"党和国家对这些政治精英进行考核评判的主要标准,也不再是对地方公共事务的贡献,而是对国家权力的忠实程度和对国家意志的贯彻程度。"(李里峰,2017)

由于干部自身没有政治、经济与声望根基,"普遍的缺点是没有领导能力和官僚作风",(太行革命根据地史总编委会,1989:148)乡村民众对其并不大认可,其提拔和升迁更多地取决于上级组织的意愿。因此面对上级单位布置的任务,如过去未能减租之原因,此次减租的具体数字统计时,干部们不会像传统士绅那样从村庄利益出发,而是更多地考虑如何完成来自上级部门的指令。为了保证在既定的期限内完成任务,各级干部几乎不约而同地采取了行政强迫的方式。在强大的政治压力下,他们为了争功绩、得奖旗、受表扬,不顾现实情况开展激进化的竞赛,没有条件创造条件也要上,比赛谁更积极、谁更进步,此攀比现象极容易导致"左"倾过火行为的发生。如"四大动员"工作中,晋西北行署规定两个月完成任务,县、区、村则层层加码,要求半月甚至一周内超额完成,强迫命令的情况屡屡发生。(山西省地方志办公室,2015,"晋绥":169)特别是与减租减息运动相伴随的往往是交纳公粮和征兵工作,"晋西北在1944年参加主力军的新战士中,80%是减租减息后翻身的农民"。(山西

省地方志办公室,2015,"晋绥":217)

为了表现自己的政治忠诚度,体现对国家意志的贯彻程度,干部们宁可对地主富农狠一点,也不愿担当包庇地富的罪名,特别是整风运动让干部开展反省。1944年下半年,平顺二区召开主要村干部反省会55次,522人参加;一般村干部反省会28次,593人参加;一揽子反省会33次,1,029人参加。(河南省财政厅、河南省档案馆编,1985:650—651)平顺路家口村长王任印检讨说:"我是疮好忘了痛,现在有地有房,今年收了好秋,我没困难了,还当了村长,就认为已彻底了,我对不起大家。"说完哭起来了。政治主任郭双龙反省说:"我也是租种地的,八路军救我起来,我光想闹好自己的时光,没照顾大家。去年处理租地问题,违背法令,偏心地主,还罚佃户十个工……忘记了地主和我要租时是怎样的难过。现在我太对不起大家,就是我的不对。"说完也哭起来了。武委会指导员说:"我想这不是我的工作我不管,可是我被大家救起来的又不管大家是不对的。"(《太行平顺路家口检查减租的经验》,2007[1945]:773—774)内外部压力越是增大,干部们越是要表明自己的阶级立场,这也推动了对地富乱打、乱杀、乱没收现象的出现和逐步升级。许多过激行为的发生与干部的"左"倾思想不无关系。

干部们对做思想工作缺乏耐心,把先抢后斗当作发动群众的重要法宝,简单粗暴的工作作风也助长了部分农民的过火行为。"区村干部,尤其是村干部,自私、行政命令、不民主的现象,还相当普遍地存在着。"(《边区参议会对边区政府工作的决议》,1990[1945]:339)有些地方,干部为了发动群众,以到地主家吃饭相号召,太行区"阳城有的分委罚老财请四五十穷人吃饭;弄出具甘结,永远不许干涉村政,不管村政好坏"。(《巡视晋豫特委各县工作的总结》,1989[1939]:42)1942年,兴县共吃地主44户,富农4户,中农10户,共吃小米74.77石,猪肉570斤,酒18斤。(《晋绥边区行署:减租材料——各县报告摘录》,1943)干部们不愿做细致的启发教育工作,而是采取一些极端行为,妄图把地主的威风打压下去,把农民的斗争勇气提升起来。如兴县二区干部在群众要求下,主张可在不伤皮、不露骨的原则下打人,二区区长还亲自动手打地主。尽管"在斗争方式上强调民主说理,培养密切联系群众而又会依法说理的积极分子,避免打人骂人,徒遭反感并无实惠的许多刺激地主的方式,事实上这对发动群众并无任何好处"。(《中共太行区党委关于贯彻减租运动的指示》,1988[1944]:196)但是,由于基层干部理论水平有限,对政策文件研究不透,"工作作风的呆板迟滞"(《太岳全区工作的总结与计划》,1989[1939]:54),不"耐烦"去发动和组织群众,而是更乐意通过互相效仿来推动运动的进行。"目前下面的现象,我们干部的蛮干,脱离群众自己打人、捆人、罚人、骂人的现象是相当严重的事实。"(李大章,1989[1943],195)不经法庭审判,随意逮捕、扣押、殴打、处死地主富农的现象也是有的。

部分基层干部以权谋私的行为也阻碍了减租减息运动的顺利开展。"农民干部是官僚化、腐化,命令就是领导,自高自大,家庭观念重,散漫、自私、不爱学习。"(太行革命根据地史总编委会,1989:148)"有些地方还受着历史的影响(宗派主义)的限制",三个分委"生活严重堕落"。(《灵石县四三年(群)工作汇报》,1943)有的干部打击报复给自己提意见的群众,有的干部因私人恩怨借机整垮过去的仇人,有的干部为了多拿多占而扩大斗争对象,有的干部为了掩饰贪污行为杀人灭口(但关于斗争果实的具体分配,还没有看到翔实的资料)。如1942年,太行区襄垣县12个村共有族地、汉奸土地等5,506.4亩,但这些土地的分配不很公道,217户中农分得1,109亩土地,679户贫农分得3,340亩土地,151名退伍军人分得729亩土地,其他机关、部队、干部、民兵分得417亩土地。"中农得地者,里面有好多是干部及党员,有些是富裕中农、抗属,数量既过于平均,而远近好坏地上还有问题,有的贫农无劳动力者反分的是远地。""好多地方分配果实是干部多,党员次之,积极分子与民兵又次之,落后群众最少,潞城有的地方甚至按努力干部,跑腿干部,说话的、举手的等等分配。在罚款退款当中也有若干贪污现象。"(太行革命根据地史总编委会,1987:131—132)农民觉得斗争占用了时间、花费了功夫,却没有捞到什么油水,还不如在自己家地里"刨闹"。基层干部的腐化变质也大大降低了党在群众中的威信,群众运动因此表现消沉。政府采取措施紧急刹车,"必须确定村级没有罚人的权限,禁止乱罚现象,杜绝干部、党员发横财的心理"。(晋冀豫区党委,1989[1943]:203)"打人、骂人、吹牛、支使老百姓送信、要差等行为必须停止。"(《(太岳)关于目前各阶级状况及群众工作初步研究结论》,1944)

(四)"运动"起来的农民容易失控脱序

自古以来,农民怀有"种地交租""借债背利"(太行革命根据地史总编委会,1989:174)的"良心论"以及"人生有命、富贵在天"的"天命论"。认为向地主交纳租息天经地义,动地主土地"伤天害理";有福没福命里注定,分别人的田要生病。"有的同地主'摆不破脸'","有的说:'贫富不差在这上头',有的说:'生就的受罪命,就别想享福'"。(《平定县政府、抗联贯彻减租政策的初步总结报告》,1944)而且地主的土地财产是其勤劳所得,是他们羡慕效仿的榜样和今后发展的目标。"因为中国多数农村阶级分化并不明显,血缘关系、亲族关系……邻里关系,以及众多地主和佃户之间相互依存的利害关系,加上传统的习俗和礼教约束等等,使得多数农民对地主很少产生自发的仇视心理。"(杨奎松,2015:99—100)"他们宣扬这样的观点:由于习俗、邻里关系、亲属关系和种族等原因,富人应该尽可能地提供工作、土地、信贷以及施舍。""他们谴责那些冷酷无情地只关心利润而破坏了穷人所认为的合理预期的人。"([美]詹姆斯·C·斯科特,2016:284)年成不好时,地主应该减租;自己有病有灾时,地主应该借钱。这是弱者的"道义经济学"。

面对受传统道德熏陶的"伦理本位"社会,布满血缘、地缘网络的"熟人社会",如何在农民头脑中嵌入被剥削意识,打破农民"良心下不去"的旧观念,是共产党面临的一个重大挑战。为了让农民产生阶级觉悟,学会以阶级反抗的眼光看问题,必须消解村庄共同体固有的价值秩序,让"差序格局"中的农民产生被剥夺感,滋生社会怨恨,从而最终彻底翻转传统伦理观念。这其实是一个价值伦理的再造过程。但晋民性俗,"民性温和易于统治"。(太行革命根据地史总编委会,1989:94)他们对政府有依赖思想,"只想吃现成饭"(《平定县政府、抗联贯彻减租政策的初步总结报告》,1944),等待"恩赐"的心理严重。此外,还存在"变天"的顾虑,"怕共产党八路军走了地主打报复"(《平定县政府、抗联贯彻减租政策的初步总结报告》,1944),希望避免矛盾和冲突。或者明减暗不减,或者把减掉的租息偷偷送回去,解释是"八路"要分你的东西,以致出现了双减"夹生饭"和减后复增的现象。

为了让减租减息运动开展下去,发挥贫民团、农民协会等群众团体的领导作用,发现并培养积极分子和群众领袖就成为不可或缺的一环。对于谨慎而从众的个体农民来说,通过积极分子的组织引导,就可以影响和带动中间分子。人数上的安全感和优越感足以形成"群胆",敢于和地主阶级进行说理斗争,减少他们反攻倒算的后顾之忧。最先被动员起来的往往是一些生活在底层的、没有多少话语权的"边缘人",他们的道德品质即使没被一般村民所怀疑,其能力却至少被大家所质疑。为村民所轻视的"草根"突然被拉进了政治权力的中心,并成为他人命运的主宰者,不但其威信大打折扣,就是其工作能力亦不被认可,更遑论他们的人品。村庄内的积极分子良莠不齐,里面充斥着"光棍""二流子"之类的角色,在运动中浑水摸鱼、投机取巧。他们滥用权力,对挖浮财尤为热衷,害怕报复而对他人斩尽杀绝。这也是导致"左"倾过火行为出现的一个不可忽视的因素。

减租减息运动不只是为了改善农民生活,进一步发动农民支援战争,它还体现为阶级关系和思想观念两个方面的大变革,这也是政府不接受地主和平"献田"的一个原因。"让农民大胆确定自己的阶级地位，克服根深蒂固的宿命主义、消极屈从以及社会调和——总之，要行动。每一次行动都使下一次行动更容易，并且断绝了退路。"（[美]莱曼·范斯莱克，1998：746）只有当农民的角色由观众转化为演员时，广泛的群众运动才算真正地开展起来了。从对贫困农民"访痛苦""腾肚子"开始，到组织他们进行诉苦反省，再到对地主展开面对面的斗争。在运动的每一个具体环节，工作人员都进行了精心的准备，并运用了极为娴熟的动员技巧和斗争策略。"人们带着理性逻辑抨击弊端……还得再添加上情感主义和神秘主义因素，给人们的行动注入动力，才能达到目的。""情感主义逻辑释放了被压抑百年的激情，导致人们歇斯底里地放纵情感。"（[法]古斯塔夫·勒庞，2015：9）裴宜理在谈及中国革命时，也特别阐明了情感能量有助于实现革命宏图。共产党强调每个党员对情感工作所负的责任，由于"提高情绪"（emotion raising）而激发的奉献精神是坚持抗战到底的一个关键因素。共产党人鼓励民众公开表达愤怒、恐惧和羞愧等感情，国民党则致力于培养"品格高尚的个性"和"果敢的意志"，其重点不在情感，而是在伦理学。（裴宜理，2005）

"群众运动一般都要经过一个从犹疑、尝试，到兴奋、亢奋的演进过程。"（王奇生，2016：286）"过去和地主私下了结的一部分佃户，觉悟程度提高了，要求和地主重新算账。一个佃户说，过去不知道法令，叫地主骗了，太吃亏，现在要和他算一算，许多佃户都要求重新算。但干部们说时机已经过去了，最好不算旧账，慢慢来吧。"（《太岳一地委减租前后变化情况及调查材料》，1945）地主提出："你们照顾我的生活吧。"说着哭着，群众（说）："我们哭时比你更凶。"（《平遥、霍县、灵石、赵城查减工作总结》，1945）每斗争一次地主，旧有权力的束缚就被割断一层，对传统习俗的依赖也就减少一层。在激烈的阶级斗争中，原先"温情脉脉"的乡村共同体被撕裂，昔日的士绅、地主被斗垮，农民对传统伦理道德的最后一丝敬畏也随之消除了。"比如给地主脸上抹黑、抹狗屎、抹大粪，叫地主父子两人对面而立,你唾他,他唾你(如三分区□村);把地主皮袄脱了,放在厕所墙上,或是要他蹲在院里,叫做'冻地主'(如静乐□□村);把地主的袜鞋脱了,要他在雪地上走,叫做'走雪山'(如兴县碾子村);或是把地主拉倒,两个人提起两只脚满院里磨,叫做'拉倒磨'(二分区□□)。"(《晋绥边区减租减息运动材料》,1945)"打破'讲良心'、'靠命运'和'□地的正统观念',肃清'怕事情'、'怕斗争'、'怕惹祸'等软弱的性情,把封建迷信、地主资产阶级给群众思想上的全套遗毒一扫而光。"(《平定县政府、抗联贯彻减租政策的初步总结报告》,1944)于是,此前曾被认为"伤天害理"的行为,现在则成了革命的"天经地义"。

  1941年9月,彭真指出,"群众已经起来后最危险的是左的倾向"。"在基本群众已经翻身,根据地已经巩固之后,最危险的,足以危害统一战线及根据地之巩固的,已经不是右的危险,而是社会政策中左的倾向。"(彭真,1988[1941]:74)对农民而言,村庄内的暴力一旦开始,就会进入"自我强化"的循环,不断强化。(廉如鉴,2015)几千年来,农民具有均平主义的观念,"不患寡而患不均",利益的强行再分配政策唤醒了他们潜意识深处的平均主义情结,不劳而获的利益期待则加重了他们的这种观念。分到的土地可能会收回去,而没收的浮财则无法再追回,这也是为什么农民对浮财比对土地更感兴趣的又一原因。"利上加利,无中生有,想把地主一下搞光,这是一种农民的报复性。"(《(太岳)一地委大川、钦安同志关于群运、减租减息等问题的会议发言及情形材料》)而每一次浮财的获得会导致对下一次浮财更大的期许。由于害怕报复,农民不做则已,做就要"做绝";不斗则已,斗就要"斗死"。这也是导致"左"倾偏向出现的又一因素。消极保守的农民成了激进好斗的农民,群众终于实现了"自己解放自己","对地主撕破脸"。中共此后的群众运动,虽然手段、策略、技巧日趋娴熟,却始终难以摆脱这样一个"怪圈":群众运动初期,必须"放手"发动,才能运动起来,一旦运动起来,就难免失控,以至每次群众运动都必"过火",也总是在"过火"之后,才能着手收束。

(王奇生,2016:288)

"左"倾过火行为给农村带来了消极的影响,地主富农乃至部分中农情绪低落,不事生产,杀掉牲畜,大吃大喝。就连分到胜利果实的贫雇农也是如此,害怕生产上去了以后被批斗,一时间分光吃光成为人们的普遍行为。"左倾蛮干使社会过分波动"(晋冀豫区党委,1989[1943]:205),农民生产和抗日的积极性降低。

五、结语

从减租减息运动的发展过程看,"左"倾偏向几乎是贯穿始终的,只不过存在程度上的差异而已。在一定程度上可以说,减租减息运动的过程就是克服"左"倾偏向的过程。(徐建国,2015:101)中央密切关注根据地的发展态势,先后颁布一系列政策,决定给予具体指导,各根据地也积极采取措施予以纠正。相比较而言,无论是在范围还是程度上,华中根据地出现的"左"倾偏向都比华北小得多。

在山西乃至整个华北,租佃关系都不占据普遍的位置,借贷关系业已处于停滞的地步。单纯的减租减息获益的范围有限,特别是中农对此兴趣不大。只有把减租减息运动与反贪污、反恶霸、反维持、反黑地、反汉奸斗争相结合,才能把汪洋大海般的小农动员起来,才能获得源源不断的人力、兵力、物力、财力资源,去赢得民族解放战争的胜利。在山西根据地农民平均皆穷的状态下,利用"清算旧账"的口号没收并分配了地主的土地、浮财和房子,不仅佃农和雇农从中得益,贫农和中农也从中获益。"刨穷根算旧账"几乎囊括了"农民所有的诉求和不满"。([美]胡素珊,2014:229)这说明了在人地比例失调、乡村资源不足、农民生活贫困的状态下,"左"倾过火行为屡屡发生的资源性困境。

山西根据地固然存在贫富分化和对立,但由于租佃关系极不发达,主要剥削方式是捐税而不是地租,"纳税而不交租、不佣工的自耕农",

"与国家机器的矛盾要比与地主和雇主的矛盾尖锐得多"。(黄宗智，2014:260)"历史上的民变虽屡有发生，但主要是反抗当局及其税收，很少对准地主富农。"(李金铮，2014:298)光靠减租减息很难发动没有租佃借贷关系的大多数农民，但一定会有其他的剥削形式可以借用。无论是宣传动员阶段，还是普遍开展阶段，抑或是深入查减阶段，中央一直强调减租减息运动没有彻底执行和普遍开展，并把此定性为严重的右倾错误，在党内形成了宁"左"勿右的思想。不是在事先限制"左"倾行为，而是在群众发动起来后再纠"左"，甚至"左"亦不需要纠正。

具体执行政策的基层干部与传统士绅不同，其威望并非其学识和能力的积淀，而是共产党授权和任命的结果。能力平庸的部分干部为了展示自己的政治忠诚度，不顾租佃借贷现实条件制约，在政治压力下盲目攀比工作业绩，开展激进化的"打擂台"竞赛。部分干部处于文盲半文盲状态，对政策文件解读能力较差，甚至缺乏对上级指示传达的能力，工作作风简单粗暴。部分干部自身素养缺失，在运动中公报私仇、借机整人、贪污腐化，不经法庭审判，随意捕人杀人，害怕报复制造绝户。"一般农民干部都有很浓厚的农民意识，并且日益腐化，认为他们现在是做官了。没有在群众斗争[中]涌现出来为群众爱戴的领袖为中心的领导者。"(《晋冀豫区群运工作总结报告》，1989[1939]:210)少数民兵也出现了流氓化的趋势，一些"左"倾过激行为正是在此背景下发生的。

"差序格局"下的农民具有"良心"论、"天命"论等传统伦理道德以及怕"变天"的顾虑，"熟人社会"网络下的农民抹不开脸面。"农民们并不那么受关于阶级关系的'神秘化'的支配；他们不需要局外人帮助他们认清每天体验着的不断增长的剥削情况。这并不意味着局外人无足轻重。相反，他们对农民运动常常起着关键作用，这并不是因为他们说服农民相信自己是受剥削的，而是因为在剥削条件下，他们提供了帮助农民行动起来的动力、援助和超地方组织。"([美]詹姆斯·C·斯科特，2017:223)农民一旦被"运动"起来，又极易形成群氓心理，不斗则已，斗则"一斗到底"。清算斗争也助长了部分农民"光想共产,不想动弹"的"发横财"的思想。特别是分浮财,不必等到下一个收获季节,立马就可取得实实在在的经济获益,激发了他们及时满足的心理欲望。失控的群众运动一定程度上也导致了减租减息斗争的脱序。

在减租减息运动中,地主大量地出售和典出土地,贫农和部分中农大量地购进土地,中农的比重大幅度增长,实现了社会的"扁平化"。清算斗争除了给农民以看得见的物质利益,还给普通百姓以政治上的获益,通过"刨穷根算旧账","使农民了解劳动者是世界的主人"。(齐武,1957:121)没有话语权的农民有了公民权、地位、身份,长期处于社会底层的人在政治上翻了身,打破了地主豪绅的乡村特权地位,以至于加入农会的农民认为自己是"当官了"。另外,在农村处于边缘地位的群体,如老人、妇女、儿童等,也具有了发言权,获得了平等、尊重和自主感。通过给予经济、政治及精神需求的满足,共产党对乡村社会的各个阶层进行了强有力的动员,实现了对乡村资源的有效汲取,为山西敌后根据地的发展壮大提供了保障,并在随后的解放战争中取得了胜利。

参考文献

山西省史志研究院编(1997):《中国共产党与山西抗战》,太原:山西人民出版社。

山西省地方志办公室编(2011):《民国山西史》,太原:山西人民出版社。

山西省地方志办公室编(2015):《晋绥革命根据地史》,太原:山西人民出版社。

山西省地方志办公室编(2015):《太岳革命根据地史》,太原:山西人民出版社。

山西省地方志办公室编(2012):《民国山西实业志》(上),太原:山西人民出版社。

郑会欣主编(2010):《战前及沦陷期间华北经济调查》(上),天津:天津古籍出版社。

《中共六届二中全会土地问题报告记录》(1929年6月25日),载于建嵘主编(2007)《中国农民问题研究资料汇编》(第一卷)(1912—1949)(下册),北京:中国农业出版社。

《全国土地调查报告纲要》(1937年1月),载李文海主编(2014)《民国时期社会调查丛编》(二编)(乡村经济卷)(下),福州:福建教育出版社。

太行革命根据地史总编委会(1987):《太行革命根据地史料丛书之五:土地问题》,太原:山西人民出版社。

《赵家川口调查材料》(1942年),山西省档案馆馆藏档案,档案号A141-1-131-1。

《黑峪口调查:人口与劳动力变化》(1942年),山西省档案馆馆藏档案,档案号A141-1-98。

赵秀山主编(2017):《抗日战争时期晋冀鲁豫边区财政经济史》,北京:中国财政经济出版社。

刘欣主编(1986):《晋绥边区财政经济史资料选编》(农业编),太原:山西人民出版社。

邹枋(1934):《中国田赋附加的种类》,《东方杂志》31卷14号,载于建嵘主编(2007)《中国农民问题研究资料汇编》(第一卷)(1912—1949)(下册),北京:中国农业出版社。

刘容亭(1933):《山西阳曲县二十个乡村概况调查之研究》,载李文海主编(2014)《民国时期社会调查丛编》(二编)(乡村社会卷),福州:福建教育出版社。

刘容亭(1933):《山西阳曲县三个乡村农田及教育概况调查之研究》,载李文海主编(2014)《民国时期社会调查丛编》(二编)(乡村社会卷),福州:福建教育出版社。

《全国土地委员会有关农业生产各项统计(四则)》(1932年1月),载于建嵘主编(2007)《中国农民问题研究资料汇编》(第一卷)(1912—1949)(下册),北京:中国农业出版社。

武寿铭(1935):《太古县贯家堡村调查报告》,载李文海主编(2014)《民国时期社会调查丛编》(二编)(乡村社会卷),福州:福建教育出版社。

罗朝辉(2010):《富农与新富农——20世纪前半期华北乡村社会变迁的主角》,北京:人民出版社。

《中国的土地改革》编辑部、中国社会科学院、经济研究所现代经济史组编(1988):《中国土地改革史料选编》,北京:国防大学出版社。

中共山西省委党史研究室编(1993):《太岳革命根据地简史》,北京:人民出版社。

黄韦文:《关于根据地减租减息的一些材料》,《解放日报》,1942年2月11日。

魏宏运主编(1990):《抗日战争时期晋冀鲁豫边区财政经济史资料选编》(第一辑),北京:中国财政经济出版社。

《中共中央关于抗日根据地土地政策决定的附件》(1942年1月28日),载《中国的土地改革》编辑部、中国社会科学院、经济研究所现代经济史组编(1988)《中国土地改革史料选编》,北京:国防大学出版社。

《中央关于如何执行土地政策决定的指示》(1942年2月6日),载于建嵘主编(2007)《中国农民问题研究资料汇编》(第一卷)(1912—1949)(下册),北京:中国农业出版社。

陈廷煊(2007):《抗日根据地经济史》,北京:社会科学文献出版社。

山西省地方志办公室编(2015):《太行革命根据地史》,太原:山西人民出版社。

李大章(1943年2月):《过去群众工作的简单回顾与今后的工作方针——在太行分局高干会上的报告》,载太行革命根据地史总编委会(1989)《太行革命根据地史料丛书之七:群众运动》,太原:山西人民出版社。

《(太岳)一地委大川、钦安同志关于群运、减租减息等问题的会议发言及情形材料》,山西省档案馆馆藏档案,档案号A13-6-4-8。

《中共太行区党委关于贯彻减租运动的指示》(1944年11月17日),载《中国的土地改革》编辑部、中国社会科学院、经济研究所现代经济史组编(1988)《中国土地改革史料选编》,北京:国防大学出版社。

《平定县政府、抗联贯彻减租政策的初步总结报告》(1944年),山西省档案馆馆藏档案,档案号A162-2-69-3。

齐武(1957):《一个革命根据地的成长——抗日战争和解放战争时期的晋冀鲁豫边区概况》,北京:人民出版社。

[美]莱曼·范斯莱克:《中日战争时期的中国共产主义运动,1937—1945年》,载费正清、费维恺编(1998)《剑桥中华民国史》(下),刘敬坤等译,北京:中国社会科学出版社。

《1942—1943年左权群众斗争群众运动的各种统计数字》,山西省档案馆馆藏档案,档案号A166-1-52-2。

[日]石岛纪之(2016):《抗日战争时期的中国民众:饥饿、社会改革和民族主义》,李秉奎译,北京:中国社会科学出版社。

徐建国(2015):《减轻封建剥削——抗日战争时期的减租减息》,石家庄:河北人民出版社。

夏明方(2000):《民国时期自然灾害与乡村社会》,北京:中华书局。

[美]李丹(2009):《理解农民中国:社会科学哲学的案例研究》,张天虹、张洪云、张胜波译,南京:江苏人民出版社。

黄宗智(2014):《华北的小农经济与社会变迁》(《明清以来的乡村社会经济变迁:历史、理论与现实》(卷一)),北京:法律出版社。

《左权县1942年群众斗争总结表》,山西省档案馆馆藏档案,档案号A166-1-58-1。

《(晋绥)各分区土改、供给等问题的材料》,山西省档案馆馆藏档案,档案号A21-3-1-1。

《(晋西北)减租减息与赎地》(1942年10月),山西省档案馆馆藏档案,档案号A88-3-10-2。

《晋绥边区减租减息运动材料》(1945年3月),山西省档案馆馆藏档案,档案号A21-3-5-2。

黄道炫(2012):《张力与界限:中央苏区的革命(1933—1934)》,北京:社会科学文献出版社。

张雄:《抗日根据地的土地政策——〈大众日报〉专论》(1941年6月7日),载《中国的土地改革》编辑部、中国社会科学院、经济研究所现代经济史组编(1988)《中国土地改革史料选编》,北京:国防大学出版社。

《中共太行区党委关于如何执行土地政策的指示》(1942年4月15日),载《中国的土地改革》编辑部、中国社会科学院、经济研究所现代经济史组编(1988)《中国土地改革史料选编》,北京:国防大学出版社。

《中共晋察冀分局关于彻底实行减租政策的指示》(1943年10月18日),载《中国的土地改革》编辑部、中国社会科学院、经济研究所现代经济史组编(1988),《中国土地改革史料选编》,北京:国防大学出版社。

《平定县政府、抗联关于继续贯彻减租政策,进一步发动群众的讨论总结》,山西省档案馆馆藏档案,档案号 A162-2-69-4。

周锡瑞:《"封建堡垒"中的革命:陕西米脂杨家沟》,载冯崇义、古德曼编(1998)《华北抗日根据地与社会生态》,北京:当代中国出版社。

李里峰(2017):《乡村精英的百年嬗蜕》,《武汉大学学报(人文科学版)》第1期,第5页。

王先明(2009):《乡绅权势消退的历史轨迹——20世纪前期的制度变迁、革命话语与乡绅权力》,《南开学报(哲学社会科学版)》第1期,第95页。

《名人传略》,山西省档案馆馆藏档案,档案号 A22-1-4-1。

王先明(2005):《士绅构成要素的变异与乡村权力——以20世纪三四十年代的晋西北、晋中为例》,《近代史研究》第2期,第263页。

岳谦厚、董春燕(2009):《抗日根据地时期中共基层干部群体——以晋西北抗日根据地为中心的研究》,《安徽史学》第1期,第38页。

河南省财政厅、河南省档案馆编(1985):《晋冀鲁豫抗日根据地财经史料选编》(河南部分)(三),北京:中国档案出版社。

《太行平顺路家口检查减租的经验》(1945年2月1日),载于建嵘主编(2007)《中国农民问题研究资料汇编》(第一卷)(1912—1949)(下册),北京:中国农业出版社。

《边区参议会对边区政府工作的决议》(1945年3月),载太行革命根据地史总编委会(1990)《太行革命根据地史料丛书之四:政权建设》,太原:山西人民出版社。

《巡视晋豫特委各县工作的总结》(1939年1月),载山西省档案馆编(1989)《太行党史资料汇编》(第二卷),太原:山西人民出版社。

《晋绥边区行署:减租材料——各县报告摘录》(1943年),山西省档案馆馆藏档案,档案号A88-3-13。

《太岳全区工作的总结与计划》(1939年1月),载山西省档案馆编(1989)《太行党史资料汇编》(第二卷),太原:山西人民出版社。

《灵石县四三年(群)工作汇报》(1943年6月),山西省档案馆馆藏档案,档案号A155-1-2-2。

《(太岳)关于目前各阶级状况及群众工作初步研究结论》(1944年),山西省档案馆馆藏档案,档案号A13-6-2-2。

晋冀豫区党委:《群众工作指示》(1943年7月1日),载太行革命根据地史总编委会(1989)《太行革命根据地史料丛书之七:群众运动》,太原:山西人民出版社。

杨奎松(2015):《中华人民共和国建国史研究1》,南昌:江西人民出版社。

[美]詹姆斯·C·斯科特(2016):《弱者的武器》,郑广怀、张敏、何江穗译,南京:译林出版社。

[美]莱曼·范斯莱克:《中日战争时期的中国共产主义运动,1937—1945年》,载费正清、费维恺编(1998)《剑桥中华民国史》(下),刘敬坤等译,北京:中国社会科学出版社。

[法]古斯塔夫·勒庞(2015):《法国大革命与革命心理学》,倪复生译,北京:北京师范大学出版社。

裴宜理(2005):《重访中国革命:以情感的模式》,http://www.aisixiang.com/data/6671.html。

《太岳一地委减租前后变化情况及调查材料》(1945年),山西省档案馆馆藏档案,档案号A13-6-4-4。

《平遥、霍县、灵石、赵城查减工作总结》(1945年),山西省档案馆馆藏档案,档案号A13-6-3-4。

彭真(1941):《论晋察冀边区的土地政策》,载《中国的土地改革》编辑部、中国社会科学院、经济研究所现代经济史组编(1988)《中国土地改革史料选编》,北京:国防大学出版社。

廉如鉴(2015):《土改时期的"左"倾现象何以发生》,《开放时代》第5期,第

156页。

王奇生:《革命的底层动员:中共早期农民运动的动员·参与机制》,载王建朗、黄克武编(2016)《两岸新编中国近代史·民国卷》(上),北京:社会科学文献出版社。

徐建国(2015):《减轻封建剥削——抗日战争时期的减租减息》,石家庄:河北人民出版社。

李金铮(2014):《传统与变迁:近代华北乡村的经济与社会》,北京:人民出版社。

《晋冀豫区群运工作总结报告》(1939年3月),载山西省档案馆编(1989)《太行党史资料汇编》(第二卷),太原:山西人民出版社。

[美]胡素珊(2014):《中国的内战:1945—1949年的政治斗争》,启蒙编译所译,北京:当代中国出版社。

[美]詹姆斯·C·斯科特(2017):《农民的道义经济学:东南亚的反叛与生存》,程立显、刘建译,南京:译林出版社。

张启耀(2013):《民生维艰:田赋负担与乡村社会变迁——以二十世纪前期的山西为范围》,太原:山西人民出版社。

族群正义下的祖业权动员
——以赣中地区下塘村反开发事件为例①

黄岩(华南理工大学公共管理学院)
胡侦(华南理工大学公共管理学院)

内容摘要: 学术界普遍认为,随着1949年的到来,传统农村社会中宗族的社会性功能急剧衰退,改革开放后宗族活动又呈现复兴的态势。本研究接续学术界对宗族功能变迁的研究,观察江西中部地区下塘村的反迁坟事件中的宗族角色。下塘村通过重修祠堂、族谱等方式复兴宗族文化,并在反迁坟行动中,运用祖业权话语保护了青岭山的名义所有权。随着农民生活改善,农业生产方式变迁以及市场力量的扩张,下塘村传统的权力格局正发生着改变,宗族复兴愈发呈现仪式性和工具性。行政精英和经济精英控制村庄资源,国家权力通过各种渠道渗入到农村和农民生活,同时有效地消解了宗族影响力。

关键词: 祖业权　宗族势力　族群正义

---

① 本文是教育部重大攻关项目"一带一路沿线国家劳动政策与我国产业结构调整研究"(17JZD019)、国家社科基金项目"产业转移背景下企业劳动体制变迁与工人权利保护研究"(17BSH146)、广东省哲学社会科学院规划项目"劳工短缺与产业转型背景下的广东劳动关系问题研究"(GD15CSH01)的阶段性成果。感谢匿名评审人和杨非凡中肯的批评建议。为遵守学术规范,本文对涉及的具体人名和地名均进行了匿名处理。

一、问题的提出

在革命到来之前,宗族力量在"皇权不下县"的乡村政治中起主导作用,因此宗族政治是理解中国传统农村社会权力结构的一个非常重要的因素。宗族是指一种团体,其成员有共同的祖先,分享共同的资产,从事共同的活动,而且意识到自己属于同一个团体。(Watson, 1982)宗族以血缘和地域为生存基础,以利益、权利和义务构成成员间关系,以成文或俗成的制度界定行为规范,以谱牒、祠堂或礼仪作为存在的表象,以文化和观念维系成员的认同。(王朔柏、陈意新,2004)祖业权是指对祖宗留下来的产业的所有权,祖宗的产业包括祠堂、墓地、山林、宅基地等。

学术界普遍认为,明清及至民国时期是宗族文化最为发达的时期,族长、族田和族谱成为宗族文化最有力的象征。自1949年以来,宗族文化在中国农村迅速消失。人民公社结构性地瓦解了以家族为基础的宗族共同体,土地改革埋葬了宗族制度的经济基础,农业合作社的经济组织方式、干部革命化和婚姻制度革命、人民公社的政权建设等则彻底消解了宗族制度的经济、社会和政治功能。毛泽东(1966)把族权与政权、神权、夫权归为束缚中国农民的"四条极大的绳索",因此,学术界将1949—1978年视为中国宗族制度彻底毁灭的时代。(王沪宁,1991;冯尔康,1994;王铭铭,1997;肖唐镖,2010)

同时,学术界还认为,1978年中国开始实行的改革开放促进了农村宗族文化的复兴。(王沪宁,1991;唐军,1996;麻国庆,2000;庄孔韶,2000;贺雪峰,2003;肖唐镖,2010)在这一过程中,人民公社这种政治体制和经济组织形式被彻底抛弃,村庄推行村民自治和村委会选举,生产以家庭为单位及资源竞争的个体化等,都成为宗族文化复兴的动力。肖唐镖(2010:21)认为,1949年以前,宗族是农村正式的治理者,1978年以后则是非正式的治理者。宗族复兴既满足了社会转型的现实需求,又植根于文化传统"深层理念"的复苏,而复兴后的农村宗族既是实体性的功能团体,又是象征性的文化建构。(戴五宏、张先清,2014)

但是,与上述分析完全对立的观点认为,农村的宗族文化和宗族制度在1949年以后并没有被完全瓦解,尽管人民公社以集体形式没收了族田,祠堂,成为生产队的生产场所,修谱和祭祖被当成封建迷信而被批判,但宗族的文化观念和深层结构并未被摧毁。(曹锦清、张乐天、陈中亚,2001;王朔柏、陈意新,2004)在一波接一波的极左运动之下,宗族观念并没有从农民的日常生活中消失,零星的宗族活动仍然存在于一些农村,宗族作为一种"组织文化"仍然构成农村社会的基础。(肖唐镖,1997)

最具代表性的研究是王朔柏和陈意新两位学者(2004)对新中国成立后安徽三个村庄宗族活动的分析。他们的研究发现新中国成立后,当国家政权史无前例地介入农村事务时,三个村庄的宗族不仅没有瓦解反而有增强的趋势;而改革开放以后,随着人民公社解体,国家权力开始在农村弱化,其宗族反而趋向瓦解。他们将这一现象归因于:家庭联产承包责任制的推行,使农民得以确立自主的个体性地位,这削弱了公社化期间以村落或生产队集体为基础的宗族凝聚力;基层社会治安和司法服务机构在农村基层扩张;农村的政治改革如推行村民自治和村委会选举改变着农民的宗族观念;青年农民外出打工彻底摧毁了宗族复兴的可能性;改革开放使农民拥有的现代公民权利,决定性地切断了宗族的血缘和地域纽带。

中国农村的抗议行动近年来有越演越烈之势,随着工业化的快速发展和大规模城市化建设的推进,农村抗议在经历20世纪90年代中后期日益严重的税费抗争之后,转向了征地拆迁、环境保护等领域。(李连江、欧博文,1997;于建嵘,2004;应星,2007;吴毅,2007;陈涛,2016)学术界广泛借用李连江和欧博文(1997)提出的"依法抗争"概念分析农民的抗争策略,认为农民能够熟练运用官方法律和政策,在中央政府认可的合法界限内,表达抗争诉求、反对不遵守法律的政治和经济精英。但是正如裴宜理(2011)所指出的,用诸如权利意识和公民权这些西方的概念来定义发生在当代中国的抗议活动,很有可能导致对中国社会走向抱有不切实际的判断,煽动性的权利意识并不能理解当下中国所有的抗议活动。

一些学者已经关注到底层动员中的本土化元素和伦理因素,如应星(2007)对中国传统"气"这一概念的研究把抗争政治带回到伦理和文化中来。但是正如田先红(2014)所指出的,尽管"气"在众多农民抗争行动中有所呈现,主导抗争事件过程及其发展方向的因素,往往并非"气"这一捉摸不定的衍生物,而是更深层次的结构性变量,田先红将这种结构性变量直指家族政治。中国乡村社会虽经数十年国家权力的高度介入,但农民抗争中所表现出来的诸如气、伦理、家庭、面子、人情以及宗族、祭祀和祖业权等宗族观念与规范仍然发挥着很关键的作用。

江西的宗族文化是社会学、人类学、政治学等学科的研究热点,本文以江西省中部高平市的下塘村为观察点,聚焦农民反开发过程中的宗族动员问题。本文借助祖业权这一概念,分析宗族文化在农民保卫象征性土地和山林权过程中所扮演的角色。本文试图回答以下两个方面的问题:其一,作为一个有着南方农村典型宗族特征的村庄,下塘村是如何策略性地使用祖业权这一表达成功地阻止了地方政府和开发商的开发行为,捍卫了自己的祖坟和青岭山的名义所有权的。其二,开发事件前后,宗族力量到底在下塘村公共生活中扮演着什么角色,为什么在逼停了政府开发后下塘村的公共事务仍然处在亚瘫痪状态下,村民发起的抗争很快转入沉寂?在此基础上,我们试图来思考,下塘村的反开发行动是否意味着宗族文化复兴?并以此回应学术界关于当下宗族复兴和宗族衰退的两种对抗性观点。

二、楔子:开发商的脚步越来越近了

下塘村位于赣中地区青岭山脚,村民聚族而居,属马岗行政村管辖。下塘村全部为黄姓①,现有人口 800 多人近 200 个家庭,是赣中地区的一个大姓村庄。20 世纪 50 年代,由于青岭水库兴建,原来住在库区的陈村和况村的村民搬到山外居住,但继续耕种库区周边土地。2003 年,青岭镇开发库区房地产,库区陈况两村 230 亩土地被征用,但是土地拍卖后一直没有开发。② 2014 年底,高平市把这块土地收回并重新拍卖,该市最大的民营企业润华公司出资五千多万元接盘开发旅游地产。润华公司要求当地村民迁走青岭山六百多座坟墓,每座坟墓补贴 600 元,限期为 2015 年 5 月 1 日之前。镇政府公告从 2015 年农历年起禁止新坟进山,并征用库区外况村土地来安置这些坟墓。③ 为了向村民表达诚意,润华公司开始动工扩宽从镇政府通往青岭山的公路,下塘村九位年轻人承包了路基平整工程。

历史上,下塘村自我定义为整个青岭地区的霸主,解放前经历了与相邻吴村的多次大规模械斗后,下塘村拥有了对数万亩青岭山的控制权,而人口规模与下塘村相近的吴村只是在青岭山得到一块不足两亩的墓葬地。下塘村以名扬高平市的习武传统以及与吴村的抗争故事一代一代地强化着村民的宗族认同。1949 年以后,国家力量开始大规模介入

---

① 下塘村有个别从外村入赘或过继来的家庭,但均随黄姓。青岭山周边包括下塘村共有五个黄姓村庄,他们有共同的祖先。族谱记载五个黄姓兄弟北宋时期从江西临川迁来,繁衍为五个自然村,其中下塘村人口最多。其他黄姓村庄没有参与这次反开发事件。
② 2003 年库区土地被征用时,况村、陈村和下塘村人均没有表达不满,其原因在于当时农业税费太高,土地对于农民来说是一项沉重的负担,种田是一项赔本的经营,有能力的家庭都把户口迁出农村以逃避沉重的税费。而且当年政府没有要求迁坟,还修好了一条简易水泥路方便村民进山。
③ 下塘村的大多数祖坟以家族为单位散落于青岭山各个山头,只有几个小家族祖坟是在相邻的湾岭山,周边几个小村庄如陈村、况村、上前村的坟墓也都分布在青岭山。

乡村生活，特别是水库建成以后，灌溉权由人民公社统一分配，下塘村一度失去了水库的优先灌溉权。20世纪80年代，人民公社体制解体后，新成立的国营青岭林场接管整个林区，下塘村逐渐夺回了青岭山的优先灌溉权和优先伐薪权。

自2015年春节以来，关于迁坟的各种消息持续充斥于下塘村的各个角落，下塘村在很短的时间内形成了三股相对清晰的反迁力量。第一股力量来自居住于下塘村的农民，我们称之为乡民派，以毛辉、凯胜、军生、勤生等村民为首，他们分别代表着下塘村几个大家族。乡民派聚集的主要公共空间是村小学附近的小卖部，每天都有很多村民在这里打牌聊天，各种信息也经由小卖部传播开来，这种信息传播也是村民寻求认知解放的过程。第二股力量来自下塘村的退职干部，我们称之为退职派，以大合、美平、诗开、万华、思琴等为代表，他们都曾担任过行政村或自然村干部，退职派主要居住在青岭镇上。① 大合自20世纪80年代末担任马岗行政村支部书记，任职长达16年。美平在2003年短暂担任过一年的村支部书记。诗开20世纪60年代任马岗村革委会主任，万华曾任马岗村委会副主任，思琴曾任下塘村村长。退职派熟悉党和政府的农村政策，处事圆滑世故，经济能力比较强，与镇政府保持较为密切的联系。其中大合在反迁坟抗争前期扮演了重要角色。第三股力量来自下塘村的退休人士，我们称之为退休派，以理平、爱民、云水、细调、诗杨等为代表，他们主要居住在高平市或省城南昌市，有很强的家乡观念，认同落叶归根②，也拥有一定的社会资源。理平是工程师，爱民做过法官，诗杨曾任青岭林场场长，云水从国有煤矿退休。主迁派主要包括村支书仁志以及部分希望参与开发工程的村民，仁志作为书记必须支持政府开发工程，部分村民希望参与开发从中获利，其中包括下塘村的多位年轻混

---

① 随着城镇化的发展，两百来户人口的下塘村已经有30户在三里外的青岭镇买房盖楼，青岭镇逐渐成为下塘村人的第二聚居地。
② 尽管按政策公职人员必须实行火葬，但是下塘村走出去的公职人员去世后都会葬回青岭或湾岭山，即便是火化骨灰也要送回山上安葬。

混。他们对外声称的理由是开发可以拓宽进山公路方便村民出入,以此带动下塘村发展旅游产业。①

三、进葬与禁葬:争夺地带

下塘村一直在等待迁坟事件进一步升级,3月初,云水邀请了下塘村乡民派、退职派、退休派和一些经济能人在高平市聚会,正式商讨应对策略,这种聚会随后又在青岭镇和下塘村的祠堂多次召开。② 3月20日,爱民九十岁的母亲去世,当天镇村及派出所干部组成的工作组便进入下塘村,动员爱民支持政府工作,不得进山安葬其母亲。爱民的父亲诗宝2003年去世,是高平市的著名武师,退休前任高平武术馆馆长,在下塘村及周边有众多徒弟。由下塘村三派力量组成的丧葬小组,就爱民母亲丧葬事宜与镇村工作组开展对话,因为爱民退休前担任市法院党组书记,工作组通过组织关系向其施加压力,爱民最后托病将丧事交由态度坚决的妹妹们主理。当天工作组与村民发生了激烈的争吵,退职派以无法保证人身安全为由劝告工作组在天黑前离开了下塘村。因担心政府出动警察阻止进葬,爱民母亲出殡当天,大量村民带着自卫工具前往送葬。爱民母亲的成功进葬既鼓舞了下塘村人,也让镇政府和润华公司开始意识到问题的复杂性。

清明节前,一批从外地寄回来的宣传单和海报贴满了下塘村、青岭镇和青岭山。这些宣传单和海报包含以下内容:青岭山是祖先用生命打下来的;先人入土为安,挖祖坟是对先人最大的不敬,会给下塘村带来灾

---

① 事实上,乡民派、退职派和退休派甚至主迁派均没有一个非常明晰的界线,因为具体到每个人都属于下塘村的每个家族,某个家族内也并不是铁板一块,其内部可能是分裂的。例如爱民是坚决的反迁派,但他的堂弟是村委会干部却坚持要开发;仁志作为村书记必须支持开发,但他的堂叔思琴却反对开发。本文对下塘的三个派别的划分是为了表述方便。某个派别成员也不是固定不变的,不断有人改变立场。
② 下塘村有两个祠堂,并列于村庄东边。人民公社时期成为生产队的生产场所,2004年村民集资进行了修缮。

难;今天失去了青岭山,明天也会失去湾岭山,所有家族祖坟都逃不过的;开发商来了,村民以后进山砍柴放牛洗澡也将被禁止;开发商和政府勾结,不尊重下塘村人;反对出卖下塘村利益的人。①

下塘村的行动者成功将政府的开发项目定位在"侵犯下塘村祖业权"上,从而有效地整合了三派力量。公共空间的讨论与争吵不仅压制了主迁派的声音,也建构了下塘村对祖业权的持续认同。借助于传统的宣传方式如宣传单和海报,反迁派表达了自己的诉求。"给下塘村父老乡亲一封信"清晰定位祖业权这一特定框架既整合了涉迁家族的诉求,也调动起祖坟在湾岭山的家族以及历史上为下塘村做出重大贡献家族的抗争信念。

与此同时,下塘村集资修好了通往各个墓区的简易山路,这一行为在当时仅被镇村干部视为村民将来索要补偿的小把戏。行动者在村内发起广泛的舆论战,主迁派成员多次在村口遭到谩骂。辈份最高的两位老人被请到小卖部,讲述下塘村当年为争夺山权与吴村械斗的光荣历史。1923年械斗牺牲的七烈士坟墓也在清明节前被修葺一新。记载下塘村械斗历史的六块石碑破四旧时被村民偷藏起来,现在重新竖立于祠堂中。由此,下塘村人被重构为一个具有悠久反抗传统和团结意识的族群。这些历史故事和历史记忆形塑了下塘人的族群正义,保卫祖业权是族群正义的核心,族群正义既是一种道德压力,更是一种家族赋予的伦理责任。

退职派和退休派一方面积极打探政府内部信息,寻求与政府沟通的渠道;另一方面,多次在祠堂召集村民大会,商议策略并进行动员。他们游说周边陈村、况村和上前村等小村一起加入反迁行动,动员在外地工作的下塘村人清明节回家祭祖;起草书面材料,向市政府施加压力;鼓动

---

① 宣传单以"给下塘村父老乡亲一封信"的形式从九个方面陈述了为什么要反对迁坟和反对开发,与海报一起匿名从外地寄回到镇上的退职派家中,然后由乡民派送到各家各户,下塘村一直没有人公开承认主谋此事。

村民前往高平市上访,提出反迁坟的诉求。在具体策略上,他们提出要先把马岗行政村现任书记仁志扳倒,尽管仁志也是下塘村人①,但他一直奉政府命令主张迁坟,在下塘村制造分裂。2015年5月,因推动迁坟工作不力及霸占下塘村留守妇女的丑闻被揭发,仁志被镇政府免除支部书记一职。同期,镇政府召集下塘村党员和干部开会,承诺在没有得到下塘村同意前不再启动开发工作,已被挖开的公路拓宽工程则被无限期停工。

四、议题转换:从求补偿到反腐败和保生态

自五月政府宣布暂停开发后,表面上平静的下塘村背后正经历新一轮的较量。下塘村是马岗行政村所属最大的自然村,马岗行政村历任书记都由下塘村人担任。仁志下台后下塘村先后有八位年轻人公开声称要竞争书记②,对支部书记的争夺导致村民分化。镇政府下派了一位副镇长临时代理马岗村书记一职。书记职位和公路重修工程是镇政府与下塘村人进行博弈的两个重要筹码,精英们追逐书记职位;群众希望政府尽快修好公路,已经有多位村民因道路坑洼而摔伤;政府坚持认为是下塘村反对开发导致公路烂尾;由下塘村九位年轻人承包的路基平整工程还没有收到工程款。

退职派美平主动向镇政府建议通过征集村民签名的方式可以推进开发工作。美平的儿子文成既是书记职位的有力竞争者,也是路基工程的股东之一。例如,许诺反迁派忠生以全家低保待遇;在镇中学教书的新农因为没有做好其反迁派伯父的游说工作而被镇政府扣除了津补贴;

---

① 仁志被免书记后带领他的家族成员也加入了反迁阵营,他妻子对外宣称他们花了三十多万才谋到书记职位,镇政府为仁志安排的水管站副站长是一份闲职,其收入非常有限。
② 一些农村地区的基层治理已经呈现亚瘫痪状态,是否为党员已经不是做支部书记的必备条件。先上车再买票,镇政府可以先任命其信任的村民为负责人,然后再发展其为党员,转正后正式任命为书记。下塘村竞争书记的村民都不是党员。

反迁派主力勤生、毛辉和理平等人都接到电话威胁。在镇上行医的反迁派思琴被政府威胁要取消他的定点医保合作。2015年8月初，大合迫于在市政府工作的亲属压力签名同意开发。大合签名的第二天也是赶集日，青岭镇上贴满传单痛骂大合是下塘村的叛徒和最大的腐败村官①。由此，签名活动在两个月内就取得了重要进展，下塘村大多数家庭迫于各种压力，最后都签名同意开发。

随着美平、大合和思琴等退职派的退出，反迁派重新聚集，并将新一轮的抗争主题集中于土地补偿问题。村民要求润华公司补偿库区属于下塘村管辖的土地款。市政府拍卖给润华公司的库区开发土地共270亩，根据马岗村土地确权，属于陈村和况村的土地实有230亩，超出的40亩在水库建成之前一直是由下塘村耕种，水库建成后，作为对陈况两村的补偿，下塘村放弃了对这40亩土地的耕种；数十年来政府一直没有对这40亩土地征收税费。而按照润华公司每亩近20万元的拍卖价格，这些土地约值800万元。

村民的诉求很快就得到了回应，润华公司承诺向下塘村支付八百万补偿款，并尽快启动修路工程，同时，出资在水库对面开辟新的进山通道，以避开开发项目。地方政府还承诺在两年内配套60万元，对下塘村进行新农村建设改造，并承诺只是迁走靠近开发项目五十米内的坟墓，其他坟墓不迁，但是新坟不得进山。政府的回应在下塘村制造了更大范围的分裂，很快，村内就发展出一个以海清为首的新主迁派团体，这个团体有十人左右，多次在祠堂聚会，讨论如何分配800万以及重建下塘村公共设施等等。2015年9月，退职派的万华被任命为书记，万华曾经担任过村委会副主任，因与大合结怨，早年退出村两委班子。

政府和润华公司的快速让步，让反迁派一度感到束手无策，反迁派

---

① 有传言说大合同意开发是镇政府对他小儿子许以书记之职，笔者访问大合时，他从三个方面进行了驳斥，一是自己担任书记16年没有发展儿子入党，二是三个儿子生意都做得很成功，三是因为反迁坟派一直与政府对抗，没有给自己留有任何余地。

认为必须动员更多的村民参加。首先,新的动员被扩展到周围几个小村,陈况两村的坟墓都位于库区低地,属于必迁范围;其次,动员况村阻止政府征地要求,这块土地规划为下塘村的新墓地,现在况村向政府索要巨额征地款;再次,动员村内三个祖坟属于低地的必迁家族抱团反对迁坟,三个家族策略性地要求800万土地补偿款只能归他们家族所有。

与此同时,反迁派发动新一轮上访,上访诉求被定义为反腐败和保卫生态两个方面。具体诉求包括:问责仁志三十万买官事件;追究润华公司损坏公路并造成多起交通事故责任;要求对开发项目进行环境评估,库区地产开发将污染青岭山水库,下游数万群众饮用水安全将受到威胁,这容易引发恶性公共卫生事件。

由勤生、毛辉、诗开、贵云、玉元、开志等二十多位乡民派成员组成上访团在退休派的组织下有策略地逐级上访,他们多次到省城南昌递交上访材料。2016年3月,高平市政府正式宣布停止开发项目,万华在镇政府协助其成功办理城镇职工养老保险补缴手续后主动辞职,新的书记由其提拔的副手也是养殖大户苹果接任。地方政府退回润华公司土地拍卖款,已造成的润华公司损失则由青岭镇赔付,公路改造工程继续烂尾。

五、讨论:抗争行动中的祖业权和宗族政治

1.作为一种社会关系的祖业权

历史上,中国农村的宗族在社会流动、精英权力与资源控制以及乡村教化方面扮演了非常重要的角色,是乡村社会生产和生活的基本单位。科大卫(1999)发现明代珠江三角洲的宗族成了一个控产机构,祖先成了控产的法人,祖业权从原本作为农民信仰的民间观念成为一个作为控产合法性的法律观念。但是郑振满(2009:15)认为宗族可能分享共同资产的所有权,但同为或者声称为共同祖先的宗族成员不一定要承担共同的责任。郑振满将宗族组织细分为继承式宗族、依附式宗族和合同式

宗族三种形态,从建基于亲属关系产生的继承,到建基在组织内部的权力与从属关系,及至建基于共同利益产生的联结,三种不同性质的家族是线性演进的,宗族的实用主义功能也不断扩大。因此,祖业权与宗族观念作为一种根深蒂固的地方性知识深深嵌入中国南方的村落共同体,它引发的国家与社会、法律与习俗、传统与现代的紧张关系不断地呈现为各种形式的冲突,也在一定程度上消解着国家政策的合法性。

越来越多的学者强调产权的嵌入性,将它置于政治、文化和社会视野下观察,强调产权的重点不是人和物的关系,而是在物的问题上处理人与人之间的关系。(Nugent, 1993)陈峰(2014)认为,土地方面的法律和政策如果不能转化成为村民的共识性观念,在实践中便会遭遇重重障碍而变得名不副实。农民通常并不看重既有土地制度所具有的法律内在效力,而更在乎广大社会成员是否承认与履行地方性共识的现实。因此,作为一种带产权性质的物品,祖业权的诠释完全依赖于乡村社会的惯习。尽管新中国成立以来,国家对土地的产权性质进行了革命化的改造,但是中国农民对于自己土地的祖业认知以及基于此所进行的社区行动均深深地影响了地方政府的政策和法律实践。尽管祖业不存在法律上的产权性质,但农民赋予了祖业权更多的共同体想象,因而围绕祖业冲突产生的祖业权的各种地方性表达均必须回到乡村传统和历史情境来思考。

下塘村祠堂中整齐陈列着记载两次与吴村争夺山权的石碑,这些石碑记载着当年整个械斗过程和地方乡绅的调解情况。破四旧运动时下塘村人只能把这些记载村庄历史的石碑偷藏在猪圈中,直到20世纪90年代才陆续找出来。随着人民公社建立、水库修建以及后来青岭林场的成立,国家正式接管了整个林区,由青岭林场派出的护林员负责监督周边村民的乱砍乱伐。

在社会学和人类学看来,产权是一项复合性权利,包括经济产权、社会产权、政治产权和象征性产权等等。(张小军,2007)20世纪80年代以来,下塘村只能通过恢复传统记忆来夺回对青岭山的象征性控制。村民对祖业权的表述和伸张,甚至得到周边(包括吴村在内)村庄事实上的默认;护林员对下塘村民进山砍伐,也采取"睁一只眼、闭一只眼"的态度;由公社—乡—镇水管站统一调配的灌溉权,也只有下塘村能够优先享受。祖业作为一种社区记忆产权,不是经济学所言的市场合约产权,而是一种高度浓缩的社会性合约产权。(折晓叶、陈婴婴,2005)当国家力量与村落共同体争夺祖业权时,双方各自关于祖业的表述便成为斗争的焦点;村民通过重述历史来寻找抗争的正当性,政府则使用法律或行政文件来寻找争权的合法性[①]。

2.宗族政治中的祖业权

围绕下塘村发生的反开发事件,无论是下塘村朴素的农民,还是退休或退职派精英,他们自始至终把对青岭山祖坟的保护当作对祖业权的捍卫,并把它与1923年、1949年下塘村与吴村进行的宗族械斗相提并论。对祖坟的保卫不仅仅深深地嵌入到数百年的记忆中,它还与乡村宗族的延续、伦理的伸张以及血缘纽带紧密联系,成为下塘村族群正义的重要部分。

迁坟和禁葬意味着丢弃祖业。宗族与祖业的联系被不断强化,下塘村祠堂大门口贴满了类似"守住青山""守住祖业"的反迁坟和反开发标语。与吴村发生的历次械斗故事成为下塘村男女老少津津乐道的话题,其间经过上百年的演义,许多故事逐渐被神秘化和神话化。这些故事又与下塘村的习武传统相结合,使得抗争英雄的形象在整个青岭山地区得到进一步升华,也增强了下塘村英雄家族的自豪感,激励其他村民投入抗争。

[①] 即便在今天,下塘村人在村内进行房产交易时仍然遵守传统习惯,由族人主持订立契约,并煮面分给各家各户,只有经历这两道程序交易才能被承认。

"我们的祖宗躺在山上很自在,为什么要去动他们呢,他们在保佑我们的子子孙孙。"(2015年7月对反迁派勤生的访谈)

"我的太公是七烈士之一,就是与吴村打架时死掉的,当时我爷爷只有几岁,现在轮到我们这一代人来保卫它们,下塘村人的祖业不能在我们手上丢掉。"(2015年10月对反迁派基祥的访谈)

"我死后也要到山上去的,我的老伴葬在那里,将来我也要去那里跟他做伴。"(2015年10月对反迁派美玉的访谈)

祖业权神圣不可玷污。青岭镇委书记在一个内部会议上声称下塘村在20世纪80年代青岭林场成立时已经失去了这份祖业,而且青岭山风水不好,下塘村一直没有出过大官。这些消息通过非正式的渠道传递到下塘村,村民认为这是对下塘村祖先的侮辱。这种侮辱与干部平时粗暴的工作作风以及腐败等联系在一起,不断强化下塘村人对政府和干部的仇恨。随着人民公社的解体、基层治理改革以及市场经济的发展,国家对农村的控制不断弱化,下塘村人终于可以发声表达不满。退休派查找高平市档案馆内当年青岭林场组建时的政府文件,走访当年参与决策的当事人,以证明当年青岭山收归国有林场没有征得下塘村的同意,也没有征求地方干部的同意,更没有对下塘村进行任何补偿。

"祖业不能丢,丢了就是历史罪人","祖坟不可动,动了就会带来灾难。"(2015年10月对反迁派毛辉的访谈)

由祖业权延伸到对整个宗族权利的捍卫,矛盾在下塘村反迁坟活动中不断激化,而历史抗争故事强化了英雄情结。毛辉和黄立等人只是普通农民,没有任何资源,但是他们用以死相拼的勇气带领村民发起一轮又一轮的上访。这些表述发酵为抗争剧码,建构出一个框架联盟。因此,下塘村的反迁行为也挑战了农民因利益受损而抗争的解释,祖业权作为一个主导框架突破了理性选择、资源动员等理论的解释限制。

　　祖业权的保护与宗族政治紧密相联，陈况等小村对库区土地的耕种权，以及吴村在青岭山仅仅拥有小块进葬土地，都是因为下塘村强势的宗族力量。原属下塘村的库区40亩土地自20世纪50年代以来一直由陈况两村耕种，但当润华公司愿意出资800万对下塘村进行补偿时，陈况两村并没有表达不满和异议。这一方面是因为下塘村宗族力量强大，另一方面，陈况两村也承认这块土地是下塘村的祖业。可见，祖业权的认知作为地方性共识通过自我规范消解了下塘村与陈况两村可能的土地纠纷。

　　下塘村反迁行动借助于家族和宗族复兴力量，不仅呈现了祖业权所隐含的文化意蕴，也凝聚了下塘村的族群团结。对乡村祖业权的争夺，表面上是经济资源的争夺，其实也是族群文化权的争夺。以润华公司为代表的资本力量和以青岭镇政府为代表的国家力量，都是高度组织化的机构，下塘村借助祖业权的建构和整合，将宗族因素嵌入到反开发行动中，克服了个体农民的原子化不足，宗族、祖业、舞龙、舞狮、祠堂这些文化符号建构出一个利益一体化的反迁主体，进一步赋予反迁派抵抗资源和抵抗能力。

　　青岭山的祖坟基本上以家族为单位散落在各个山头。近年来，随着经济的发展、群众生活水平的提高和交通条件的改善，祖先祭拜也越来越浓烈。每年清明节，大部分下塘村人都会从各地赶回家乡凭吊祖先；每年正月初一，下塘村男丁都会到祠堂祭拜祖先；这些仪式的复兴宣示了村落共同体传统文化的再生。作为宗族政治的重要载体，祖坟和祠堂所扮演的角色最为重要，村落共同体的伦理本位通过祖坟和祠堂的祭拜得以传习。

　　在下塘村抗争中，祖业权作为一种重要的文化符号，通过代代扩展的村民教化传习成为对抗地方政府的强大武器。无论是第一阶段的反迁坟，还是第二阶段的求补偿，抑或是第三阶段的反腐败和求环保，村民能够挺身而出的正义均来自对青岭祖业权的守护。但是在具体的反开发过程中,宗族力量贯穿于反迁派与主迁派和地方政府开展的博弈中。由于宗族政治在地方具有复杂的历史和现实情境,因此反开发的任何行动都必须小心翼翼地进行平衡和考量,理解农民的集体行动,有必要延伸到由宗族所引出的地方社会结构和地方性知识上。下塘村的宗族和房支仍然是规范和引领村民社会生活的重要因素,红白喜事和邻里互动基本都以房支分割。仁志任行政村书记兼任村委会主任,但是村民自治选举一直没有在马岗村甚至整个高平市真正实施过①。仁志作为政府代表,必须支持迁坟,而在整个反迁行动中,他的家族也都必须谨小慎微,他的叔叔因为在小卖部门口宣传迁坟被人殴打,他祖父和父亲的坟墓则在清明节当天被人贴了标语。反迁行动也必须小心地维持家族之间的平衡,反迁派一方面鼓动村民以各种形式对付镇政府组织的签名开发活动,另一方面又要维护已参与签名的家族长老的面子。反迁派既希望有人出来对大合签名行为进行揭发和打击,但同时也不希望下塘村出现更大范围的分裂。

习武传统是影响下塘村宗族政治的另一个因素。武力通常是资源紧张的农业社会解决争端最直接和最有效的方式,下塘村三个有名的武师分别来自不同的家族,每个武师又有许多徒弟,徒弟又有徒弟,再与家族结合起来形成一个庞大的关系网络。三个武师形成一种制衡机制,没有一家能够独大。习武也是村民寻求保护的方式,这种工具化的习武传统一直维持到打工经济的兴起,年轻人外出打工,村内资源竞争弱化。万华上任书记后,提出新辟一条进山通路以避开开发项目,他利用父亲的武师身份和影响,动员多个师门家族支持这一方案,这一建议也得到政府和开发商的认可。

地方政府逐渐学会利用宗族资源,在爱民母亲的葬礼上,地方政府

---

① 基层选举在高平农村被村干部戏称为"提袋子",每三年一次的选举仅仅是干部提个袋子到各家各户去收集选票,村委会主任均由书记兼任。

认识到拦棺禁葬是对宗族的最大不敬,所以最终没有派出警察进行干涉。在反开发的第二个阶段,润华公司迅速同意对下塘村祖业土地补偿八百万元,尽管从法律关系来看,地方政府认为这是下塘村对润华公司赤裸裸的勒索,但是地方政府还是容忍了这种勒索。仁志因为霸占留守妇女,激起村民义愤,地方政府快速地罢免了其村支书记职务。为了压制下塘村的宗族认同,地方政府以安全名义禁止下塘村在 2016 年春节期间舞龙,整个青岭镇现在只有下塘村舞龙,每年还要到青岭镇进行巡游。舞龙是彰显实力的方式,在青岭地区,小村都以能够邀请到下塘村的龙狮进村作为一种荣耀。

六、结论

在政府宣布放弃开发后,下塘村的集体抗争很快就走向沉寂,曾经激起下塘村人愤恨的干部腐败问题再也没有人发起声讨了。出于对下塘村的报复,润华公司以及镇政府不再修整进村公路,这条原来四米宽的公路现在已经被挖得千疮百孔。青岭水库库区新建了一家养狗场和两家养鸡场,它们向水库直接排放污水、丢弃死禽,村民有怨言但再也没有人发起公开的抗议。青岭山的开发涉及祖坟搬迁损害了下塘人的象征性祖业权,所以下塘村人发起坚定的抗争;公路重建、贪官腐败以及霸占集体土地和污染环境这些行为因为没有涉及祖业权,而且与地方政府和乡村干部存在着深不可测的利益纠葛,反迁派很难在村内发起广泛的动员。

回到前文关于宗族文化复兴/衰退的讨论中来,要理解宗族在乡村政治中的作用,不能仅仅局限于把宗族理解为血缘和亲属制度,而要进一步认识到宗族还是一种"用礼与法的语言来表达的秩序和规范"(科大卫、刘志伟,2000)。下塘村反开发中的族群角色也挑战了学者郑振满关于合同式宗族性质的判断,郑振满(2009)认为随着利益分化,传统农村的宗族关系将由亲属血缘联结转向利益联结,反迁派在三个阶段分别提出了不同的诉求并不断地寻找策略来对抗政府的迁坟目标,祖业权一直是反迁派的主导性框架。这是一种线性的发展过程。尽管在反开发中宗族和家族博弈非常激烈,各种利益纠葛复杂,但是通过对祖业权的框定和强化,宗族政治以保护祖坟为诉求发挥了重要作用,这也是宗族政治在实现农民的防卫性策略中的经典表现。(裴宜理,2007:60)

从形式上来看,下塘村与江西其他农村一样在改革开放以后复兴了宗族文化,他们在改革开放后重修了祠堂和族谱,并用反迁行动拒绝了市场和国家双重力量对祖业权的侵犯。但是下塘村的宗族行动并不能够代表宗族文化就在乡村社会真正复苏了,宗族力量并没成为乡村规则的制订者和乡村资源的控制者。或者说"宗族的重建是具有某种现实性需求的,而这种重建中的宗族,并没有回复到历史上曾经长期存在过的族长—族祠—族谱三者高度统一的族权形态"。(张友庭,2006)要判断宗族文化在当代乡村治理和农民生活中所承担的功能,必须充分意识到宗族文化赖以存在的制度和社会环境。

首先,中国农村和农民的生存、发展环境已经发生了翻天覆地的变化,以往关于宗族文化赖以存在的稻作生产、小农生产和灌溉系统竞争的解释,已经不能用来判断当下的农村和农业生产了。随着市场经济的发展,农业生产和农产品出售已经不是农民谋生的主要方式,个体农业无法换来足够支撑全家生活的现金收入,进城打工或经商成为农民的主要生存和发展手段。技术进步和市场扩张充分解放了农村劳动力,小块耕种已经变成一种轻松的劳作①。

其次,市场的兴起制造了经济新贵。大批农民走出家乡来到沿海和城市打工经商,他们改变了下塘村传统的财富格局,也在逐渐改变下塘村的权力格局。而且市场兴起带来的契约主义和合作主义开始战胜宗

---

① 2011年由中央政府出资进行的园田化改造有效提升了灌溉系统效率,下塘村农民再也不用花精力来竞争灌溉水资源了。

族的排他主义和狭隘的利益观,年轻人有自己的世界观和利益观,他们的行事方式开始挑战下塘村的宗族传统[1]。宗族内部也不是铁板一块。反迁行动本身分为多个派别,尽管都是凝集在保卫家园和保卫祖业的诉求之下,但宗族内部本身也是在不断分化的。

最后,国家一直通过行政力量来改造乡村,其速度和取得的成效远远超越了数千年的农村自治时代。尽管有许多研究表明,传统社会的宗族文化有利于农村的公共治理,但是近年来国家大力倡导工业反哺农业、城市反哺农村、取消农业税、全面覆盖新医保、村村通水泥路、新农村建设、农业种植补贴、乡村美化绿化、免费义务教育等等这些"国家政权建设"政策大大地提升了农民的生活水平,也提升了农民对国家(中央政府或上级政府而不是当地政府)的信任。国家权力通过各种渠道渗入到农村和农民生活,同时有效地消解了宗族影响力。

参考文献

曹锦清、张乐天、陈中亚(2001):《当代浙北乡村的社会文化变迁》,上海:上海远东出版社。

陈峰(2014):《从祖业观到物权观:土地观念的演变与冲突》,《中国农村观察》第 6 期,第 25—36 页。

陈涛、谢家彪(2016):《混合型抗争——当前农民环境抗争的一个解释框架》,《社会学研究》第 3 期,第 25—46 页。

戴五宏、张先清(2014):《当代中国宗族复兴研究:回顾与反思》,《晋阳学刊》第 2 期,第 9—14 页。

冯尔康(1994):《中国宗族社会》,杭州:浙江人民出版社。

贺雪峰(2003):《新乡土中国》,桂林:广西师范大学出版社。

---

[1] 例如,下塘村与吴村有世仇,尽管相隔只有一里地远,两村长期不通婚,上百年来两村几乎没有往来。但现在两村开始突破通婚限制,年轻人在外地打工谈恋爱结婚,下塘村人只能在背后议论而已。

科大卫(1999):《国家与礼仪:宋至清中叶珠江三角洲地方社会的国家认同》,《中山大学学报》第 5 期,第 65—72 页。

科大卫、刘志伟(2000):《宗族与地方社会的国家认同:明清华南地区宗族发展的意识形态基础》,《历史研究》第 3 期,第 3—14 页。

李连江、欧博文(1997):《当代中国农民的依法抗争》,载吴国光主编《九七效应》,第 142 页,香港:太平洋世纪研究所。

麻国庆(2000):《宗族的复兴与人群结合——以闽北樟湖镇的田野调查为中心》,《社会学研究》第 6 期,第 76—84 页。

毛泽东(1966):《湖南农民运动考察报告》,载《毛泽东选集》第 1 卷,第 12—44 页,北京:人民出版社。

裴宜理(2007):《华北的叛乱者与革命者 1845—1945》,池子华、刘平译,北京:商务印书馆。

裴宜理(2011):《中国公众抗议:遵守游戏规则》,《中国社会科学内部文稿》第 4 期,第 164—178 页。

唐军(1996):《当代中国农村家族复兴的背景》,《社会学研究》第 2 期,第 24—28 页。

田先红、杨华(2014):《家族政治与农民集体行动的逻辑》,《中国社会科学内部文稿》第 1 期,第 158—174 页。

王沪宁(1991):《当代中国村落家族文化:对中国社会现代化的一项探索》,上海:上海人民出版社。

王铭铭(1997):《村落视野中的文化与权力——闽强三村五论》,北京:生活·读书·新知三联书店。

王朔柏、陈意新(2004):《从血缘群到公民化:共和国时代安徽农村宗族变迁研究》,《中国社会科学》第 1 期,第 180—193 页。

吴毅(2007):《"权力—利益的结构之网"与农民群体性利益的表达困境》,《社会学研究》第 5 期,第 21—45 页。

肖唐镖(1997):《农村宗族重建的普遍性分析》,《中国农村观察》第 5 期,第 15—18 页。

肖唐镖(2010):《宗族政治——村治权力网络的分析》,北京:商务印书馆。

徐扬杰(1999):《家族制度与前期封建社会》,武汉:湖北人民出版社。

应星(2007):《"气"与中国乡村集体行动的再生产》,《开放时代》第2期,第106—120页。

于建嵘(2004):《当前农民维权活动的一个解释框架》,《社会学研究》第2期,第49—55页。

张小军(2007):《复合产权:一个实质论和资本体系的视角——山西介休洪山泉的历史水权个案研究》,《社会学研究》第4期,第23—50页。

张友庭(2006):《寮村的"张公信仰"及其祭祀圈的扩大——当前中国东南宗族重建过程中村落文化整合的个案研究》,《社会》第4期,第85—107页。

折晓叶、陈婴婴(2005):《产权怎样界定——一份集体产权私化的文本》,《社会学研究》第4期,第1—43页。

郑振满(2009):《明清福建家族组织与社会变迁》,北京:中国人民大学出版社。

庄孔韶(2000):《银翅——中国的地方社会与文化变迁》,北京:生活·读书·新知三联书店。

Nugent, David. (1993). "Property Relations, Production Relations, and Inequality: Anthropology, Political Economy, and Blackfeet," *American Ethnologist*, 20, 2: 336−362.

Watson, James. (1982). "Chinese Kinship Reconsidered: Anthropological Perspectives On Historical Research," *The China Quarterly*, 92, December: 589−622.

中国农村新"三代家庭"研究[①]

杨华(武汉大学社会学系)
王会(上海社会科学院社会学研究所)

内容摘要：伴随着农村人口流动和农民城市化，婚后的"八零后""九零后"农民与父代组成了类似三代直系家庭但却有实质差别的新"三代家庭"。在该类家庭中，父代与子代、子代家庭之间的会计单位是相互独立的，但是子代与父代在形式上又没有明确分家，这就使得父代被分别纳入到子代家庭，成为子代家庭的成员，从而分别与子代家庭构成三代直系家庭。新"三代家庭"结构有利于子代对父代资源和劳动力的充分调配，以应对村庄竞争、人口流动和城市化所带来的问题和压力，推动农民家庭发展。新"三代家庭"过于强调家庭关系的工具理性，从而使得农村中年人的劳动力被过度使用和剥削。没有劳动能力的老年人不被纳入进新"三代家庭"，他们的生存空间被挤压。新"三代家庭"的出现有力地驳斥了中国工业化后农民家庭将彻底核心化的论断，说明农村家庭形态的构成有其独特的文化基础。

关键词：家庭结构　新"三代家庭"　代际关系　农民工　城市化

[①] 本文是国家青年基金项目"城市化过程中农民工恋爱、婚姻问题研究"（15CRK020）阶段性成果。

一、问题意识与相关研究

中国农村正在经历巨大而深刻的变化,这体现在农村社会的许多重要方面,其中家庭结构的变革尤为突出。学界一般认为,农村家庭结构变革的总体趋势是,从以宗族、家族为基础的大家庭迈向以核心家庭为基本单元的结构形式。这符合西方社会家庭形态的发展趋势,即伴随着西方国家工业化的发展和社会的现代化,传统的家庭生产单位被个体的产业工人所取代,家庭结构也迅速核心化。社会科学界也就此认为中国以小农经济为基础的家庭组织将被资本主义经济产业工人所取代,传统的三代扩大家庭也必定被两代核心家庭所取代。(黄宗智,2011)

但事实可能并非像理论所预设的那样。黄宗智(2011)从经济史和法律史的角度,论证了当代中国三代直系家庭仍顽强延续的事实。农村家庭赡养父母的功能不仅在社会上得到认可,还受到国家法律制度的保护,正是这点决定了中国家庭发展方向与西方社会家庭发展方向的不同。王跃生(2014)研究发现,农村三代直系家庭在1982年和1990年相对稳定,1990年后逐渐增加,2010年较1990年提升26.92%,主要原因是农村独子家庭增多,长大后外出非农就业成为主流,结婚、生育后与父母同居共爨获益较多,且矛盾冲突少于多子家庭,三代直系家庭比例提高。龚为纲(2013)虽然判断三代直系家庭本身的演变趋势是走向衰弱,但他也不得不承认1990年以来三代直系家庭比重上升的事实。这些研究对农村三代家庭不断增多趋势的判断是以农村户籍"分户"为前提的,但是在农村现实中却广泛存在父母与分户的子代家庭同居共爨的现象,也存在父母与已婚子代未明确分家但不住在一起却可能共爨的现象。这些家庭形态又与传统的联合家庭有较大区别,主要是子代家庭之间在经济上是独立的,它们与父母家庭在经济上也是分开的,父母不掌握和决定子代家庭的经济收支,但是各子代家庭与父母家庭又没有形式上的"分家",相互之间尚存在较强的权利义务关系。这种家庭形态是一种崭新的家庭类型,由于它由父代、子代和孙辈组成,与传统三代直系家庭有一定形似之处,可称之为新"三代家庭"。

新"三代家庭"在农村越来越普遍,也为研究者所关注。上述王跃生教授所研究的由父母与独子家庭未分户所构成的家庭形态,事实上在会计单位上是分立的,乃新"三代家庭"的一种类型。在黄宗智教授观察到的城市"夫妻店"中,父母、子媳与孙辈所组成的家庭也是新"三代家庭"。因为在夫妻店中,经济权力主要掌握在子媳手中,父母起到的是帮忙照看孙辈和看店的作用,这与传统三代家庭有质的区别。何兰萍等(2017)关注到了农村"分户不分居"的三代共居家庭的比例要高于三代扩展家庭,农村有相当比例的老人在子女婚后分户但仍生活在一起,这在独生子女中比例更大。姚俊(2013)对农民工的调查了解到,新老两代农民工从农村流向城市改变了农村社会的分家规则和资源流向,使得新生代农民工容易从家庭经济利益和家庭理想出发理性地选择有利于自己的"不分家"策略。龚继红等(2015)则发现,在农村分家过程中,子代逐渐取得了主导权,分家仪式和内容日益简化,分家后形成了一种"分而不离"的家庭代际关系,子代可以从这种代际关系中获得多方面的收益。在印子(2016)看来,"分而不离"是"虚分"的结果。由于要面对社会转型带来的家庭发展压力,农村分家由过去的实分变成"虚分",父代家庭成为子代家庭面对生活压力的转嫁对象,代际关系和代际互动因"虚分"而更加紧密。还有学者将农村青壮年外出背景下出现的由留守老人和留守儿童组建的家庭称之为"隔代家庭"(李全棉,2004),该类家庭具有新"三代家庭"的典型特征。社会学者近年对农村"代际剥削"现象的调查研究,也是在新"三代家庭"及其代际关系性质基础上做的分析,其基本的逻辑是子代通过婚姻市场要价的策略,从父辈手中索取资源用于婚姻和购房,实现小家庭在城镇立足,并依托父辈的隔代抚养和其他后续资助完成家庭再生产。(贺雪峰,2010;刘锐,2012;杨华、欧阳静,2013;

陈锋,2014;王德福,2014)近来有研究关注到了农村进城的"老漂族",他们迁移到城镇给务工或在城镇立足的子代家庭帮忙做家务和带小孩,由他们和子代、孙辈组成的家庭是典型的新"三代家庭"。(刘佩瑶,2015;陈辉,2017)

既有研究对人口流动和农民城镇化背景下形成的新型家庭形态做了很好的探索,从不同角度和侧面触摸到了新"三代家庭"的相关内涵,为笔者提出和论述新"三代家庭"提供了经验和理论基础。下文将在既有研究的基础上,从结构、机制、类型、特征和功能等方面系统阐述新"三代家庭",构建对新"三代家庭"的理解体系。

二、新"三代家庭"的基本结构

(一)家庭形态

与新"三代家庭"相似和相对的是传统"三代家庭",它是由父代、已婚子代和未婚孙辈组成的三代直系家庭。传统"三代家庭"来源于两种情况,一种是父代与婚后的独子不分家。独子不分家是传统农村的伦理习俗,由此自然形成三代家庭。另一种情况是父代与多子中的一个儿子不分家。在有多个儿子的家庭,父代一般将婚后的儿子逐一分家,最后与未婚幼子组成核心家庭,待到幼子婚后依然不分家从而构成了三代家庭。而分家出去的儿子则形成两代人的核心家庭。在多子家庭中,父代与分家出去的子代核心家庭的权利义务关系不强,他们没有制度性义务为子代核心家庭提供帮助。父代可以出于情感而帮助子代家庭,但必须给予每个子代家庭均衡的支持,否则就会闹矛盾。为了避免矛盾,父代一般哪一家都不帮忙。父代的劳动力和资源属于其与婚后幼子构成的三代家庭,父代与幼子具有较强的制度和情感纽带。分家出去的子代没有责任赡养父代,但需按照村庄伦理在年节、父代寿辰时孝敬父母。只有父代的财产(主要是土地)均分给子代,也即其退出三代家庭之后,其他子代才有赡养的义务。(杜鹏、贺雪峰,2017)在2000年以前,虽然农村三代家庭有增多的趋势,但是由父子两代人组成的核心家庭占比最重。

新"三代家庭"虽然也是由父代、子代和未婚孙辈组成的家庭形态,但与传统三代家庭有本质区别。新"三代家庭"虽然包括父代与已婚独子、未分家的幼子构成的三代家庭,但它要概括的是父代分别与已婚子代构成的三代家庭。也就是说,在多子家庭中,子代成婚组成核心家庭,而父代则被分别纳入进子代的核心家庭形成新型的三代家庭。在传统"三代家庭"中,父代只能跟未分家的子代家庭组成一个"三代家庭",或者父代与所有子代分家而单过。但是在新"三代家庭"中,父代不存在"单过"的概念,也不止与一个子代家庭组成三代家庭,而是与所有子代家庭都组成三代家庭。有多少个子代家庭,就会有多少个三代家庭。然而,子代家庭之间又是相互独立、相互区别的。(见图1)即是说,父代分别属于所有子代家庭的成员,但是子代之间却互不隶属。

图1 新"三代"家庭与传统"三代"家庭比较

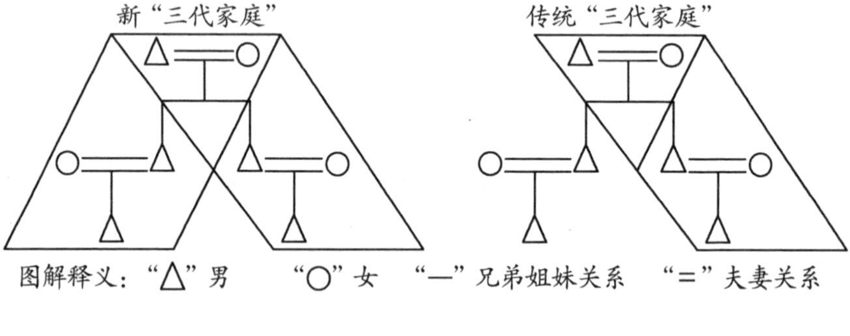

图解释义:"△"男 "○"女 "—"兄弟姐妹关系 "="夫妻关系

在权利义务关系上,新"三代家庭"内部,父代与子代的联系较为紧密,相互之间具有较强的制度性联系。父代有责任向每个子代家庭输入资源,而子代则有权利利用父代的劳动力和资源。子代家庭之间的制度性联系较弱,并且由于父代是每个子代家庭的"共有"财产,因而子代之间有针对父代的竞争关系。

在成员的构成上,新"三代家庭"成员可以分成两类:一类是有劳动能力的成年人,一类是没有劳动能力的未成年人。前者是父代和子代,后者是孙辈。在新"三代家庭"中不包括没有劳动能力的老年人,因为一旦父辈因故丧失劳动能力,就会主动或被迫退出三代家庭,所以,父代一般是中年壮劳动力和有劳动能力的老年人。新"三代家庭"具有整合劳动力的效应。而在传统三代家庭中,没有对父代劳动能力条件的限制。从这点上讲,传统"三代家庭"是在子代婚后按照地方习俗自然形成的,而新"三代家庭"的形成则与子代理性选择有关。也因此,传统"三代家庭"在农村占比具有稳定性,它在1990年以后的增长与独生子女增多有关系。(王跃生,2014)而新"三代家庭"内含着父代对子代的支持,在人口流动和城镇化背景下会伴随"八零后""九零后"的结婚而不断增多。在过去,多子家庭分家后形成核心家庭,而现在,所有子代家庭在婚后分别与父代构成新"三代家庭",核心家庭减少,新"三代家庭"逐渐普遍化。

(二)会计单位

经济上与母家庭分开是子家庭独立的标志,所谓"分家"很大程度上是"析产"。一旦与母家庭分家,就意味着子家庭与母家庭都是独立的会计核算单位。在传统"三代家庭"中,因为子代与父代没有分家,三代人共一个会计单位,并由父代掌管财政大权。与之相对的是会计单位同时也是人情单位,父代与子代的人情关系也没有分开,即便是子代的娘家关系和朋友关系也属于三代家庭的人情关系,人情礼金的收支由三代家庭统一管理。只有分家出去的子代家庭才既有公共的人情,也有自己的人情。在很多地方,分家的同时要分人情(所谓"分亲戚"),分家之后父代不再负责人情往来。不分家就不分人情,人情往来仍由父代负责。父代掌管经济大权,其好处是可以开源节流,控制年轻人的无谓花销,为家庭积攒财富。不便之处是年轻人要花钱还得向父代申请,年轻人觉得不自由。这是年轻人闹着分家析产的重要原因。

而在新"三代家庭"中,子代家庭在经济上是分开的,他们各自是一个独立的会计单位,而父代也有自己的会计单位。因此,新"三代家庭"中就有三个会计单位。在结婚之前,子代务工经商的收入会纳入父代的会计单位,由父代积攒起来为子代建(买)房和结婚。婚后,子代无论分家与否,其收入都不再上交父代,而是由自己掌握和支配,成为独立的会计单位。在人情上,由于没有分家,父代的人情也就不分给子代承担,而子代的人情理论上则由子代负责。但是在实践中,由于子代在外务工,其人情也由父代承担了。有多少子代家庭,父代就要承担多少家庭的人情往来。这笔费用通常也从父代会计单位中出。即便子代要还给父代人情费用,父代也会象征性的收取,但不会斤斤计较。

由于没有分家,父代的会计单位就不具备独立性,父代拥有的资源亦属于各新"三代家庭"共有的财富,各子代家庭可以通过不同的形式从中抽取资源。除了让父代支付人情礼金之外,子代还"免费"在父代家庭吃喝,谓之"吃公家的";子代的子女放在父代家庭中抚养,父代要负责看护,甚至还要出学费和生活费。在有的新"三代家庭",父代还要为子代家庭还房贷、输送冬天的"烤火费"等。有的子代会象征性地给父代支出的学费和自己在父代家庭吃喝的生活费,以填补父代会计单位的空缺。但是多数子代在父代还有劳动能力时是不会考虑给父代反馈的。父代的会计单位出现亏空或负债时,诸如为子代婚姻背负数十万的债务,子代独立的会计单位也不会予以偿还,还得由父代来负责。子代会计单位也不负责未婚兄弟的买房结婚成本。

较之传统"三代家庭"中父代只与一个子代家庭共一个会计单位,其他子代家庭不共享父代的会计单位,新"三代家庭"中父代要与所有子代家庭共享自己的会计单位。那么,新"三代家庭"中的父代就要承担更大的经济压力,他们要向每个子代家庭输送等量等质的劳动力和资源。子代也有理由向父代会计单位抽取资源。但是,在新"三代家庭"中也因为父代的财产和资源(包括土地)未因分家而被均分,使得父代还拥有财政权力,相对子代家庭就具有一定的独立性。

(三)权利义务关系

在传统人口学研究中,户籍上的"分户"才具备统计意义。但是在农村家庭实践中,形式上的分家越来越"虚化",甚至没有分家仪式和分家形式,子代只要结婚就等于成立了一个独立的家庭,它们与父代、兄弟家庭在经济和社会关系上是独立的。子代家庭可以跟父代家庭仍然是一个户(人口学上的"联合家庭"),或者分立了新户(人口学上的"核心家庭"),但这些情况在农村传统观念中却被认为没有"分家",因为没有举办过"分家"的仪式。但是子代家庭又确实在很大程度上相互独立和独立于母家庭。然而,说它们是独立的核心家庭又算不上,因为子代家庭返乡以后还在父代家庭生活,或者与父代家庭分居共爨(分家合灶)。这是典型的"不分家式的分家",或者说是形式上不分家、实质上已分家但仍联系紧密的家庭形态。

"形式上不分家"的机制,是父代与子代家庭构成新"三代家庭"的前提。传统的"分家析产"具有较强的仪式感和庄严性,需要家族头人和娘舅家的人参与,家里的媳妇则被禁止参加。"分家"仪式在内容上除了确定房屋、土地和其他财产(含债务)的归属之外,在形式上主要是明确家庭成员之间的权利义务关系。只有被分在同一个家庭里的人相互间才具有较强的权利义务关系,而分属两家的人则尽管有情感联系,但缺少了制度性约束,相互间的权利义务关系不明显。譬如,在传统"三代家庭"中,父代与子代家庭没有分家,因而就有较强的权力义务关系,而父代与分家出去的子代家庭则因为有明确的分家仪式,他们相互间的权利义务关系就不像"三代家庭"那么强。如果此时,父代给某个分家出去的子代家庭输送利益,那么"三代家庭"中的子代家庭就有意见,因为它认为父代的劳动力和资源属于"三代家庭"。

但是在新"三代家庭"中,因为父代与任何一个子代家庭都没有"分家",它们之间在形式上仍被认为是"未分家"状态,那么父代与每个子代家庭就仍属于同一个家庭。那么,父代与每个子代家庭之间的关系就是制度性的,相互之间仍有较完整的权利义务关系;在村庄伦理和规则上,父代对每个子代家庭仍有支持的责任,而每个子代对父代则有赡养的义务。在子女外出务工或城镇化过程中,父代与每个子代家庭皆未有形式上的分家,那么父代就得向每个子代家庭输送利益和贡献劳动力,包括给每个子代家庭带小孩。反过来,每个子代家庭因为没有与父辈分家,那么他们就有向父辈要求资助、索取资源和劳动力的权利。譬如,子代有权利要求父母到城市给自己做家务和带小孩。父代会有这样的意识,给大儿子在这个城市带了小孩,也应该紧接着要到另一个城市给二儿子带小孩。

在新"三代家庭"中,兄弟之间的"分家"仪式就是结婚仪式,只要某一个儿子一结婚,他与其他兄弟就等于分家,双方家庭之间也就没有权利义务关系了。所以,在新"三代家庭"中,只有兄弟分家,没有父子分家。只要父子形式上不分家,每个子代家庭的压力就会通过制度上的权利义务关系传递到父代身上,父代就要竭尽所能为每个子代减轻负担,从而数倍地增加了他们的压力感和焦虑感。反过来说,若父代与子代皆已分家,那么父代对子代就不会有那么大的责任,子代的压力也就难以传递到父代身上。

（四）家庭关系结构

在农村家庭关系中，有两重关系较为重要，分别是纵向的代际关系和横向的夫妻关系。但是这两重关系并不是并行不悖的，而是有矛盾和冲突的。若以代际关系为重，就会抑制夫妻关系，尤其要打压年轻媳妇构建小家庭、分裂大家庭的潜在力量。若以夫妻关系为重，就会减弱代际关系，可能引发代际矛盾和冲突。在传统农村，通过制度和伦理规定家庭以纵向关系为主轴，以横向关系为辅轴，横向关系服从和服务于纵向关系。纵向关系作为主轴，实质上就是确定了代际关系尤其是父子关系在家庭中的主导地位。父子轴心意味着家庭关系以纵向的血缘关系为连接纽带，注重大家庭、家族和宗族利益，而倾向于抑制小家庭的独立利益。所以在传统家庭中，父子关系较为紧密，夫妻关系较为疏松甚或不重要，乃至视夫妻间的亲密关系为宗族血缘的分裂力量。因此，在传统农村，无论是"三代家庭"，还是核心家庭，在父子轴心的支配下都对宗族血缘有着较强的认同感，男子尤其如此。

但是随着20世纪历次革命运动，宗族血缘不断瓦解，宗族对个体支配力减弱，小家庭的分离运动加剧，在大家庭里则表现为子代向父代争夺权力，媳妇不断挑战婆婆的权威，年轻妇女欲将丈夫从宗族和大家庭里拉进小家庭，小家庭的利益愈发独立，分家也更多地由子代提出，子代婚后分家的时间不断缩短。其结果是在20世纪八九十年代出现了持续性的代际矛盾、婆媳矛盾和夫妻矛盾，最终年轻妇女将男子拉进小家庭。20世纪90年代中期以后，夫妻关系上升为家庭的主轴，代际关系权重下降，小家庭利益超越宗族、大家庭利益成为家庭成员奋斗的目标。因此，在这一时期的"三代家庭"中，年轻夫妻主导着家庭决策和经济大权，父代没有发言权和资源分配的权力，甚至出现了子代不养老、殴打辱骂父代的情况，代际关系的重心向子代倾斜。（阎云翔，1998）

新"三代家庭"的家庭关系既不像传统时期那样只注重父子轴心,而未给夫妻关系留下空间,也不只是倾注核心家庭的利益而导致代际关系的严重失衡。在新"三代家庭"中,家庭关系虽然是以夫妻关系为轴心,但是代际关系在家庭关系中的重要性上升,代际关系与夫妻关系的冲突性和矛盾性减少,夫妻、父子共同经营家庭的意识和一致行动能力增强。主要表现如下:一是父代对于每一个子代家庭而言都不可或缺。缺少了父代的角色,子代家庭无论是外出务工还是进城立足,都需要付出额外的成本。二是父代参与新"三代家庭"的决策,与子代共同协商决定家庭事务的安排。同时,父代与子代又相互尊重对方在各自会计单位的自主权。三是父代在经济上不依赖于子代,他们以支持者而非索取者的身份进入子代家庭,在新"三代家庭"中的角色具有主动性和主体性,其言行也有底气。四是由于没有分家,父代财产未均分,父代依然是大家庭会计单位的执掌者,拥有财政和决定大家庭事务的权力。因此可以说,新"三代家庭"中的家庭关系具有平权的特点,家庭成员之间的角色和地位相对平等,夫妻关系和代际关系相对平衡。

(五)代际分工模式

在新"三代家庭"中,由于父代和子代都有劳动力,那么在经营家庭的过程中,就会依照劳动力的年龄、能力和有效性,以及家庭所处阶段对家庭劳动力进行分工,主要是代际分工。① 譬如,在父代尚年轻时,他们在城市是有效劳动力,那么父代和子代可能都外出务工,而当父代在城市属于无效劳动力时,父代就要退回农村务农,子代继续在外务工。代际分工的目的是要合理配置家庭劳动力,以实现家庭利益的最大化。那么,代际分工就会形成以子代为主、父代为辅的分工模式,即代际分工首先要有利于充分发挥子代的劳动力优势以创造更多家庭财富,同时在一

---

① 在20世纪八九十年代的非新"三代家庭"中,不存在代际分工,只有夫妻分工和性别分工。

些辅助性工作上合理安排父代的劳动力,意在获取额外财富,或减轻子代负担。

新"三代家庭"的代际分工主要包括三类:一是务工务农分工。由于年轻人在城市是有效劳动力,中老年人在城市则是半有效或无效劳动力,而在农村却是有效劳动力,那么在家庭分工就是子代外出务工和父代在家务农。每个子代家庭都有一对成年夫妇外出务工,就可以获取最大化的务工收入。父代在家务农不仅可以获取务农收入,还能够照料每个子代家庭的小孩,解决子代外出务工的后顾之忧,这样对父代的劳动力也是充分和合理利用。二是家庭内外分工。如果子代和父代生活在一起,家庭分工就存在内外之分,一般是子代外出工作,父代在家负责家庭的饮食起居。三是抚育孙辈分工。父代进城给子代照看未成年小孩也存在代际分工,主要是父代担负物质性照料,而子代则负责社会性抚育。(肖索未,2014)

三、新"三代家庭"的形塑条件

新"三代家庭"在农村的涌现有其独特的时代背景。从宏观上讲,它是农村人口流动和城镇化的产物。在微观上,村庄竞争加剧、少子家庭普遍化和代际价值观相同等都是新"三代家庭"形成的条件。

(一)激烈的村庄竞争

村庄竞争加剧是农民分化的结果。在传统农村,血缘内部的"自己人"认同强,农民家庭之间相互比较和竞争的意识较弱,而相互提携和互助合作的意识较强。只有当血缘认同不断瓦解之后,核心家庭的独立利益才具有政治正确性,核心家庭之间不再有强烈的"自己人"认同,它们之间的比较和竞争意识就会凸显出来。由于村庄是熟人社会,核心家庭之间一旦出现差距,很快就会被大家察觉出来,落后者会自感无地自容,他们自然不甘落后而要奋起直追;领先者虽然被人称赞和奉为榜样,但他们也不能坐以待毙,而要加倍努力继续引领村庄标准。在这种你追我赶的氛围中,村庄的比较和竞争就会愈演愈烈。

在集体时代,农民家庭之间都在一个水平线上,差距不大,因而没有出现明显的比较和竞争。到了20世纪80年代以后,一方面分田到户强化了核心家庭的独立利益,市场化改革则进一步瓦解了宗族血缘认同,为核心家庭的比较和竞争创造了前提;另一方面农民的就业渠道增多,家庭收入来源多元化,农民家庭之间经济条件的差异逐渐显现,为核心家庭的比较和竞争提供了条件。于是,农民家庭之间的比较和竞争就开始出现,并随着相互之间差距的拉大而加剧。到2000年以后,核心家庭成为村庄的主要利益主体,核心家庭之间的差距也越来越大,使得村庄熟人社会的竞争也愈发剧烈,给核心家庭带来了巨大的压力和焦虑感。核心家庭的竞争"标的"主要体现在:一是人情竞争。不断抬高的人情礼金成了农民家庭的沉重负担,一个家庭三分之一到一半的收入用于人情往来。人情礼金之所以抬高与农民在人情上的攀比有关。二是房屋竞争。农村的房屋越建越高大、豪华,且不仅农村要有房子,在城镇也要有房子,房子所处城镇级别越高,农民就越有面子。三是消费竞争,主要包括耐用消费品、酒席、汽车、烟酒等方面的消费,档次越高越彰显能耐和面子。四是婚姻竞争。为了儿子娶得上媳妇,父代需要不断抬高竞争筹码,从而使得婚姻成本持续攀升,迫使年轻农民自儿子出生起就要开始为其婚姻做准备。五是小孩择校竞争。不能让孩子输在起跑线上,就得让小孩上好的学校和优质的培训班。已有越来越多的年轻农民将自己的小孩送到市县上中小学,陪读现象低年级化和普遍化。

为了在竞争中取胜,核心家庭的青壮年农民承受着巨大的压力,他们除了充分利用自己的劳动力外,还需要调动一切可以调动的资源和劳动力。那么对于他们来说,谁的资源和劳动力可以调动?首先,兄弟核心家庭之间是竞争关系,其资源和劳动力调动不了,村庄其他家庭亦是如此,相互之间不会给予支持。其次,姻亲关系属于非竞争关系,其资源和劳动力可资利用,但是这类资源只能偶尔被调动。最后,代际关系属于非竞争关系,况且父代有支持子代的情感,父代的资源和劳动力可以被调动起来。但问题是,父代情感上的支持也是不能持续的,只有将父代纳入到子代核心家庭,子代才能在制度上对父代的资源和劳动力给予持续性调配。"形式上不分家"是确定父代与子代制度性权利义务关系的策略。所以,对于子代参与村庄竞争来说,"形式上不分家"可以实现家庭资源和劳动力的最优化配置,实现家庭资源的倍增以在竞争中取胜。反之,若是"形式上分家",父代的劳动力就可能调动不了,子代参与竞争的成本就会增加。如父代不能到城镇陪读,子代就得抽出一个劳动力去陪读,其机会成本就很高,以至会拖累家庭竞争。可以说,新"三代家庭"是子代参与村庄竞争的理性选择的结果。村庄竞争越激烈,父代的资源和劳动力就越需要被调动起来,新"三代家庭"就越有存在的必要。

(二)农村人口流动

农村人口往城市流动是工业化和现代化的必然趋势。对于大多数农民家庭来说,必须农工结合才能应对生活和参与村庄竞争。农村青壮年劳动力外出务工是形塑新"三代家庭"的必要条件,主要体现在以下几个方面:

1.年轻人长期外出务工使"分家"不再必要。在农村资源外流和城市资源集聚得不到扭转的情况下,一方面农民工中的大部分人无法在城市体面立足,他们还需要以农村为归属;另一方面农村青壮年外出务工不是"打短工",而是长年和十数年(甚至二三十年)在外务工,他们每年回农村居住的时间又不长,一般是数天(逢年过节)到两三个月(农忙季节)不等。因此外出务工占了农民工绝大部分时间,若他们与父代分家,他们在农村的土地、房屋、劳动工具及其他财产就得另外找人看护,需要付出相应成本。且房屋、劳动工具、耐用消费品等折旧率高,农民工又无法从这些财产中获益。因而理性的选择是不分家,将这些财产留在母家庭,由父代看护和使用,尚有使用价值和增值的可能(如农机出租)。等到自己返乡也可以使用这些财产。还有种情况是,父代和子代都属壮劳动力,皆外出务工,就更没有必要分得那么清楚。

2. 家庭主要收入源于务工使"析产"不再必要。前文已提到,农村传统分家的关键在于"析产",而所谓财产最主要的就是土地。由于我国农村人多地少,人地矛盾紧张,外出务工成为家庭获取货币化收入的主要渠道。农民家庭务工和务农的收入比是8比2,在有的家庭则更高达到9比1,甚至完全依靠务工收入。那么,相对于务工收入,务农的货币化收入对于一个农民家庭来说就可以忽略不计。但是对于在城市属于半劳动力和无效劳动力的父代来说,务农收入的货币化收益虽然少,但务农可以自食其力、自得其乐和自我养老,在务农之余还可以"搞副业"和"打零工"增加货币化收入。于是,外出务工的农民大可不用分家而把土地留给务农的父代,这样可以增加父代的经济收入,减少子代的养老负担。

3. 人口流动减少了代际矛盾使"分家"不再必要。农村分家无论是父母提出还是子代提出,其中有一个原因是子代与父代居住在一起容易产生代际矛盾,包括婆(翁)媳矛盾和亲子矛盾。代际矛盾产生的直接原因是家庭琐事,背后的根本原因是代际之间的权力之争和价值观冲突。有的家庭矛盾甚至会导致年轻媳妇或公婆的自杀悲剧。(杨华,2013)为了减少代际矛盾,两代人都倾向于分家。当然也有年轻妇女为了迫使父代主动提出分家,而故意制造家庭矛盾的情况。当年轻人长年在外务工之后,与父代在一起生活的时间极度缩短,子代与父代各自有自己的生活空间和权力场,互不干涉对方的事务,从而减少了他们发生矛盾的可能性。甚至会因为时间和空间的距离而产生两代人之间(尤其是婆媳之间)的好感,增进家庭关系的亲密度。因此,农村人口流动降低了分家的必要性。

4.分家需要分担家庭负担使"析产"不再必要。在传统农村,分家除了"析产""分爨"之外,还要"分债务"和"分人情",前者是指大家庭留下的债务分给小家庭偿还,后者是家庭中人情关系平分给子代家庭承担。而父代则因为土地等财产都分给了子代而不负责家庭债务和人情。"分人情"和"分债务"都会增加了子代的负担,而减少了父代的压力。那么从理性人的角度思考,在外务工的年轻人断然不会主动提出分家。子代不自提分家,父代也不好意思提,提了怕得罪儿子媳妇。

5.务工家庭需要父代照看小孩使"分家"不再必要。年轻人在务工地要最大化地利用自己的劳动力,就得夫妻双方都务工。这个的前提条件是小孩要放在老家抚养,如果把小孩带到务工地,就得抽出一个劳动力(一般是年轻妇女)来照看,那么就必定要损失一个劳动力的工资。同时,小孩在城里抚养,还要租房子、在城市购买小孩的日用品或者在城市上学等,这些都会增加年轻人的负担。这样一减一加就会极大地减少年轻人的务工收入。而如果把小孩丢给父代抚养,则可以增加一个劳动力务工,减少在城里带小孩的开支。这是一笔很简单的经济账,每个年轻农民都会算,因此为了确保父代能够给自己带小孩就不能"分家"。

总之,外出务工者最有必要将父代纳入自己的核心家庭,组成新"三代家庭"以充分调动父代的劳动力和资源为核心家庭服务,从而使核心家庭的劳动力配置更有效,增加核心家庭的资源。而那些留在农村亦能在村庄竞争中取胜的年轻夫妇,他们要么耕种中等规模土地,要么在农村做生意,他们不需要调动父代的劳动力资源,因而他们倾向于与父代分家,而不是与父代组建新"三代家庭"。

(三)农民工城镇化

农民工城镇化是指农民工在城市买房子定居,并在城市体面生活下来的过程。对于农民工而言,城市是现代化的象征,城市拥有充裕的工作机会、教育资源和现代化的生活方式,在城市立足是其奋斗目标。除了少数进城经商的农民外,大部分农民工可以分为两类:一类是普工,他们一般在服务业、工地或工厂流水线上工作,工作的技术门槛较低,可替代性较强,工资水平不高;另一类是技工和管理人员,他们是拥有专长、职业技能或管理(销售)经验的工作人员,在其专门领域具有一定的稀缺性,工资水平相对较高。绝大部分农民工属于普工,少数是技工和管理人员。从事技术和管理行业的农民工因其工作较稳定、工资和社会保障水平较高而更可能率先在城市立足,他们的城镇化率较高。而普工的工作不稳定、社会保障水平不高,他们在城市立足的难度较大,或者要推迟城市化的时间。但是无论普工还是技工要在城市立足,父代的支持都不可或缺,普工对父代的支持需求更大,他们与父代更容易建立新"三代家庭"。

父代对子代进城的支持主要包括:(1)买房子。进城的农民工多数是在县城买房子,次之的是地级市和乡镇。购房首付一般由子代和父代共同承担,如果有多个儿子的话,父代出的首付款相同。如果只有一个儿子,父代还会给子代还房贷。(2)带小孩。子代在城镇买房子,除了享受城市现代化生活之外,主要是为了小孩在城市获取优质教育资源。子代要维持在城镇的基本生活,夫妻俩就得都有工作,不能腾出一个劳动力来照顾小孩。中西部地区的中小城镇非生产性的工作机会不多,进城的年轻夫妇还可能要到沿海发达地区打工。那么,就需要父代至少一方进城照看小孩、接送读书等。如果农村离城镇比较近,父代还可以早上送小孩去学校后再驱车到农村干农活,下午再回城镇接小孩回家。这样带小孩和务农两不误。(3)其他支持,包括父代对子代的物质和货币输入及料理家务。

(四)计划生育政策

中国在 20 世纪七八十年代实行的计划生育政策,极大地减少了家庭子女数量。在农村,按政策头胎是儿子的就不能再生,头胎为女儿的可以间隔一段时间之后再生一胎,虽然农村超生现象较为普遍,但家庭子女数一般在二到四人。这样就使现在已成年的"八零后""九零后"家庭多数为"少子家庭",他们要么是独子,要么是兄弟二人;三兄弟及以上的家庭较少。家庭子女数量锐减和"少子家庭"普遍化,对于新"三代家庭"的形成和维系有较大影响。

一是因为子女数量少,待子女成婚父代一般也只有四五十岁,尚属壮年。他们不仅在农村是壮劳动力,在城市也多属于有效劳动力,他们在子女婚后还能够创造劳动价值,积累财富。这就使得父代有能力支持子代家庭,无论是劳动力供给还是其他资源的输入。

二是因为少子或独子,父代对子代家庭能够照顾得过来,还能做到一碗水端平。譬如父代可以同时照顾两个子代家庭的小孩,或者同时资助子代同等数额资金购房等。

三是因为子女较少,就会把子女看得贵重,父代在子女成长中倾注的感情就多,"偏心"现象也少,待到子代成婚,父代通过对子代的资源输入将这种感情延续下去。

四是因为兄弟少,兄弟家庭之间在竞争父代的劳动力和资源上就不太激烈,父代对子代家庭的资源输入较少引起矛盾,父代也就乐意给子代各种照顾。

(五)代际观念同构

新"三代家庭"中的成年人主要是由"五零后""六零后""七零后"的父代与"八零后""九零后"的子代构成,父代的年龄普遍在45岁到65岁之间,子代则在20岁到40岁之间。这两代人在代际平权和代际交换两方面持相同的观念。父代之所以愿意进入新"三代家庭"给子代输入资源,而子代又能理所当然地向父代索取资源,与两代人在这些价值观念上具有同构性有关。

这两代人都成长在新中国,接受过平等的观念,受传统家庭等级观念的影响较小。在平权观念里,家庭成员在人格上是平等的,没有高低贵贱之分;在权力上是均等的,每个人都有均等的发言权和决策权。因此,父代和子代都相互尊重对方的权力和权利,不干涉各自会计单位里的事务,这样就使得两代人既能自主又有合作,共同推动家庭的发展。反之,若父代持传统等级观念,子代持现代平权观念,两代人在一个家庭里共事就必定会产生诸多矛盾而导致分家;父代在子代成婚后会按照伦理和习俗要求子代回馈,而不是为子代提供帮助。

当前农村传统的代际关系是反馈式的,父代养育了子代,子代就得无条件赡养父代。但是随着农村社会和家庭关系的变迁,到八九十年以后,交换式代际关系逐渐占据主流,即父代为子代贡献了多少,子代在养老上就回馈多少。若父代只将子代养育成人,而没有给子代建房子、带小孩、做家务、资源输入等,子代就认为父代不称职,在养老回馈上就会大打折扣或不养老。当前大部分农村七八十岁的父代在其子代成婚之后就较少再给予子代支持和资源输入,等到他们丧失劳动能力后,如今四五十岁的子代就开始对他们"反攻倒算",说他们当年没有给自己做贡献,在养老上也就不会对他们有多好。这批四五十岁的子代已淡化了"我养大了你,你就得孝敬我"的观念,而是更多地持代际交换观念。当他们做了父代后就开始吸取上一代人的教训,认为只要自己现在为子代多着想、多付出,将来子代会将心比心也对自己好。所以这一代父代就开始"学会做老人"和"学会做婆婆",婆婆竭尽所能讨好媳妇,真正把媳妇当成女儿。在子代这一边,他们也切身地感受到父代为自己的付出,能够体会父代的艰辛与不易,因此对父代有更多的关心,在赡养的预期上也会投入更多。[1]

四、新"三代家庭"的主要类型

根据代际分工和代际居住状态,可以将新"三代家庭"划分为"半工半耕"型、"半城半乡"型、"举家进城"型和"城镇共爨"型四种主要类型。父代和子代共同生活在村庄中的新"三代家庭"较少,不构成独立的类型。

(一)"半工半耕"型

"半工半耕"型是指通过父代务农和子代务工的代际分工模式形成的新"三代家庭",它是"八零后""九零后"农民主要家庭形态,一部分"七零后"农民家庭也是这种形态。"半工半耕"型家庭中有子代务工和父代务农两部分收入,虽然这两笔收入不会合在一个会计单位,但是对于一个农民家庭来说,缺少了哪一部分收入都可能使家庭陷入困境,无法在农村获得体面生活。若缺少了子代的务工收入,光靠父代在家务农的收入难以完成劳动力和家庭的再生产。即便子代家庭通过性别分工,男子在外务工,妇女在家务工,其家庭收入水平也无法达到农村平均水

---

[1] "现在我们那两代人之间的关系也越来越像城里人了。我们自己也看得到的,父母帮我们照看家里、还要带小孩,都是挺辛苦的,以后父母老了,我们也要念他们这个情,好好地待他们。儿子和老子也是'将心比心',也不是谁求着谁,不能说你养大了我、帮我成家了,我就受了你的大恩了。"(女性,32岁,安徽人,菜摊摊主,随丈夫一起外出近10年,孩子在老家上学)。摘自姚俊(2013)。

平。(杨华,2017)父代在家务农的货币化收入较少,但是其他隐性收益较多,包括自我养老、在家带小孩、搞副业、打零工等,且农村生活成本和抚育小孩的成本相对较低。倘若缺少了父代务农的这些收益,子代不仅要在城市养活自己,而且还要在城市高成本地、甚至要腾出一个劳动力来抚养小孩、给老人养老,那么光靠子代的务工收入断难使家庭过得体面。"半工半耕"型家庭大部分年轻农民工最终在其成为城市无效劳动力后退回农村务农,并与其子代家庭再组成新"三代家庭",实现新"三代家庭"的再生产。

(二)"半城半乡"型

"半城半乡"型新"三代家庭",是由在城镇买房定居的子代与在农村务农的父代构成的家庭形态。"半城半乡"型与"半工半耕"型家庭在形式上的区别,一是前者的子代已经城镇化,而后者尚未城市化;二是前者是孙辈在城镇生活和就学,后者则在农村生活和就学;三是前者的子代家庭要在城镇过体面的生活,消费标准紧跟城市一般水平,后者的子代在城镇只要维持基本生计便可,无需跟上城镇的生活水平。二者的相同之处是家庭收入皆由务工和务农收入构成,收入水平相差不大。因此,"半城半乡"型子代家庭的生活成本较"半工半耕"型子代家庭要高,而二者的家庭收入又差不多,那么对于"半城半乡"型家庭来说,它们就更需要充分调动和合理配置家庭劳动力,以支持子代的城镇生活水平。于是,"半耕半乡"型家庭除子代需继续到沿海生产性城镇务工之外,父代至少一方要进城照顾子代家庭及小孩,还要额外向子代家庭输入资源,如还房贷、现金支持、粮油柴火、购置耐用消费品等。这样父代就需要过度剥削自己的劳动力以获得更多物质性收入,包括耕种更多土地、打多份零工甚至外出务工等。在城镇买房子越来越成为农村结婚的必要条件,那么"半城半乡"型新"三代家庭"就将越来越普遍。

(三)"举家进城"型

"举家进城"型新"三代家庭"形构的条件是父代和子代在城市都是有效劳动力,他们为了获取更多的非农收入而将土地转出(或抛荒)以便举家进城。"举家进城"型家庭主要有以下几种情况,一是父代与子代在一起务工,并在务工地租房居住,子代全部务工,父代则一方务工,另一方照顾家庭,包括做家务和带小孩(接送读书)。这种情况的好处是一家有三个壮劳动力务工,可以获取较多务工收入,还能照顾小孩或小孩能够在城镇接受教育,并且两代人的家庭生活是完整的。二是父代与子代分别在不同地方务工,父代双方务工,子代中年轻男子务工,年轻媳妇不务工或半务工以照顾小孩。这种情况下子代要租房子,父代则可能租房或不租房,总之生活成本较前一种情况要高。以上两种情况父代与子代的收入归各自的会计单位。第三种情况是所谓的"夫妻店",即在城镇经营诸如饭店、五金店、打印店、百货店、服装店、小超市、小作坊等,一般以年轻夫妇为主,父代帮忙看店、做杂活和照顾小孩。"夫妻店"的收入归子代家庭,子代负责父代的衣食住行医等费用。"举家进城"型家庭因为务工经商的家庭成员较多,家庭收入也较高,他们在城镇购房的可能性较大,并在父代退回农村后形成"半城半乡"型家庭。"夫妻店"的收入较举家务工家庭收入高,其子代家庭很可能在务工地购房而就地城镇化。

(四)"城镇共爨"型

这种类型的新"三代家庭"主要出现在两个地区,一个是东南沿海发达农村地区,这些地区实现了城乡一体化,另一个是中西部地区的城中村和城郊村,这些村庄也已城镇化。也就是说,"城镇共爨"型新"三代家庭"是已城镇化地区的农村家庭形态。在这类家庭中,父代和子代在城镇都有自己的房子,子代在自己的房子居住但在父代家庭吃饭,孙辈也由父代照看。父代的收入一般由四类构成,一是务工的收入,二是村集体分红的收入,三是房屋出租收入,四是过了六十岁还有社保的收入。有的村集体没有集体分红,或者上了年纪无法务工,那么父代至少也有房屋出租和社保的收入,这两笔收入可以支撑其城镇生活而不需要子代负担。子代家庭的收入来源主要是夫妻务工。在该类家庭中,父代对子代的支持主要包括两个方面,一个是照看和抚育小孩,以使子代腾出一个劳动力来务工;二个是父代生火做饭,节约了子代家庭生活的开支。更重要的是,子代下班回家既不需要去接送小孩,也不需要买菜做饭,节省了他们大量的时间和精力,使他们可以更专注于自己的工作,而非为家庭琐事所困扰。另外,在"城镇共爨"型家庭,虽然父代和子代同在一个村庄,还同一屋共爨,但因为不居住和工作在一起,加上父代和子代都有固定的收入,就使得双方不会因生活摩擦或经济问题发生冲突,反而在情感上更依赖于对方。

五、新"三代家庭"的主要特征

新"三代家庭"作为一种新型的家庭类型,既与传统"三代家庭"有类似的地方,也有其独特之处。通过对其主要特征的论述,可以更好地展示和理解新"三代家庭"的不同侧面与全貌。

(一)家庭资源与劳动力的强整合性

新"三代家庭"要想在激烈的村庄竞争中取胜和在城市体面立足,就必须加强对家庭资源和劳动力的整合,并确保家庭资源的流向。那么,首先就要合理配置子代的劳动力。子代作为青壮年在城市是有效劳动力,如果子代夫妻俩都能到城市务工经商,那么就意味着子代劳动力得到了最优配置,可以实现家庭收入最大化。若子代的任何一个劳动力被用到其他地方,如务农、照顾小孩和做家务,都是对壮劳动力的浪费,将减少家庭一半的收入。其次是要充分调动父代的资源和劳动力。将父代的劳动力配置到对于子代而言是非最优配置的地方,以解放子代劳动力,就可以实现对父代劳动力的有效利用。同时父代的其他资源也被输入到子代家庭。相比较而言,传统"三代家庭"中父代的资源和劳动力只能被一个子代家庭所利用,而在新"三代家庭"中,父代是子代家庭的"共有"财产,可以被每一个子代家庭所调配。在传统"三代家庭"中,父代的劳动力并未被充分调动起来,因为在传统等级观念和孝敬伦理中,子代一旦成婚就有赡养父代的义务,是资源的流出方;而父代对子代的责任减弱,他们可能早早地就宣布退休而接受子代的赡养。但在新"三代家庭"中,"父养(慈)子孝"的观念已经淡化,"为子代减轻负担"成为新的伦理,这样父代的劳动力就可能被充分调动起来。在他们有劳动能力的时候要为子代干到"灯枯油尽",否则就会被人家说"只知道自己享福,不为儿女们着想"。最后是要节省家庭资源和控制资源流向,不能将家庭资源用到参与村庄竞争或城镇化之外的事项上,包括对老年人的赡养。

(二)子代家庭发展与父代人生任务结合

所谓人生任务是指一个成年人要完成社会规定的一些基本事项之后,才能在社会上获得认可,才有人生意义和价值的体验,其人生才算圆满。在传统上,农民的人生任务包括三项,分别是生儿子、建房子和娶媳妇。生儿子和为儿子成婚是最重要的,这是对一个农民作为社会人最基本的规定,是农民的硬任务,若未完成就得不到村庄认可,其人生就有缺憾。一旦完成人生任务之后,农民就进入子代赡养、享福的人生阶段。然而随着村庄竞争和农民城镇化的加剧,农民的人生任务也被捆绑在了村庄竞争和城镇化之中,体现在几个方面:一是村庄竞争和城镇化加重了农民的人生任务。村庄竞争愈发激烈,而在人生任务上的竞争又最激烈,并且达到人生任务的标准又随着竞争不断攀升。建房子和娶媳妇是相辅相成的两项人生任务,要想为儿子成婚就必须有房子。房子的档次和区位是随着竞争而不断改变的,从开始的瓦房到后来的二层小洋房,随后需要到公路边建房,再发展到乡镇买房,最后只有在市县有房产才能结婚。这就意味着农民的城镇化是其成婚的前提条件。而在子代婚姻缔结中,除了房子标准在提高外,结婚的其他成本如彩礼也不断抬高,在许多地方已普遍达到十数万元,不少地方正在突破二十万元大关,给农民家庭带来了沉重的负担。二是村庄竞争和城镇化拓展了农民的人生任务。在传统观念上,农民只要为子代成婚了就算完成了人生任务,但因为村庄竞争和城镇化加剧,子代成婚之后父代对子代的责任还没有终止,偿付子代成婚的债务、抚育孙辈、给子代做家务和输入资源等,皆成为农民新的人生任务,并通过新的伦理和制度构建强化父代的责任。"形式上不分家"是强化父代对子代责任的重要机制。

(三)生产单元与生活单元分开

在人口流动和城镇化出现之前的农民家庭,既是生活单元又是生产单元,既是情感共同体,又是统一的会计单位。家庭成员在同一个生活单元里进行情感交流,强化情感依赖。而在生产单元里,家庭成员容易因生产决策、资源分配、家务权力和责任等产生博弈和摩擦,从而生产出"家庭政治"。家庭政治主要出现在代际之间和夫妻之间,并主要是在代际之间。家庭政治若不控制在一定范围,就会影响家庭成员之间的情感交流。传统农村通过等级制和相关伦理规范控制家庭政治,到 20 世纪八九十年代这些制度已消亡,而生产单元和生活单元又未分开,其结果是家庭政治爆棚,代际矛盾剧烈,家庭成员情感疏远。新"三代家庭"中生产单元和生活单元是分开的。在"半工半耕"型家庭中,子代的生产单元在城市,父代的生产单元在农村,其共同的生活单元在农村;在"半城半乡"型家庭中,子代与父代的生产单元和生活单元都是分开的,子代的生产单元在务工地,生活单元在城市,父代的生产和生活单元在农村,若父代一方到城市照顾子代家庭,其生活单元就在城市;在"举家进城"型家庭中,生活单元在城市,生产单元在工厂、工地等;在"城市分居"型家庭中,生产单元在工厂和企业,生活单元在城市。所以对于新"三代家庭"来说,由于生产单元与生活单元的分开而较少家庭政治,代际关系和夫妻关系皆较为和谐。对于没有外出务工的农民家庭来说,其生产单元和生活单元无法分开,就很容易产生代际之间的家庭政治而容易导致分家,难以形塑新"三代家庭"。

(四)强调责任、情感与合作

传统家庭强调的是家族血脉延续和子代对父代的反馈,而没有给情感留下太多的空间,同时强调的是父权和夫权式的命令与支配,而非家庭成员间的互助合作。新"三代家庭"则是责任、情感与合作的统一体:首先是责任,与传统家庭一样它也内含子代对父代的赡养责任,但它更多的是强调父代对子代的无限责任。父代只要有劳动能力就不能中断其对子代的责任。其次是情感,一方面,父代对子代有天生的情感,子代能体会父代对自己的付出而对父代有情感体验和感激之情;另一方面,家庭政治退出新"三代家庭",父代和子代在共同的生活单元里加强情感交流,营造情感氛围;再一方面,子代在工地、工厂和企业等务工地与他人竞争,必然会产生"生产政治",这会给他们带来压力和焦虑,那么他们就更需要将家庭作为情感归属的港湾,也就会主动去营造和维系和谐的家庭关系。最后是合作,无论是参与村庄竞争,还是城镇化,抑或是提高生活品质,都不是某个(些)成员能够独立承担得了的,必须依赖于家庭成员之间、代际之间的分工协作。协作机制而非命令机制，是新"三代家庭"调动家庭劳动力的重要机制。

（五）家庭重心向下与资源分配的子代优先原则

传统家庭的重心是向上的，强调对祖辈的义务和责任。在家庭资源的分配中，也优先分配给祖辈和老年人，其次才是家庭男子，再是未成年子女，最后是妇女。由于家庭重心和资源分配是向上的，那么创造和分配资源的压力也就集中在年轻人身上。而在新"三代家庭"中，家庭的重心则转移到子代和孙辈身上，家庭资源的分配也以孙辈为优先，其次才是子代，再次是父代，最后是祖代。从新"三代家庭"的组成来看，在新"三代家庭"中，子代的核心家庭是主要组成部分，父代则被纳入到多个子代的核心家庭中，而老年人则未纳入新"三代家庭"。父代是子代家庭的资源输入者，而非索取者。从城镇化来看，许多农民工在城镇买房子最主要的目的是为了小孩读书。

六、新"三代家庭"的功能与效应

新"三代家庭"是在人口流动和城镇化背景下形构的新型家庭形态，成为村庄的重要利益主体和行动主体，必定会对农村社会、农民家庭和农民个体产生重要影响，有正面的，也有负面的。

（一）促进了农民家庭发展

对于子代而言，与父代分家在客观上没有必要，在主观上也不想分家，因为形式上不分家有利于减轻子代负担、合理配置资源促进子代家庭发展，所以新"三代家庭"结构的形成具有较强的目的性和功能性。事实上,新"三代家庭"确实促进了子代家庭的发展,主要表现在如下方面:(1)推动子代家庭进入农村中等收入群体。前文已述,一个农民工家庭要想在农村过得体面,必须有年轻夫妇外出务工和中老年人在家务农两笔收入,二者缺一不可。务农的收入主要是隐性收益,为的是解除子代外出务工的后顾之忧,让他们能够安心务工。务工和务农两笔收入相加就可以使一个农民家庭的总收入达到农村中等收入水平,在消费能力和生活品质上达到村庄主流标准。(2)促进农民家庭的现代化。包括两方面,一是物质现代化,新"三代家庭"有能力购买现代化设备使得家庭生活现代化和农业耕作现代化,这些设备包括家用电器、汽车、摩托车、农机用具等。二是家庭关系现代化,新"三代家庭"在家庭关系上讲究平权和协作,否定代际关系不平等和性别不平等。(3)增强了家庭抗风险能力。新"三代家庭"使一个家庭有两笔不同性质的收入,没有"把鸡蛋放在同一个篮子里",本身就具有抗风险性。同时父代在家务农具有稳定性和保障性,即便子代在城里失业亦可以返乡"啃老"或务农,不会成为城市流浪人员。再一个是新"三代家庭"的劳动力配置具有机动性,可以根据不同时期家庭负担的差异进行不同的配置,从而使家庭收入具有弹性空间。譬如当家庭负担大的时候,父代和子代皆外出务工,过了这段时期父代可返乡务农,子代继续务工。(4)隔代抚育。农村青壮年普遍外出务工,但农村儿童仍得到了抚育,有部分甚至在城镇上学,这就与新"三代家庭"的隔代抚育功能有关。

(二)推动了"半城镇化"

农民城镇化意味着农民在城里要有固定的居所、稳定的收入和可靠的社会保障,但这对于大多数农民来说不可能一步到位,更不可能所有家庭成员一次性城镇化。农民的城镇化具有"半城镇化"性质。农民的"半城镇化"具有以下内涵,一是农村一部分人城镇化,另一部分人留在农村;二是在一个家庭中,子代城镇化,父代留在农村;三是子代在城镇化过程中,年轻时城市务工,中年以后城镇化;四是接力式城镇化,孙辈通过在城镇就学而城镇化,再接下来是子代的城镇化,最后是父代城镇化。新"三代家庭"在推动农民半城镇化的过程中扮演着重要角色,首先是新"三代家庭"拥有两笔收入,能够支持子代城镇化,父代继续留在农村务农;其次是即便无法在城市购房,也可以通过租房支持孙辈在城镇就学,使其率先城镇化;再次是支持子代在城里买房子,使其在城镇有固定居所,再逐步地使子代也在城里站稳脚跟;最后是有能力的家庭可以将父代接到城市务工和生活,实现全家人的城镇化。

(三)供给了优质劳动力

新"三代家庭"很重要的一个特点是对家庭劳动力的充分和合理调配,以参与村庄竞争和城市化。要完成这两个任务,就要调配两代人的劳动力,首先是子代的劳动力要充分调配。子代是家庭创收和城市化的主体。子代在城市属于有效劳动力,他们的劳动力充斥于各行各业和各个领域,既有技工和普工,也有管理者和服务人员。他们不是将务工当作一份稳定的职业,更不视其为事业,而是获得收入的手段,因而实现收入的最大化是他们的目的。所以他们对务工的条件、时间、工种等并不挑剔,尤其青睐于加班,因为加班可以获得比正常上班时间更多的收入。对于有一定危险但工资较高的工种,农民工也不排斥。父代的劳动力对于务农和城乡非正规就业是有效劳动力。对于务工,父代不仅有经验,更重要的是他们有时间和精力对农作物进行精耕细作,使得农产品不仅产量高而且安全有保障。(杨华,2016)在城乡非正规就业方面,父代主要在城乡充任如保安、保洁、保姆、建筑工等,为城乡居民提供了又好又便宜的相关服务,活跃了城乡非正规就业市场。总之,在新"三代家庭"中,只要是劳动力就不能闲下来,他们被充分调动起来成为一群能够吃苦耐劳、敢于拼命又勇敢智慧的群体,为推动中国发展做出了贡献。

(四)强化了中年压力与老年危机

新"三代家庭"中的父代是典型的中年人,他们上面还有老年人。在新"三代家庭"结构下,中年人承受了巨大的压力,老年人则被排除在新"三代家庭"之外而可能出现危机。中年人的压力既有来自村庄竞争的压力,要达到村庄不断抬高的生活和消费标准,需要"勒紧裤腰带干革命",村庄竞争越激烈,父代的压力就越大。也有来自子代家庭发展和城市化的压力,他们需要不断地开动马力向子代输入资源和劳动力。子代数量越多,他们的压力就越大,有的农村地区出现了"生两个儿子哭一场"的说法。子代家庭发展和城市化的压力越大,传递到父代身上的压力也越大。父代要缓解这些压力,就要调动乃至剥削自身劳动力。

农村老年人危机源于三个方面的原因,一是新"三代家庭"的资源分配是向下的,对老年人的分配最少;二是中年人承受着巨大的压力,忙得不可开交,有意无意地忽略对老年人的照料;三是新"三代家庭"对劳动力的强整合性特征,强化了家庭的工具理性,他们从"有用没用"角度来看待老年人,老年人一旦不能创造价值就会被子代唾弃;四是老年人也感受到了子代的压力,生怕自己成为子代的负担,也有为子代减轻负担的想法。基于这些原因,老年人的物质生活和精神生活状况就不会好,老年人非正常死亡现象增多,有的老年人得病拖死,有的老年人被饿死,还有的老年人在孤独中自杀身亡。

(五)加剧了村庄竞争与农民分化

新"三代家庭"是一个强有力的竞争单元,家庭成员在村庄竞争中的目标是"不比别人差",或者比他人过得好一点。各个家庭在调动资源和劳动力参与竞争中,既不断抬高村庄竞争标准,使得村庄竞争愈发激烈,又加剧了农民家庭之间的分化。农民分化包括两个方面,一个是经济上的分化,一个是社会关系上的分化。经济上的分化主要是指家庭收入上的高低差别。在中西部农村,劳动力是一个家庭最主要的资源,家庭劳动力的多寡和劳动力是否被充分调动起来,直接影响一个家庭的收入多少。在东南沿海农村,家庭资源主要包括市场、政治和社会关系等资源,这些资源的多寡决定着一个家庭财富的多寡。由于不同家庭资源和劳动力调动的差异,农民在经济收入上就会凸显差异,就会改变原来均等化的农村社会结构,逐渐在经济上产生等级分化。社会关系上的分化是指农民血缘地缘关系的淡化和"自己人"认同的瓦解。在传统上,一个宗族、家族或者村落是一个共同体,具有一致行动能力和遏制搭便车的能力。但是,当新"三代家庭"成为农民最基本的认同、行动和利益单位时,超出新"三代家庭"之外的村庄社会关系就成了竞争关系,这样就会割裂和瓦解超出"三代家庭"之外的社会关系。村庄竞争越激烈,新"三代家庭"内部就会越紧密,而越会把其他家庭视作竞争对手,而不是互助合作的对象,从而使得新"三代家庭"之间难以为村庄共同利益而采取一致行动。反过来,农民经济和社会关系分化加大,农民之间的竞争就会越激烈,从而进一步加剧农民分化。

七、结论与讨论

综上所述,新"三代家庭"是人口流动、城市化与村庄社会和家庭现象交互作用,共同形塑的新型家庭类型,它在2000年以后开始出现,并逐渐成为"八零后""九零后"农民普遍的家庭类型。新"三代家庭"既有别于核心家庭和联合家庭,也有别于传统"三代家庭",但同时它又有核心家庭、联合家庭和传统"三代家庭"的影子。譬如子代家庭的会计单位既相互独立,又与父代会计单位独立,有些类似核心家庭,但是它们之间又没有仪式性分家,且子代家庭与父代家庭共爨,这一点又与联合家庭有形似之处。子代家庭分别与父代的关联性很强,而它们之间却很独立,这一点又与传统"三代家庭"相似。新"三代家庭"是一种有着自身结构、特点和功能的独立的家庭类型,只要农村人口流动和城市化长期存在,它就会不断再生产出来。因而它具有稳定性和再生产性。新"三代家庭"的出现有力地驳斥了中国工业化后农民家庭将彻底核心化的论断,说明农村家庭的延续和变化皆有其独特的文化基础,包括集体主义、父代责任及传宗接代观念等。

新"三代家庭"中有三重机制值得关注,第一重是村庄竞争机制,村庄通过农民竞争将家庭发展、人口流动和城市化的压力传递给了农民家庭,经济条件越落后的家庭压力就也大。第二重是"形式上分家"机制,子代家庭通过不与父代家庭分家将竞争的压力传导给父代,子代家庭越多,父代的压力就越大。第三重是人生任务机制,父代以完成人生任务的形式和动力参与子代家庭的竞争和城市化,缓解压力和减轻子代负担。

新"三代家庭"有利于农民家庭应对村庄竞争、人口流动和城市化所带来的问题和压力,推动农民家庭发展和社会进步。新"三代家庭"的形成及其家庭关系实践,既有价值理性的一面,如代际责任和情感,同时也有工具理性的一面,如最大限度地调动和利用家庭资源和劳动力,在功能和社会效应上都有很正面的意义。但是在中西部农村地区,由于诸如市场、社会关系等资源的有限性,劳动力成为家庭参与村庄竞争和城市化的最重要的资源,家庭劳动力就可能被工具性的看待和使用,而可能会遮蔽代际关系的价值性的一面。中年人的劳动力被过度使用和剥削,是工具理性自然而然的结果。在对待老年人问题上,家庭的工具理性也占了主导,使得老年人在新"三代家庭"中没有一席之地,他们的生存空间被挤压。

参考文献

陈锋（2014）:《农村"代际剥削"的路径与机制》,《华南农业大学学报（社会科学版）》第 2 期,第 49—58 页。

陈辉（2017）:《我的妈妈是老漂:城镇化进程中的老人流动和代际支持》,澎湃新闻,2017-09-18。

杜鹏、贺雪峰（2017）:《论中国农村分家模式的区域差异》,《社会科学研究》第 3 期,第 87—96 页。

龚继红、范成杰、巫锡文（2015）:《"分而不离":分家与代际关系的形成》,《华中科技大学学报（社会科学版）》第 5 期,第 121—128 页。

龚为纲（2013）:《农村分家类型与三代直系家庭的变动趋势——基于对全国人口普查数据的分析》,《南方人口》第 1 期,第 61—72 页。

何兰萍、杨林青（2017）:《分户不分居:代际支持与农村老年人居住方式》,《人口与社会》第 2 期,第 51—58 页。

黄宗智（2011）:《中国的现代家庭:来自经济史和法律史的视角》,《开放时代》第 5 期,第 82—105 页。

李全棉（2004）:《农村劳动力外流背景下"隔代家庭"初探——基于江西省波阳县的实地调查》,《市场与人口分析》第 6 期,第 31—36 页。

刘锐（2012）:《温情脉脉的代际剥削何以可能?——基于河南 D 村调查》,《中共宁波市委党校学报》第 3 期,第 62—66、86 页。

刘佩瑶（2015）:《老年人口迁移问题综述》,《经济与社会发展》第 1 期,第 80—82 页。

王德福（2014）:《变色的嫁衣:作为代际剥削手段的彩礼——转型期农村彩礼习俗的性质嬗变研究》,《湖北民族学院学报（哲学社会科学版）》第 2 期,第 26—30 页。

王跃生（2014）:《三代直系家庭最新变动分析——以 2010 年中国人口普查数据为基础》,《人口研究》第 1 期,第 51—62 页。

肖索未（2014）:《"严母慈祖":儿童抚育中的代际合作和权力关系》,《社会学研究》第 6 期,第 148—171 页。

阎云翔(1998):《家庭政治中的金钱与道义:北方农村分家模式的人类学分析》,《社会学研究》第 6 期,第 74—84 页。

杨华(2013):《"结构—价值"变动的错位互构:理解南方农村自杀潮的一个框架》,《开放时代》第 6 期,第 47—66 页。

杨华(2017):《中国农村中等收入群体研究》,《经济学家》第 5 期,第 26—35 页。

杨华(2016):《论中国特色社会主义小农经济》,《农业经济问题》第 7 期,第 60—73 页。

杨华、欧阳静(2013):《阶层分化、代际剥削与农村老年人自杀——对近年中部地区农村老年人自杀现象的分析》,《管理世界》第 5 期,第 47—63 页。

姚俊(2013):《"不分家现象":农村流动家庭的分家实践与结构再生产》,《中国农村观察》第 5 期,第 78—85、94 页。

印子(2016):《分家、代际互动与农村家庭再生产——以鲁西北农村为例》,《南京农业大学学报(社会科学版)》第 4 期,第 21—29 页。

大家庭[①]式微：理解粤北宗族村落彩礼变迁的一种视角
——基于城村的考察

吴海龙（华中科技大学社会学系中国乡村治理研究中心）

内容摘要：粤北宗族村的彩礼相对于全国彩礼高涨的形势，不增反而下降。本文通过对婚姻彩礼行为的分析，透视了粤北传统宗族村落家庭生活方式的变迁。在大家庭生活式微的过程中，婚姻彩礼从由长辈主导到由子女主导。彩礼在婚姻中的作用逐渐弱化，彩礼价格也相对下降。大家庭逐渐丧失公共性，长辈从家长的公共角色转变为父母这样的私人角色。随着家庭政治经济的嬗变，家庭内的伦理道德丧失了存在的需要和基础，情感成为家庭中起主导作用的力量。

关键词：女儿地位　彩礼变迁　大家庭家长　宗族性村庄

一、引言

"现在家家都有钱了，不像过去了，女儿也是自己的肉嘛，其实不用给也行的"，在笔者问及彩礼的问题时松新如此回答。笔者在访谈中发现，老一辈人的彩礼价格比现今年轻人彩礼价格价格高出很多。长期关

[①] 学界一般喜欢使用"联合家庭"概念指称中国传统的同居共财的几代同堂的大家庭生活。在本文，笔者还是遵照当地人普遍遵守中国传统的习俗将孕育小家庭的母家庭称为大家庭。笔者将夫妻家庭和核心家庭按中国和当地的习俗称为小家庭。同时当地人也喜欢将房头、宗族称为大家庭，根据本文研究目的只将"大家庭"一词限定于孕育小家庭的母家庭。

注华北地区高彩礼现象的笔者,不禁对粤北当地①的彩礼现象产生了浓厚的兴趣。

调查发现,当地的彩礼价格在20世纪70年代时平均为400元,当时的工分水平是0.3元/天;80年代初的彩礼价格是1000元,当时外出打工的最高工资是2元/天。1995年之前是3000元左右,1995年到2010年前大约是5000元,2010年之后大约是1万元。因此,70年代时的彩礼价格需要劳动力不吃不喝干几年,而现在的彩礼价格只需要一个人打工几个月。包括华北在内的全国农村大多是随着经济收入的提高,彩礼价格年年攀升,农民的说法是"一年一个形势,还是早做打算(早点为儿子准备结婚彩礼钱)"。而粤北彩礼价格不升反降不禁引起了笔者的探索欲望。

学界对于彩礼性质的研究颇多,刁统菊(2007)将其总结出六种主要的理论成果:继承说,福利说,劳动价值说,竞争说,家庭意图说,财产转移说。王德福(2014)认为,"如果从彩礼性质的角度梳理,大致可以分为交换说、转移说和象征说"。"交换说"这一理论认为,婚姻是两个家庭之间进行女性资源交换,女性作为一种资源可以给男方家庭带来劳动力和家庭繁衍;另一方面,在把女儿抚养成人的过程中,女方家庭付出了很多经济资源,因此要求男方补偿女方家庭的养育成本,这种补偿在乡土中就叫彩礼或者聘礼。(《现代汉语词典》,1990:101)吉国秀(2006)发现20世纪50年代以前,辽东地区的男方家庭需要给女方"买衣服钱"和"养钱",其中的养钱就是作为男方家庭给女方家庭的补偿。研究初民社会的人类学也大多用偿付理论解释彩礼钱。初民社会中,个体的婚姻主要是通过"交换"的方式实现,而"在全局交换中,为了防止相互赠予的不平衡,所以创造了婚姻补偿机制,即男方家庭以劳役、实物或金钱的形式向女方家庭支付'新娘价格'"。(安德烈·比尔基埃,1998:50)

---

① 广东省清远市西北部一个传统的粤北宗族村落。

"'转移说'的代表是婚姻资助理论,婚姻转移理论认为包括彩礼在内的婚姻支付是实现代际之间财富转移的机制,新婚夫妇通过这一制度性安排获得对相对时尚物品的占有权,增强了独立生活能力,减轻了未来生活压力。"(王跃生,2010)财物从男方家庭以彩礼的形式转交给女方父母,女方父母出于对子女婚后小家庭婚姻幸福的角度考虑,将所获彩礼的大部分甚至更多转移给子代家庭。其中也出现结婚的男女青年联合向男方父母谋求更高彩礼,以提前将父母的财产转移到新婚家庭中。婚姻支付从给予父母的补偿转变为给予子代家庭的转移,源于农村代际关系中的天平向子代家庭转移,子代家庭开始获得来自父母的更多资源和权力。(熊凤水,2009)

中国是一个处于快速变化中的巨型社会,全国各地的彩礼实践存在较大差别,以及在不同时期的彩礼实践也会出现变化。阎云翔(1999:193、194)对下岬村1949年以来村庄彩礼和嫁妆的变迁进行研究发现,"50年代和60年代早期,婚姻交换实践可以用婚姻偿付理论来解释;从60年代中期开始,婚姻交换的资助功能逐渐凸显出来;70和80年代接踵而来的变化都是朝着有利于新婚夫妇利益的方向发展:定亲礼用于资助新婚夫妇而不是对交接权的偿付",从而在同一地点讲清楚彩礼从以家庭为对象的补偿转变为以子女为对象的资助。

当地的婚姻实践中,彩礼一直以来都给予女方父母,只是在过去给予父母的彩礼相对较多,具有实际的经济意义,现在给予父母的彩礼实际经济意义不大,更多的是出于婚姻习俗传统以及女儿、女婿和男方父母对女方父母的尊敬。本研究中田野调查地点的彩礼数额较少,婚姻的各方当事人对彩礼和嫁妆的数额并不敏感。因此,如果从实际的经济意义看,无论是彩礼转移说还是彩礼补偿说都不能说明当地的婚姻和彩礼实践情况。而从婚姻各方当事人在婚姻实践和彩礼实践的过程中,可以看出各方当事人将彩礼作为对女方父母的补偿仪式。如女婿和女儿一起把自己打工挣的钱给女方父母作为彩礼,他们把这个必须给父母的钱称作"育生钱""奶水钱",意思即为补偿父母对女儿的养育之恩;男方父母把钱给女方父母时会认为,"他们把女儿养这么大也不容易,要吃饭还要读书,都是做父母的"。同时女方父母对彩礼具有绝对的处置权,过去会将大部分彩礼留下,少数用于购买箱子脸盆等实物作为嫁妆给予女儿。现在父母大多会将办完女儿结婚喜酒的剩余大部分彩礼通过现金或者实物的方式作为嫁妆返还给女儿,但女方父母有最终处置权,这个处置权并不只是婚姻彩礼的仪式所赋予的,更是婚姻各方当事人在情感和道德意识上认可父母将彩礼钱留下来。因此,本文以彩礼补偿说作为本研究对当地彩礼实践的基本认识,但是在一个快速变迁的时代,当地的婚姻和彩礼实践形态也在发生着深刻的变化。为了能够完整还原彩礼的实践经验,本研究将彩礼变迁放到一个具体的村庄时空中进行分析,考察彩礼变迁背后的婚姻变迁和家庭变迁的机制。

二、传统①时期的婚姻彩礼——改革开放至 2000 年左右

笔者调研的村落位于广东省清远市西北部,是一个传统的粤北宗族村落。全村共有 600 多人,120 多户。② 全村为单姓村,分为四个大房,清朝初年从临近的塘村搬迁至此。当地农业经济薄弱,土地稀少,当地的说法是"七山一水两分田",人均耕地不足一亩。因此,各个村落和宗族之间常常爆发争夺资源的械斗。解放前匪患不断,各个村落还保留着

---

① 这里使用"传统"一词主要是为了表述的方便,但是对"传统"家庭、婚姻和彩礼的研究时间节点在改革开放至 2000 年左右。"传统"主要表现在当地家庭关系较为封建保守,大家庭生活方式,父系家长权威,女儿和妇女地位较低。华南山区的宗族村落比较保守,同时内部血缘组织、祖先信仰和规范的高度匹配与完善,使其传统家庭生活秩序受到冲击较弱,家庭关系比较封建传统。这不同于社会主义革命较为彻底的华北地区,这也是今天两地乡村家庭生活方式存在诸多差异的原因之一。而对当地家庭生活影响比较大的是市场化影响后的打工经济,因此根据田野调研的实际情况将差异比较的时间节点放在大规模打工经济开始的九十年代末期,也即 2000 年左右。
② 根据学术惯例,本文已对相关人名和地名进行技术处理,特此说明。

解放前的炮楼和城墙。解放前当地客家村落为半军事化组织,每个成年男性都要上战场,因此,客家女人不裹小脚,女人是家里的主要劳动力。即使作为家庭的主要劳动力,因处于一个男性半军事化的宗族组织中,所以女性在家庭和社会中的地位还是很低。由于耕地不足,以及当地人思想保守落后,当地直到 2000 年才开始种植经济作物砂糖橘和开启大规模的打工经济潮,家庭经济才开始好转。

(一)作为家庭边缘人的女儿

当地以前生育的子女数量较多,家庭比较贫困,家长将所有精力都放在完成子女最基本的抚养和成家立业上。正如曾安所说:"家长一生的努力就在于给每一个儿子至少一间土房子用于结婚,给儿子筹足结婚的彩礼钱和酒席钱。尽量供每一个儿子都能完成义务教育,让每个女儿都能够识字。"此时的父母只能将精力用于完成最基本的家庭伦理任务——给大家庭传宗接代,家庭很少将资源用于非伦理性的情感事物,因此女儿作为家庭伦理边缘人在家庭中的地位很低。

作为传统的宗族村落,个人以家庭为重,家庭中父亲地位最高,家庭的主要价值在于完成传宗接代,家庭中留给个人的生活享受、自由空间和资源都比较少。因为只能由儿子来完成家庭的传宗接代的伦理任务,所以,从非情感的家庭伦理价值角度看,女儿在家庭中就毫无地位价值,当地人因此认为女儿是"吃浪米"[①]。这时候家庭看待女儿就是工具性的,从家庭再生产的角度去看待女儿给大家庭带来的收益和成本。客家人的女儿从小不被家庭和亲戚待见,稍微长大一些就要帮助家里干活。目前的中年妇女很少有初中学历,大多数人是小学未读完就辍学回家劳动。

---

① 客家方言,表示一个人白白吃家里的饭而没有回报。

案例一:王氏(54岁),"家里只有大哥和小弟读到初中,我们三个姊妹都是小学没读完就回家里干活了"。笔者问:"为什么只有男的读到初中?"王氏:"那时候家里穷,孩子又多,只有钱供男孩读书,男孩子肯定要读书的嘛,他们要给家里接种(传宗接代)。不像我们女孩子,父母和老人家说,反正女儿都是给别人家养的,给你读到小学就不错了,我们这里好多妹崽都是小学没读完就回家帮忙干活照顾弟弟妹妹的。我们这个地方最封建的。"

父母看待儿子的角度是帮助家庭、祖先完成传宗接代和开枝散叶的伦理价值。如当地人德慈说:"儿子是留来做种的,女儿是不小心生出来的,生出来后父母不忍心丢掉,就要花费钱财将女儿养大,最终女儿又要嫁出去给别人家传宗接代。"他们认为女儿是帮别人家养的,父母会从女儿对于大家庭的收益成本角度将女儿看成与家庭对立的客体看待。因此,当地的女儿从小受到的疼爱就很少,父母尽量减少对女儿的投资。在家庭中女儿主要是用于做家务和进行生产劳作,因此会尽可能早的让女儿出来挣工分,同时也尽可能让女儿晚出嫁以便能多帮家里干几年活,尤其是一些下面有多个弟弟妹妹的家庭,女儿大多会辍学和晚婚。典型者如刘氏,1963年出生,文盲。有两个姐姐,一个哥哥,一个弟弟,一个妹妹,排行老四。因为弟弟妹妹都还在读书,家里穷,所以就在家多留了几年帮忙干活,本来从23岁开始就有人上门介绍,但是父母不想让她嫁,直到1987年(24岁)才嫁到上村。在中国的儒家文化内化了的宗族社会中,人们把以男性为主导的家庭和男系家庭的传宗接代提高到了人生价值的高度。人没有自我价值,而是以家庭为价值和归属,而这个家庭以男系为中心,因此女性在其中的地位就很边缘。在传统家庭中,女性不仅在生产上依附于男性,在精神价值上也依附于男性。在南方宗族传统文化强的地方,女性即使成了家庭的主要经济生产者,也依然地位边缘。进一步说,正是因为女性在家庭中的先天伦理地位绝对边缘,女性才会在后天通过努力孝敬公婆、传宗接代和承担经济生产责任,以求得在家庭生活中的位置感。同理,在父家的女儿,为了求得心理上和外在家庭结构上的位置感,一般都很早熟,从小积极帮助父母干活,照顾弟弟妹妹,气质上少了很多女童的天真任性,往往低调沉稳。[①] 宗族村落中女人地位边缘化,不只是由于经济能力功能上的,更多的是由于伦理文化价值层次的原因。

(二)父母主导的婚姻

20世纪70年代年轻人无外出打工的机会,八九十年代开始有年轻人外出打工,但主要在村庄附近打零工,年轻人尤其是女孩的生活交往依然在家庭和村庄的监视之下。因此,即使在解放后的妇女解放和婚恋自由的话语下,当地的婚姻还是由父母代表的大家庭主导。由家长依据大家庭的利益来决定女儿的婚事,儿女的婚姻也就由双方家长主导,彩礼和嫁妆也是由双方家长依据当地习俗进行博弈斗争妥协的结果。因男方是娶妻完成传宗接代和添加家庭劳动力而作为婚姻的受惠方,因此彩礼价格和婚事主要由女方家长决定。

为家庭利益管制女儿的婚姻,这是1985年全国妇联联合调查组在闽南农村彩礼调研时的分析,"作为女方,女儿长大本是家庭的一个好帮手,可出嫁后,成了人家的劳力,在农村,女方父母毋需女儿养老,而又没有固定收入,当女儿出嫁时,总希望对方以彩礼的形式,交付一部分女儿的抚养费和报答他们的赡养费,以弥补自家的经济损失。"(全国妇联联合调查组,1987)女方家长主要根据自己的家庭经济条件权衡彩礼价格,

---

[①] 这种心理状态很类似于韦伯(1987)《新教伦理与资本主义精神》中,新教徒因为不确证自己的选民位置,内心充满了焦虑,缺乏天主教徒那种先天选民的优越,因此他们的信仰会更为虔诚,更加努力地按照上帝的旨意去行动,以在心理上克服无位置的焦虑感,从而喷薄出了强大的行动能力。同时他们也成了涂尔干(1996)《自杀论》中自杀率最高的教徒,加尔文教引起了教徒心中巨大的张力。

越是贫穷的家庭,出嫁女儿下面弟妹越多的家庭,尤其是还有男孩需要这笔彩礼钱去完成婚事时,家长就会多要一些彩礼钱。2000 年前当地较为贫困,生育的子女数量也比较多,因此彩礼价格比当时的经济水平高出很多。女方家庭越穷要的彩礼就会越高。家长管制女儿婚姻的主要目的是依靠女儿的劳动力和彩礼钱补充家庭经济。如曾亚福的"小妹 1978 年(21 岁)结婚,490 元彩礼,父母根据家庭情况和一般的情况来定这个价格,不像现在这么开放由女儿自己来定彩礼价格。2000 年之后女儿开始说上话了"。

在经济资源有限时,以传宗接代为最高价值追求必然视女儿为一个客体。婚姻中的男方家庭将女性当做"生仔"和"帮忙家里"的工具看待;女方家庭在伦理价值和情感的权衡中,认为女儿至少"不能白养了",需要女儿回馈家庭。婚姻实质是两个家长为实现各自的家庭再生产任务而交换女性资源,婚姻中子女的爱情是次要的,大家庭的利益是主要的。

为传宗接代负责儿子的婚姻"作为男方家庭,娶媳妇是关系到生儿育女、传宗接代的大事,媳妇过门不仅为男方家庭增加劳动力,还可扩大家族成员,养儿防老。男方为了娶一个体魄强壮的、能干的、会生儿子的媳妇,宁愿花本钱,甚至负债累累也要给彩礼。这笔彩礼,不仅意味着给对方转让劳动力的补偿,还意味着不许悔婚,促进婚姻的稳定"(全国妇联联合调查组,1987),男方家长为了给儿子结婚不得不向家家户户借钱,他们大多要向本房人家每家借一头猪去卖。1980 年的彩礼价格大约是 800 元,相对于这时的家庭收入是比较高的,需要一个家庭几年的积蓄才可以攒够彩礼钱。而女方家庭会将大部分彩礼留在大家庭中,只有极少数转换成嫁妆给女儿带到男方家,通常是脸盆、毛巾等生活用品,价值大约在 100 元以内,当时个别条件好的女方家庭会用这部分钱办喜酒。

这时彩礼的性质是两个家长代表两个大家庭为了完成各自的家庭

再生产任务而进行的交换,用女儿来交换彩礼,按照当地人通俗的说法就是"卖女儿"。他们把彩礼作为男方家庭补偿给女方家庭养育女儿的钱,或者作为获得劳动力的补偿。如果,实际情况中,女方家庭比较穷困,又有很多未成年的弟弟妹妹,又或者还有一个兄弟正在等着这笔彩礼钱结婚时,女方就会要高价彩礼,这时候彩礼钱就不是双方家庭结为亲家时温情脉脉的礼仪活动,而是只有当男方家庭按时足额交付彩礼钱后,女方父母才会同意女儿出嫁。即使女儿看上了男方,在彩礼不足的情况下父母还是不会愿意女儿出嫁。

(三)长兄主导的婚姻

在当地,那个时代的人缺乏权利意识,也缺乏自我价值感,一切以家庭为重心。父母的地位和权力即代表作为代际关系中的长辈地位,同时父母更是作为一个家庭的当家人①而获得对于家庭成员的权力。因此,除了父母之外的当家人(一般为长兄)也一样具有对于家庭成员很大的权力和责任。权力体现在统和家庭成员的经济收入,包括获取妹妹的彩礼上。

部分家庭女儿的婚姻不是由父母主导,但主导婚姻的逻辑依然是由代表大家庭利益的当家人主导女儿的婚姻和决定彩礼价格。当父亲过世,或者父亲年老不当家而由长兄当家时,女性的婚姻和彩礼就由长兄主导,并且由长兄来收取彩礼。如果大家庭分家之后,女儿分给哪个兄弟,其婚姻和彩礼就由哪个兄弟主导和占有。所以,该地在分家时一般会把未婚的女儿分给家庭较为困难或未婚的兄弟,就是为了让这个儿子能够获得女儿的彩礼钱。佛金家就是这样,"当时把小妹分给弟弟就是因为小弟没有成家,小妹的出嫁彩礼钱可以给小弟"。

---

① 在当地语境中,"当家人"即为掌管家庭收支大权的人。在大家庭生活中,一般父亲为当家人,父亲年老后会有一个正式退休,宣布退休后一般有长兄接任当家人角色。

与此同时,作为当家人的长兄要负责未婚弟弟的成家立业。如曾亚福的小弟1974年出生,1995年(21岁)结婚。老婆是朋友的妹妹,自由恋爱,谈了一年多。"女方家很有钱,哥哥做房地产的,不缺钱,结婚时没要彩礼,还送了一套房子市价一二十万,但是只给了五万块成本钱。买房的五万块我出了两万五,我问姐妹和阿姨借了二万多。钱是由我来还。"

专门讲述长兄主导的婚姻,主要在于阐明当家人和大家庭的内涵。父母并不等同于当家人,父母是家庭血缘关系中的私人角色,相对于儿女而存在,而当家人是公共角色,相对于所有家庭成员和家而作为当家人的角色。因此,长兄也一样可以作为当家人的角色。当地的家庭生活和再生产模式以大家庭为主,由多个已婚的小家庭、未婚子女和父母构成,家庭中需要一个当家人支配所有人的经济收入和开支。父母和子女的关系带有更多的个人关系,以及可以容纳更多的个人情感,是做为一种私的关系存在。而当家人和子女的关系是作为一个公的关系存在,因此其中较缺乏私情,更多考虑家这个公家的公德。当父母或者长兄要当好一个家时,他就不能掺杂太多私情,此时的女儿或者妹妹就更多地作为家中未嫁女性的角色,此时的彩礼是给予当家人支配,而不是给予父母或长兄。彩礼之中表达情感作用较少,而其中的家庭伦理道德和经济色彩更重。在新时期的自由婚姻中,大家庭实质上瓦解,当家人的角色形式化,此时给予父母的彩礼钱更多的是表情表意的功能。彩礼给予女方大家庭的伦理意义和经济意义都虚化了,而女儿在父女和母女关系中的骨肉关系还存在着。此时的彩礼更多体现的是家庭中个人之间的亲属关系,其中既包含个人道德性的关系也包含着个人情感性的关系。如:在新时期的婚姻中他们常把彩礼描述为道德情感色彩浓厚的"奶水钱""育生钱""为报父母恩"。在这几十年间,从给家长到给父母,从给大家庭再生产的实质伦理功能到伦理作用的形式化,从更多的伦理道德性转变为更多的表意表情作用,彩礼也从一种有实质意义的"硬"要求变成了表达性、仪式性、道德性的"软"需求。新时期的彩礼大多不给兄长，即使父母不当家，彩礼钱依然给父母，而不给当家的兄长。大家庭生活实质上瓦解或者不需要起实质作用之后，包括婚姻彩礼在内的家庭生活中，强制性的家庭规则转变为形式化的仪式；家庭的公共性让位于私人性的亲属关系；原来调节家庭公共生活的人际道德关系还保存着（如父慈子爱、兄友弟恭等），但是其中缺乏来自家庭和村庄房族的强制性，家庭内人际道德关系从具有公德属性转变成私德。

传统时期彩礼价格相对于人们生活水平来说是比较高的，通常需要一个家庭几年的积蓄。这时的家庭也很贫困，家庭子女较多，家庭再生产的压力大，父母通常从完成家庭再生产和传宗接代的角度工具性地看待女儿，尽量节约女儿的生养和教育成本，尽可能多地让女儿在家里干活，尽可能提高女儿的婚姻彩礼价格，减少嫁妆的支出。女儿也自觉从自己为家庭能够做出多少贡献来衡量自己的价值，在婚姻和彩礼上多听从父母的安排。这时的婚姻是不自由的，是由双方家长根据各自的家庭利益进行的博弈和妥协。同时，这时期的女儿，在家庭经济困难的背景下和社会主导舆论对于女儿地位和价值的认识下，也自觉从大家庭的角度考虑自己的婚姻大事，大多自觉将自己的婚姻主导权和彩礼定价权交由父母主导。根据全国妇联的调查，"由于文化素质低，她们的自我意识弱，对自身价值的认识只能是出嫁要彩礼，为家庭增加一些收入，或者为兄弟娶媳妇助一臂之力"。（全国妇联联合调查组，1987）

（四）反常婚姻行为——为了爱情不孝顺父母

当时的生产大队每年都会招收男女青年到大队茶厂采茶。这些来自不同自然村的男女青年们在一起生产生活，成了那个时代最早"自由"恋爱的人，同时也使得大队茶厂的男女青年成了饱受村庄舆论唾骂的人群，他们被说成伤风败俗，不孝顺父母。因为女子的婚姻不是通过父母控制下的相亲,父母很难主导结婚的方式,也就失去了控制子女婚姻的手段。这时候的女方家长也就失去了婚姻的决定权,同时失去了彩礼的定价权。

案例二:曾二妹,1962年生,小学学历,在大队茶厂干活认识了她老公,自由恋爱,1982年(20岁)结婚(男方家兄弟两个,父母身体不好,想早点娶她过门帮忙干活)。当时家里经济压力大,弟妹还在读书,劳动力不够,生活超支,父母想留她在家里多一年多干点活,她不听,骂她不管用还是嫁了,彩礼只给了190元,父母发火,一分钱嫁妆都没给。"彩礼很低,但是他们两个人相爱了,男方家庭条件不好,他哥哥就拿了190块过来了,就这样了。村民邻居会讲她闲话的,但是管不了就算了,由她去了,反正年龄也差不多了。"笔者问:"村民是怎评价的?"曾亚福:"大家肯定骂女的,结婚年龄太小,不帮家里多干活,女孩子家不孝顺父母,白白养了一个女儿,不要脸;但是,不讲男的,男的娶个劳动力回去,怎么会说男的。"

这起婚姻的时间是1980年,当时人们预期的一般彩礼价格是500元。但是在这场婚姻中彩礼价格只有190元,并且彩礼是由男方的哥哥带过来给的,彩礼价格是由男方定的,女方父母并不同意婚事,只是被迫接受婚事和彩礼。面对这种女儿婚姻越轨的行为,村庄舆论批评"女儿不孝顺父母,父母白养女儿这么大了"。通过这起反常案例我们可以窥见当时村庄普遍的文化道德心态。在那个时候的村庄社会认识中,女儿生来就是要为大家庭和父母着想的,女儿的婚事就应该由父母依据家庭利益进行安排。那些违背父母意志,有损大家庭利益的婚姻行为是被村庄舆论强烈谴责的,那个时期大队茶厂的青年女子成了饱受村庄诟病的不孝女,茶厂男子成了勾引别人家女儿的"坏仔"。当地人认为"当时最不好就是那帮人了(大队茶厂青年男女)"。

与新时期人们的自由恋爱的习以为常形成反差的是,当时的女性自由恋爱会被村庄舆论所唾骂,这与当时村庄文化意识中人们对女性价值的认识是高度相关的。在传统的中国伦理道德中,女性本身无主体地位,女人只有依附于男人才可以成为家庭的一员,女人"未嫁从父,出嫁从夫,夫丧从子"。宗族村落中的女孩从小就生活在这种文化和对自我身份的意识中,女儿在未出嫁前自觉地认为自我就该为原生家庭服务。在大多数的介绍婚姻中,女儿很难迅速和男方产生感情,因此女儿总体上是向着父母的决定的,由父母来决定婚姻的彩礼价格。当地的普遍共识是养女儿亏本,需要通过"育生钱"补偿父母,因此,女儿也会主动提出给家里彩礼钱补贴家用。如娄山妹,1974年出生,本地九龙镇人。1995年(21岁)登记结婚,彩礼两三千元,嫁妆有录音机、煤气炉等,不到1000元。彩礼钱是她自己定的,是给报答父母的养育之恩。她有两个姐姐,一个哥哥,一个妹妹,一个弟弟,她排行老四。

(五)限制彩礼价格的因素

传统时期的彩礼并不可以漫天要价,限制家长要过高彩礼的是女儿的婚姻幸福和女儿在婆家的地位,以及村庄舆论对此的评价。20世纪80年代,当地一般采取同居共财共食的大家庭生产和生活方式。结婚的酒席和彩礼钱由当家人统筹,大家庭共同承担完成,嫁过去的女儿要和婆家的大家庭一起生活,因此,女方家长要过高彩礼的话就会挤占男方家庭的经济资源。这时女儿就不仅要和男方大家庭一起过苦日子,同时也因为娘家要过高彩礼,使得娘家人和女儿在婆家地位降低,村庄舆论看不起娘家人,同时也看不起女儿,女儿婚后的生活也很难获得娘家人的支持。因此,正常家庭都不会要过高彩礼,只有部分贫穷人家才会迫不得已要高彩礼,当地有一个大致的彩礼习俗标准,迫不得已超过习俗标准的家庭会被村庄舆论谩骂。

案例三:1982年,尤金娶媳妇花了5000元的彩礼,当时一般的彩礼价格是800元,女方家长要高额彩礼的主要原因是,首先按照当地习俗一般要等年长的姐姐哥哥结婚后,弟、妹才能结婚,否则就会导致大哥大姐难以成家,这家的女儿还有一个哥哥没有成婚;其次女方家庭条件很困难。尤金已经27岁,当时家里还有两个弟弟未婚,因此全房人家家户户合力卖猪给尤金凑足彩礼钱。由于女方要过高彩礼,在参与男方主办的酒席时就当场受到了舆论的谴责:"要这么高彩礼,你是卖女儿啊!"其女儿在婚后也不受婆婆待见,同时还要和大家庭一起承担巨额的彩礼钱,在婆媳关系恶化到不得不分家时还分担了3000元的债务。分家后尤金也总是将打零工的钱偷偷资助大家庭,为此妻子常和丈夫吵架。妻子不仅没能与小家庭和大家庭相处好,同时村庄舆论也很反感这种吵着和公婆分家的媳妇,尤其是他们公婆家的负担主要就是由于高额彩礼导致的,尤金妻子在村庄也没有人缘和地位。最后一次尤金偷偷给父母钱,妻子发现后大吵一架,就上吊自杀了。自杀之后,娘家人也不敢过来"打人命"。

当时的一般彩礼价格是800元,但当时有多起婚姻彩礼价格高于800元。在八九十年代常常有类似的高额彩礼出现,负担重的家庭通过控制女儿的婚姻来获得高额彩礼补贴家用。女方家长要从大家庭的家庭再生产和女儿婚后的幸福两个角度权衡彩礼的价格,同时也受制于村庄舆论。佛金坦言:"穷也不能要太高彩礼,女儿嫁过去那边也要跟着受罪的,女儿他们家也不容易。"尤金妻子也曾说过:"一般是家里负担重的家庭才要多钱的,要多了会有人说闲话的,人家会指这家人'卖女儿!'"

人的实践生活是通盘考虑的,不会偏废某一方的价值诉求,而理论对现实的描绘大多只考虑实践活动中突出的某一方面。因此只有从实践的土里生长出来的抽象思考在找到实践逻辑的平衡点时,才能产生接地气的研究。人的实践活动总是通盘考虑各种矛盾的对立面,而社会科学的理论推演总是单线前行的。因此,我们不仅要找到经验现象中的突出现象进行理论推理,还要找到与理论对立一面的经验,并且能够将这些经验纳入解释范围。推高彩礼价格的因素有家庭经济、家庭伦理任务、家庭内的权威秩序,它的对立面是家庭内的感情、村庄的面子、女儿的反叛。婚姻的自由化和彩礼价格的下降,就是原先高彩礼的对立面因素在获得增长。经济改善后,家庭中被大家庭道德意识所压制的更为柔和的家庭情感被释放出来;打工经济也助长了女儿的反叛精神和反叛能力。在当地的大家庭生活中,家庭公德、大家庭利益、私人道德和感情总是交织在一起维持着有序的平衡。家庭生活中,只有相对的某一方占有优势,而不可能出现家长和家庭公德彻底主导家庭生活的状况,毕竟人是感情动物。

三、新时期的婚姻彩礼

2000年后,婚姻和彩礼出现了显著的变化。此时大家庭的经济压力减少,生育的子女数量也减少,青年子女开始外出务工,中年人在村庄附近打工的机会也增多,家长完成家庭再生产的经济负担大大减少。代表大家庭利益的家长不再通过女儿的婚姻来获得彩礼补贴家庭经济,因此,此时的彩礼价格相对家庭的经济水平大大降低。

(一)"找老婆是儿子自己的事"

2000年后,儿子结婚也主要是通过外出打工条件下的自由恋爱进行,儿子的婚姻从家长主导的责任转变为儿子自己通过恋爱获得女性婚姻资源。此时的婚姻更多依靠儿子的个性和机缘,以及儿子"会说话,会嗦(骗)妹,肯花钱"。按照他们的说法就是,儿子结婚之前家里不要他的打工收入,留钱给儿子去拍拖,儿子大方点女孩子才会喜欢的。女孩子为了补贴家用而到外面打工,独立于家庭控制之外的未婚女性资源变多了,因此婚姻从女方家长主导,男方家长为儿子负责的婚姻方式,转变为了儿子自己出去凭借个人魅力去讨老婆。这时候男人哄女人的谈恋爱技巧就变得很重要。此时婚姻中的彩礼价格较低,结婚成本也比较低,因此结婚更多的是儿子自己的事情。当然,结婚是需要房子的。只要父母有能力就会给孩子准备结婚的婚房,但很多时候,父母并无能力专门为一个儿子准备单独的婚房。大多数情况是,结婚的儿子和父母一起住老房子,将原来的房间简单装修作为婚房。有房子可以作为儿子找老婆的资本,但是大多数家庭并无能力给儿子单独准备房子。

案例四:曾亚福大儿子,1984年出生,初中学历,2009年(25岁)结婚,老婆20岁,是连江镇人。"他在英德打工时认识的,当时他老婆在读高三,后来怀孕了就不读了。女方家庭条件不错,父亲是铁路工,母亲打零工,家里做锯木条生意的。""他当时特别害怕,打电话到家里,找父母和叔婶出面解决。我听到女孩怀孕心里高兴啊,儿子是高兴又害怕,怕岳父母阻拦。女方父母肯定不高兴啊,连个哥哥都还没结婚,妹妹先嫁了,送她去读书,不好好读还怀孕结婚了。他们没要彩礼,家里有钱不在乎这个钱,没要彩礼也没给嫁妆。""哥哥没结婚妹妹就嫁了不好的。妹妹都嫁了,哥哥还没娶,那你哥哥是要有多老了,说出去哥哥都不好找老婆。"

当婚姻从家长主导变为子女自由恋爱后,彩礼的性质就从双方家长之间的女性资源交换的经济补偿转换为弱经济功能的仪式性情感表达,即子女通过恋爱关系决定了婚姻事实的条件下,彩礼从"卖钱""补偿"转变成了情感和仪式性的"育生钱""奶水钱"。① 从原来彩礼具有决定

---

① "育生钱"喻指父母养育女儿的成本;"奶水钱"喻指父母的养育之恩,带有较强感情色彩。

婚姻的作用,并起到了实质补充家庭经济收入的作用,变成了现在已经事实上由子女决定婚姻,彩礼钱不再影响婚姻的结果。因此彩礼更多的从实际经济功能转变为仪式性的、感情性的补偿,是男方和女儿感恩父母对女儿的养育之恩的一种方式。这时候双方家长可以不出面商量决定婚事,女方家长不再可以主导女儿的婚姻,男方也不再需要父母的资助和出面就可以成家。这时候双方家长的出现只是基于传统习俗,以及对于双方家长尤其是女方家长的尊重。而大多数跨市跨省婚姻中男方家长是不出面的,而是由男女当事人直接和女方家长"商量"婚事,递上彩礼钱。不过这其中的"商量"和彩礼钱已经不能够决定婚姻,而更多的体现男方和女儿对父母的尊重。彩礼钱更多是作为女儿对父母生养自己的奶水钱和生养钱的"表表心意"。

婚姻主导权已经从女方父母转移到女儿手上,男方的家长也不再是男孩婚姻的主要承担者,而是仪式场合的出场者。过去男方家长为了促成婚事要出面和女方家长商量,现在儿女已经自己决定了婚姻,男方父母和女方父母见面也就没有了实质意义,而更多的是象征和表示尊重。

打工经济出现后,大家庭的功能开始式微,家长不再能够管住家庭成员的收入,常常有小家庭不愿意上交收入。各个小家和成员在外打工的收入,逐渐地高于通过家庭农业和副业获得的收入,因此小家和个人也减少了对于大家庭和家长的依赖。此时的大家庭生活缺乏实质经济和生活意义,大家庭更多地作为面向村庄公共层面的形式,大家庭的生活只出现在节日、村庄聚会中,此时的家长不再真当家。这个时期从父母口中经常出现过去无法想象的话语,"结婚肯定是儿子自己的事情,是看儿子自己的本事"。缺乏了家庭经济统和能力的家长也开始不承担子女成家立业的任务。

此外,当地传统的宗族结构和村庄文化是保护长辈的,与全国其他地方尤其是华北不同,当地的父母,尤其是父亲到了儿子结婚自己放下当家权之后,就不再干活,处在养尊处优受人尊敬的家庭和村庄地位。

(二)"女儿幸福就好"

从女方家庭角度看婚姻彩礼变迁,家庭经济改善后,家长完成家庭再生产的压力减少了,不再需要通过主导女儿的婚姻彩礼钱来补贴家庭经济。因此,这时候家长对于女儿的婚姻大多采取放任自由的状态,不再想着多留女儿在家里多干几年活,也不再想通过主导女儿的婚姻来获得彩礼补偿。并且当地的村庄整体舆论比较强大,村庄价值观主要是由有钱有闲的长老主导的,因此村庄的舆论也就限定了彩礼的最高数额。这时的婚姻是父权放任下的女性婚姻自由。这时的家长也自动放弃了彩礼的定价权,一般家长们会这么说,"儿子女儿都是一样的,都是自己的肉,不能要女儿太多彩礼","现在经济条件改善了不用卖女儿了","我们这种人无所谓的,给多少就是多少"。

> 案例五:德慈二女儿2008年(24岁)结婚,打工认识西牛女婿,快结婚了才和德慈说。儿女有好工作每年都给家里寄四五千元。送彩礼时男方父母过来。
>
> "要多少彩礼?"
>
> "他们两个中意相爱就可以了,我们不用钱的。"
>
> "我们小小心意给你5000块吧。"
>
> 男方父亲是搞建筑的比较有钱。女儿就说:"嫁妆你们有钱就买,没钱就不要买了。"
>
> 最后德慈买了三千多的摩托车,办酒席时送来了五六十斤的猪腿。德慈总共花了剩余的一千多元办酒席,嫁女儿也不能亏本。

当男方家长过来见面商量彩礼时,女方家长的态度通常是给多少都无所谓,不给也行。这时候男方家长就大多根据一般的彩礼习俗价格定价,或者遵照之前女方家嫁女儿的彩礼钱定价。与之前的女方家长决定彩礼价格,男方家长无条件完成的对立状态不同,现在双方家长在商谈彩礼时充满了和气和礼让。因为女方家庭条件改善,女儿在父母心目中的地位提高。彩礼钱相对于现在男方的家庭收入比重较小,大约只占家庭年收入的1/5。彩礼以及彩礼的数额对于双方家庭来说都变得不重要了。

女方家长对于彩礼的处置也发生了变化,原先是将大部分彩礼留下来补贴家用,现在是将大部分彩礼花在女儿身上,一部分用于购买女儿的嫁妆,剩余的部分用于为女儿办喜酒①。当父母不再扮演实际的家长角色时,女儿也就从女性资源变成了女儿。当家庭之外的经济收入大大高于家庭内的经济收入时,小家庭和子女的独立性开始增强:一方面父母难以整合家庭成员维持大家庭的生活方式;另一方面未婚子女和小家庭也可以通过自己的独立经济收入获得自身的再生产,父母也不再需要为子女操心。此时的父母从掌管家庭资源、为家庭成员负责的"当家人"变成了和普通家庭成员一样的私人性的家庭角色——"父母"。在此时的婚姻行为中,家长和女儿的关系是仪式性的,彩礼的实质作用弱化。女儿和父母的情感关系得到释放。婚姻协商中,父母作为家长的角色弱化和形式化,男女双方父母的对立斗争妥协让位于双方父母的温情和礼让。此时女儿与父母的关系从家长和未婚女性变成了父母和女儿的关系,女儿从大家庭中的客体变成了父母的女儿,有了"女儿也是自己的肉"的说法。女儿从大家庭的伦理边缘人,转换成了亲密关系中的主体,因此女儿的婚姻幸福也就变成了更为重要的事情。

(三)新时期反常的婚姻彩礼

当下的婚姻彩礼也会出现两种不正常的行为,第一种是,女方家长要过高彩礼,并且将大部分彩礼留下来。这种情况非常少见,只有在女

---

① 当地办酒席是亏本的,因此办酒席也是婚姻成本之一。

方家庭很困难,经济收入少,并且家庭未成年子女多时才会出现高额彩礼。极端贫困的家庭,女儿会推迟结婚年龄,以打工挣钱补贴家用。这时候表现为女儿为家庭而主动放弃自由恋爱,推迟结婚年龄。同时她们的婚姻也多以介绍为主,彩礼价格一般高于习俗标准。这是女儿和家长因为经济困难而达成的共识,女儿愿意为家庭考虑。同时一般不会办酒席,返还的嫁妆也比较少。这时候的高彩礼和推迟女儿结婚,是女儿情感上主动承担家庭困难的结果。其中缺乏七八十年代时父亲和村庄舆论的强制,以及女儿为家庭完成义务的责任。

案例六:永清大女儿读书到二年级,因为家里负担太重就没有再读书,大女儿很早就帮家里干活,并且也很早就出去打工供弟弟妹妹读书。与一般出去打工谈恋爱结婚的人不同,她直到25岁才经介绍结婚,就是为了能够早几年帮家里挣钱,减轻父母的负担,所以"打工时她不去理那些男的"。丈夫是本地人,2004年她和丈夫一起给了父亲5000元彩礼,当时因为家里穷女儿执意让父亲不要给她买嫁妆,也不要办酒席,就这样简简单单地出嫁了。

这时候的高彩礼和女儿为家庭干活,已经不同于传统时期的女儿必须应尽的义务,其中的家庭伦理责任弱化,父母作为家长的强制力消失,更多的是女儿与父母和弟弟妹妹的情感关系在起作用。高彩礼中包含更多的是家庭成员之间的情感,因此即使在娘家困难的情况下,女儿也可以选择不承担家庭责任。如2003年时佛金的儿子23岁结婚,认识的也是一个本市客家妹子,打工时谈的恋爱,带回家时已经怀孕。佛金已经准备好5000元彩礼,但是媳妇坚决不同意把彩礼钱给父母。因为,其母亲是后母,婚后对她不好,因此坚决反对给彩礼给自己父母,也不同意双方家长见面。此时,媳妇娘家还有一个后母改嫁带过来的哥哥打光棍未婚。

第二种不正常的婚姻彩礼行为较多。粤北宗族地区的年轻女子,小时候在家庭生活中大多缺乏关爱,在与男孩相比时,往往感到自己不是父母亲生的,对于母家庭缺乏归属感。粤北农村的家长一方面在允许女儿婚姻自由的同时,也是对女儿婚姻的不够负责任。因为缺乏过去家长那样对女子婚姻的管制,同时也缺乏家长的负责教导,更因为内心缺爱,使得当地的年轻女子在外务工时,很容易被花言巧语、会嗦(骗)妹的男孩骗走恋爱。而且在女性缺乏自我保护意识和缺乏家长监督的情况下,从小缺爱的女孩遇到对他稍微好一点的男孩就被迷得神魂颠倒。这也是为什么当地将近一半打工妹自由恋爱婚姻都会伴随着未婚先孕的情况。

案例七:亚福的四个女儿中有三个女儿都是打工恋爱未婚先孕,以三女儿为例。曾三女,1980年出生,小学学历,打工时没往家里拿过钱,2002年(22岁)结婚,老公是肇庆人,彩礼3000元是他俩自己定的。"我无所谓的,生活好了,拿来多少是多少。"直接返还现金2000元当做嫁妆,没办酒席,因为当时女儿怀孕了。"不骂她","不知道她什么时候谈的,结婚一个月前打电话给她妈妈说谈恋爱怀孕了。一个月后就拿来3000块彩礼回来,直接结婚了","知道后很生气,但不骂她,也没打电话给她。不想讲,也不好讲。"亲家公婆离得远,至今没见过面。

与过去的非正常彩礼价格通常是高出标准线不同,现在的非正常彩礼价格大多是不要彩礼或者低彩礼价格,大多数是由女儿自由恋爱后怀孕引起,家长和村庄也不再像以前一样激烈谴责。因为,此时女儿的不自爱行为主要是丢自己和父母的脸,而不像过去一样是不孝顺父母的行为。

新时期的婚姻反常行为与传统时期相比发生了巨大变化:传统时期

的反常以高额彩礼为主,自由恋爱较少,现在的反常以未婚先孕的低彩礼为主,高彩礼现在很少;过去的自由恋爱会被村庄所批判,父女会发生剧烈的冲突,当下父母面对子女的未婚先孕只是表示无奈,平时也不注重教育女儿;过去的高彩礼现象是家长强制的结果,现在的高彩礼现象是女儿主动的感情性行为。

(四)结语

四十年来彩礼价格的变迁反映的是婚姻模式的变迁。当地的婚姻从女方家长管制和男方家长负责,转变为女方家长放任不管和男方家长不用实际负责;婚姻从两个家长、两个家庭,甚至两个宗族房头之间的事情转变成了两个婚姻当事人之间的事情。彩礼变迁的背后是婚姻行为的变迁,婚姻行为变迁的背后是家庭关系的变迁。原先生活资源少,家庭子女众多,这个地方传宗接代观念浓厚,因此,只能在家长的统筹下举家努力将所有的资源都用于传宗接代的伦理任务,最主要的是完成大家庭的传宗接代任务。因此,长兄的婚姻即使举全家、全族的力量都要完成,贫穷家庭的长兄的婚姻往往需要举家努力花费数年的积蓄才能完成。完成其他儿子的成家也是任务繁重,需要将包括已婚家庭在内的所有大家庭成员整合起来集体努力才能完成。女儿作为家庭伦理边缘人不能享受过多的资源,还要支援家庭完成任务。此时的家庭更像一家完成传宗接代任务的事业组织,家庭成员充满了家庭集体道德意识,家庭成员之间的情感让位于家庭的集体道德意识,个人价值让位于家庭伦理价值。

到后来"女儿也是自己的肉",家庭资源宽裕后,个人的价值和情感开始变得重要,女儿也开始有了更多的自我意识和自我价值。无论是资源上、个人自我意识上还是父母的意识上,女儿都开始获得了自己本身的价值,获得了主体性的意识。女儿开始自己谈恋爱,自己和父母商量彩礼价格,自己决定自己的婚姻要不要办酒席,所以永清的三女儿说:"我不要向大姐那样,我要办酒席,不想一辈子被别人看衰。"相比于家庭中人的地位提高,大家庭整合资源的功能和意义越来越弱化,大家庭的生产模式变得形式化,家长丧失了实际调配家庭资源的能力。小家庭不再和大家庭共财同居,小家庭、未婚子女都开始和大家庭进行独立的经济结算。男子成婚也更多的是依靠自己的独立经济收入。家庭资源的宽裕、脱离村庄的个体化打工经济的兴起和注重个人价值的社会意识的兴起,共同瓦解了大家庭的家庭关系、家长父母的权威,瓦解了村庄和家庭的家庭集体道德意识,人从家庭的经济、权威和道德中解放出来。人有了更强的自我意识和价值,家庭内部也从只注重家庭道德到更加注重情感。那些被生活的重担和地方集体家庭道德意识所压制了的情感得以释放出来,女儿不再是"吃浪米",而是变成了"自己的肉"。家庭越来越变成一个现代的以情感为凝聚力的关系,其中的道德伦理整合能力弱化。以前以高彩礼为荣,现在以卖女儿为耻,女儿幸福变成了婚姻的主要目的。

四、从大家庭生活模式变迁进行解释

当地一直以来的主流家庭生活规范是传统的大家庭生活,当地人最为向往的是四代同居共财的大家庭生活,但这需要父亲具有较强的经济实力以及掌控大家庭的能力。当地对于大家庭生活的一般规范是,等到所有子女都结婚成家之后,才进行一次性分家。分家在当地是不光彩的事情,所有的分家行为都需要叔伯、房头和宗族的参与确证,习俗上晚辈没有提出分家的权力,只能是父亲亲自去找族人主持分家,晚辈只能通过闹矛盾间接逼迫父亲分家。同时,八九十年代时因为子代经济相对独立,当地出现很多提前分家的情况。小家庭的年轻人从家庭主导下的农业生产脱离出来,进入到非农业经济,开始获得相对大家庭收入更多的经济收入,从而出现部分小家庭向当家人提前闹分家的情况。2000年的外地打工潮时,当地的大家庭模式又重新得到了稳固。因为,小家庭的年轻人常年在外务工,很难有发生家庭矛盾的生活空间。经济上以各个小家庭独立结算为主,部分收入上交父母,主要是父母帮忙带孙子的花费。子代在外务工,父母在家务农,建房则主要靠几个儿女在外务工,将钱汇回来由父母帮忙建房子。富裕的人家会同时给每个儿子建房子,大多数情况是先建一间房子,两三个儿子合住结婚,将房子建成几个独立的套间房供父母和各个小家庭居住。

原先家庭控制着土地和社会关系等资源,个人经济生活是家庭经济的部分。乡土社会内的市场经济来往镶嵌于乡土社会关系之中,通过乡土关系开展经济活动。家庭是宗族村庄社会关系的基础单位,赋予村庄社会关系以较强的家庭公共性而非个体性。个人在村庄中的经济生产依托于家庭开展,因此家长也就有了控制成员收入的能力。当时的家庭经济生活是由家长统和所有家庭成员的经济收入,或者个人在家庭直接掌握的土地、小作坊、店铺等个体经济中进行劳动。然后家长统一分配生活开支,大家同居共财。

当地人均耕地面积大约0.5亩,户均3亩左右,依靠家庭的农业产出很低。当地距离省会广州大约5个小时的车程,因此打工经济较为发达,家庭收入主要依靠年轻子女在外打工和父母在家里打小工。20世纪90年代后期打工经济出现后,个人的经济活动开始脱离家庭的控制,同时超越于村庄之外的经济活动也不再依托于村庄内部的家庭关系。因此,个人在经济上获得了独立地位,20世纪90年代早期之前个人还将外出打工的钱交还家里,但随着打工经济的普遍化,个人不再将打工收入交还家里。与此同时个人也不再从家庭中获得生活资源。

打工经济的兴起,使得个人和小家庭从大家庭的集体经济控制中解放出来,只是在宗族村落中,村庄的传统社会规则和村庄舆论还较强,因此大家庭还保持着形式上的存在,父亲还是形式上作为大家庭的当家人。打工经济大大改善了整体经济状况,同时使得个人独立的经济收入大大高于大家庭控制的村庄经济收入。伴随着家庭经济相对弱化的是家长的经济权利的弱化,家庭中的经济权力从家长分散到小家庭和个人手中。与家长的经济支配能力弱化相伴随的是家长的经济负担也减少了,家长不再承担小家庭和个人的生活开支,以及建房结婚成家等经济责任。在结婚活动中,家长更多作为一个传统仪式的出场者,其中缺乏原先的经济控制力和对人与事情的支配权。

打工经济的兴起使得大家庭失去了存在的经济基础,大家庭生活变得形式化,家长权力变得形式化。在婚礼上,家长的出席也主要作为一个传统仪式的出场者,同时还表达着大家对家长的尊重,但是家长在子女的婚姻中已不起主导性的实际作用。家长成了仪式的象征,传统礼仪的一部分,家长不是因为权力而受尊敬,而是因为文化习惯和感情的原因才受到尊重。与此同时,婚姻缔结中的彩礼也就失去了原有的实际意义。

在其他地区,如华北的彩礼也失去了原有的家长主导下的实质意义,彩礼从给家长变成了转换成嫁妆给子女。因此华北彩礼高涨的原因在于子女利益的推动,彩礼已经从补偿家长转变成了资助小家庭。华北彩礼高涨的背后有着实质的经济利益和载体,而粤北彩礼价格相对降低的背后就是原先大家庭生活实质的瓦解,但彩礼依然保留着传统的形式,还是依然给予家长作为补偿。受制于宗族村落外在结构和意识的制约,当地的婚姻彩礼并没有演变为同华北地区一样的将所有彩礼转换成嫁妆用于资助子女的小家庭生活,彩礼依然掌握在家长手里。只是因为当地的大家庭和家长权的虚化,彩礼才会随着经济发展和子代地位提升而相对降低。华北的彩礼是给子代的,因此彩礼价格会伴随着子代地位的提高和家庭经济的好转而升高,其内在家庭原因在于代际剥削,外在原因是婚姻市场要价理论所揭示的城乡一体化的婚姻市场的形成。而粤北村庄的彩礼会随着大家庭的式微,逐渐在婚姻缔结中变得不再重要,同时彩礼价格也相对降低。在大家庭生活时期,大家庭有着强公共性,婚姻彩礼是家庭公共政治的一部分。家庭政治的目标是实现家庭的整体再生产和个人人生伦理任务的实现,其中的女儿是家庭伦理边缘人,从而成为家庭政治所牺牲的部分。只有当大家庭经济解体后,家庭的公共政治才瓦解,原有家庭政治中以礼仪传统出现的行为就变成了形式性的"传统仪式",从而其重要性不断弱化。

瓦解了的家庭公共经济基础使得家长和家庭不再具有对于家庭成员的管制权力和管制的需求与责任,家长本身从一个家庭公共角色转变成实际上的私人角色。原先家庭的伦理道德关系本身内含着公共政治关系,如家庭中的父为子纲、夫为妻纲、兄友弟悌即是家庭成员之间的私人道德关系,同时又包涵着家庭公共政治关系。当大家庭实际解体后,家庭中的父子、夫妻、兄弟等私人关系中的伦理道德本身就丧失了严肃性,对道德关系进行严格要求的公共经济、公共政治和公共意识的内涵和强制性也丧失了。因此,这时候的家庭关系的严肃性降低、尊卑等级降低,其中道德的作用主要用于调解家庭内的私人关系。因此,家庭内私人关系中的情感比重上升,私人道德变成了用于调节私人情感关系的辅助品(原先的道德主要用于调节公共政治经济关系),此时的道德和情感的关系中,情感成了主导力量。当道德失去了政治经济基础,反而道德的主要目的是用于维护个体性情感关系时,道德本身也就失去了坚实的基础,道德会随着时间、具体的家庭和具体的人而随意变动。此时的家长和子女对于彩礼价格协商也就比较随意,给彩礼的方式、价格和礼仪都可以随意变化。以个人关系为导向的私德也就丧失了从私德向公德的转换。原先的家庭道德既是私德也是公德,现在的家庭道德变成了私德,缺乏道德的公共经济基础,因此人际关系中的情感开始主导私人关系,家庭私德也就丧失了严肃的家庭政治经济基础。

私德化的家庭关系下,父女关系也就变得更纯粹简单,也更充满父女间的温情。因此,在婚姻彩礼问题上,原先僵硬的两个家长之间的对立关系,严肃的父女关系也就变得柔和。父亲更看重女儿的幸福,更加注重婚姻缔结中自己与女儿的关系;女儿对待婚姻的自主性更强,在认识自己婚姻和家庭关系上也更多从情感角度思考问题。在婚事上,传统行为仪式化,真正起作用的是感情。

参考文献

刁统菊(2007):《嫁妆与聘礼:一个学术史的简单回顾》,《山东大学学报(哲学社会科学版)》第2期,第155—160页。

王德福、徐嘉鸿(2014):《作为代际剥削手段的彩礼——转型期华北农村彩礼习俗嬗变研究》,《农林经济管理学报》第2期,第210—215页。

中国社会科学院语言研究所词典编辑室(1990):《现代汉语词典》,商务印书馆。

吉国秀(2006):《婚姻支付的变迁:一个姻亲关系的视角》,《民间文化论坛》第1期,第17—21页。

[法]安德烈·比尔基埃等(1998):《家庭史》,袁树仁等译,北京:生活·读书·新知三联书店。

王跃生(2010):《婚事操办中的代际关系:家庭财产积累与转移——冀东农村的考察》,《中国农村观察》第3期,第60—72页。

熊凤水(2009):《婚姻支付实践变迁与农村家庭代际关系转型——基于安徽南村的考察》,《云南社会科学》第1期,第127—130页。

阎云翔(1999):《礼物的流动:一个中国村庄中的互惠原则与社会网络》,李放春、刘瑜译,上海:上海人民出版社。

吴昌稳(2012):《郭嵩焘与晚清广东土客大械斗》,《神州民俗(学术版)》第1期,第28—32页。

全国妇联联合调查组(1987):《农村婚姻彩礼上升的社会成因——福建省清流县婚姻彩礼情况调查分析》,《福建论坛(经济社会版)》第4期,第56—58页。

嵌入行政体系的依附农
——沪郊农村的政府干预和农业转型[①]

夏柱智(武汉大学中国乡村治理研究中心)

内容摘要:中国农业的转型具有区域差异的特征,发达地区的经验表明政府干预可能形成嵌入行政体系的"依附农",其经营方式和后果不同于通常所界定的农业资本主义。以沪郊农村为例,在农业治理要求下,沪郊外来农民及自发的农业变迁被"问题化",随之被地方政府排除出农业生产领域,"本地农民—家庭农场"取而代之。家庭农场虽然有现代农业及自主经营的外在形式,但其内在运作机制是一套"行政化"的农业经营模式。地方政府通过一整套农业经营制度安排支配着经营者选择、生产标准和收益空间,将面向市场的自主经营者转变为面向行政体系的依附经营者。新农业经营方式的主要问题是农业经营成本被人为推高,迫使政府以农业补贴维持农业再生产,进而形成土地承包者和实际经营者共同依附农业行政体系获得丰厚收益的"分利秩序"。在这一基础上,本文还对发达地区所显示的农地制度问题进行了初步的反思。

关键词:政府干预 本地农民—家庭农场 依附农 农业转型 发达地区

[①] 中国博士后资助项目:《中间阶层对乡村治理的影响及参与机制研究》(2017M612427)。

一、问题的提出

在农业现代化背景下,农村土地流转比例不断攀高,已经突破30%,其中相当一部分土地流入具有规模经营特征的家庭农场、合作社、专业大户和工商企业等新型农业经营主体,突破了具有部分自足自给性质的传统小农经济。近年来,不少学者引入政治经济学理论,用"农业资本主义"(伯恩斯坦,2011:1—3)或者"农业转型"来概括农业变迁过程(Zhang and Dohaldson, 2008;龚为刚、张谦,2016)。简要地说,农业转型指资本主义生产关系进入农业领域,将传统的农耕纳入资本主义的工业化的农业生产体系,进而农业生产成为一个为资本积累服务的部门。(Bernstein and Byres, 2001)研究者借这个概念强调农业经营方式和农业领域的生产关系发生的根本性变革。(张谦,2013:3—27)

近年,关于中国农业转型如何发生及对传统农业和农村的影响的研究已经积累了不少成果。沿着经典著作的两种路径,学界一般将农业转型的推动力量归结为市场(商品化)、国家干预两大因素。孙新华(2015a:3—10)把目前的理论视角概括为"自发转型论"和"政府干预论",他认为目前的研究对地方政府在农业转型中的作用没有给予足够的重视。张谦则认为地方政府的政治环境差异不是农业本身的差异,而是农业转型模式多样化的原因。(张谦,2013)地方政府的推动使农业可以在更为短暂的时间内走完其他国家需要上百年时间才能走完的转型道路。(严海蓉、陈义媛,2015)龚为刚和张谦(2016)的一篇总结性文章指出引入政府干预变量的重要性,并强调这一解释路径不排除市场因素的解释,因加入了国家干预及其权力结构这个中介变量,农业转型具有多种变迁路径和具体形态。

政府干预的动力在于推进以规模经营为特征的农业现代化,这首先受到自上而下的意识形态的影响。从中央到地方政府存在把农业现代化等同于"规模经营"的认识(贺雪峰,2013a;宋亚平,2013),存在盲目追求现代化的发展主义的意识形态(叶敬忠,2011)。农业部把"家庭农场"定义为超过100亩的"大"规模经营农场就表现了这一点。(黄宗智,2014)其次是面对分散小农形成的农业治理困境倒逼政府扶持新型农业经营主体。农业税费改革之后国家治理体制改变,自上而下的财政(项目)资源和分散农户难以对接,地方政府通过扶持新型经营主体解决政府和小农交易成本过大的问题。(贺雪峰,2015a;孙新华,2015b;龚为刚、高原,2016)政府干预农业的后果是,政府扶持具有规模经营能力的农业资本加剧小农和"中农"瓦解,农业中的资本主义生产关系正在趋于主导地位。(孙新华,2013;陈义媛,2013;龚为刚,2014;孙新华,2015b)结果是农业资本主义化和农村阶级分化,农业问题和农民问题解决的"双失败"(贺雪峰,2014a),农村社会形成下乡工商资本和留守老弱病残共同构成的冲突性社会结构(王德福、桂华,2011),农民可逆的、双向流动的城市化中断(温铁军,2009;贺雪峰,2014b:2)。

综上所述,学者把一般的农业转型理论和中国经验结合起来,对研究中国农业的现代化启发颇大。相关研究抓住了中国农业转型过程中资本主义迅速扩张的现象,并指出政府干预在其中扮演的重要角色。不足的是缺乏区域比较视野,陷入"政府干预—农业资本主义转型—农村阶级分化"的线性因果链条中。这种农业转型路径建立在两个前提假设上:一个假设是政府在小农经济体系中推动农业规模经营,农业还是维持农民生计的重要部分;另一个假设是政府推动小农农业向现代高度资本化的农业转型,新农业是面向市场的,政府的任务限于培育新型农业经营主体。事实上中国农村具有巨大的区域差异,最基本的差异是东部和中西部农村的经济发展程度不同。目前关于农业转型的经验研究主要关注中西部农业型地区,对发达地区农村关注不够。发达地区农村劳动力充分转移,市场较早驱动小农农业转为规模经营。温铁军(2000:303—304)较早地将发达地区的农业规模经营概括为村办农场和家庭农场两种类型。发达地区有较强的财政资源和政府控制能力,在特定条件下,政府干预有可能把已经高度市场化的农业重新纳入行政控制。这种农业变迁路径不能用现有的农业转型模式来概括。

鉴于此,本文尝试从经验中概括一种新的农业转型模式。文章以传统小农经济已经终结的上海郊区发达农村为研究区域,以政府干预形成的主导性的"本地农民—家庭农场"为研究对象,阐述政府干预的逻辑、方式及结果。上海郊区农业变迁的特征是市场已经催生规模经营,但政府干预使得农业完全嵌入农业行政体系,经营者完全脱离了农业要素市场,成为深嵌入行政体系的依附农。"依附农"在本文语境中有两个含义:一是自上而下由政府支持的家庭农场经营者,二是农业经营者、经营过程和经营结果(利润)由政府规范和支配的农业经营体制。本文资料来源于2015年12月笔者所在的研究团队中国乡村治理研究中心组织的上海市郊区农村调查,调查地点是上海市奉贤区、松江区和嘉定区农村,调查方式主要是半结构式访谈。上海市是中国最发达的都市,辖15个市辖区、1个县,总面积6340平方公里,是世界上规模和面积最大的都市之一。上海市还有少量的农村和农业人口。上海市二调数据显示,截止到2009年12月31日,全市耕地284.64万亩①,2014年农村户数为98.54万,人口271.56万,其中农业户籍人口为139.19万人(《上海统计年鉴》,2015:29),农村从业人员为168.5万人。其中从事第一产业(农林牧副渔)的从业人员不到40万人,占农村从业人员比例不到25%,占全社会从业人员1365.63万人的比例不到3%(《上海统计年鉴》,2015:221)。从这个数据来看,上海郊区农村绝大多数农民已经非农化转移,是发达地区农村的典型代表。

---

① 《上海市第二次全国土地调查主要数据成果》,参见中华人民共和国国土资源部网:http://www.mlr.gov.cn/tdzt/tdgl/decdc/dccg/gscg/201405/t20140521_1317602.htm。

二、政府干预和本地农民—家庭农场的兴起

这一节从经营主体角度呈现上海郊区农业 30 多年的变迁,说明本地农民—家庭农场兴起主要是政府干预的结果。一般认为农业变迁的自发秩序是随着农民充分非农化转移,农地流转形成少数规模经营主体。这是没有考虑到外地劳动力流入本地劳动力市场的简单模型。在上海郊区这样的发达地区农村,本地农民自发退出农业,外地农民或称为"农民农"的这个群体大量进入(奚建武,2011),形成独特的市场农业秩序。近年来的新趋势是由于地方政府干预,外地农民及旧农业被"问题化",他们随之被排斥出上海农村,取而代之的是本地农民—家庭农场的经营模式。

(一)本地农民的退出和外地农民的进入

在 20 世纪八九十年代上海市郊区农村,乡镇企业发达,农民转移尚不充分,离土不离乡、进厂不进城是农村经济的特征。农村社会形成较为普遍的"半工半耕"(半工半农)农村经济模式(黄宗智,2000:291—194;黄宗智,2006;贺雪峰,2014a:108),非农就业收入和农业收入共同构成上海郊区农民不可或缺的收入来源。在 90 年代,上海郊区工业化不断发展,年轻农民普遍转移到工商业就业,老年劳动力也容易在村庄附近找到零星的就业机会,农业收入已经不再重要。且随着上海市的财政转移支付,农村老人普遍获得较好的养老保障[1],这促进了农民普遍退

---

[1] 上海市在 1987 年就开始进行农村养老保险的试点,1992 年保障面就扩展到 56 个乡镇,1996 年颁布《上海市农村社会养老保险办法》,实现全面的农村人口的养老保险。养老金相当可观。各个区根据其财力,养老金数额不同,奉贤区是较低的。目前到达退休年龄的老人(女性 55 岁,男性 60 岁),每人每月有 800 元,不过也是全国大部分地区的 10 倍(全国一般是 60 元)。

出农业生产,土地随之自发流转。不过这些土地主要流转给外地农民,形成由两夫妻耕作的家庭农场。

本地农民不愿意(规模)种田的原因是,本地农民职业非农化及农村社会保障体系的建立使得农民生计十分稳定,促成了上海郊区农民追求安全和不愿承担风险的心态。本地农民进城务工一般选择有社会保障的、干净卫生的、有节假日的"白领"工作,即使收入低一点也没有关系。他们不能忍受农业劳动的辛苦和农业收益不确定性带来的焦虑。奉贤区庄镇叶村的农民解释说:"种田就要时刻操心,什么时候播种,什么时候下秧,在'双抢'时还要忍受一定的劳动强度。"当外来农民给予较高的土地租金,农民就更乐意把土地流转出去获得稳定的租金。外来农民主要是自雇劳动,获得的纯收入较高,他们能够支付较高的租金,因此本地农民分散经营的土地陆续流转给外地农民,绝大多数本地农民退出了农业生产。

相对于本地农民,外地农民能够忍受农业的辛苦,且从事农业规模经营能获得不少于外出务工经商的收入。以粮食种植为例,随着机械化水平提高,外来农民耕种规模逐渐扩大,普遍从二十多年前的零碎的20—30亩土地,达到目前的100亩左右。他们尽量以自雇为主,按照100亩土地计算,种植稻麦两季作物获得的年纯收入6万元。且农民认为务农的好处是"自主自由",这是工商业就业不能相比的。正如长期关注上海农业的学者马流辉(2013)分析说:"不少'农民农'并不是一来到上海就进入农业生产领域,而是先在工厂上班,发现工厂不适合自己,然后才选择从事农业。那些有过工厂工作经历的'农民农'普遍反映从事农业生产比较自由,不像在工厂里那样要受老板的气。"

外地农民在上海郊区种田曾经有非常良好的环境。村干部欢迎外地农民种地,地方政府至少是默认的。因为外来农民不仅解决了"无人种田"的问题,而且为村集体带来了颇丰的集体经济收入。税费改革之前,上海一些缺乏工商业的远郊农村与中西部地区的农业形势相同。贺雪峰(2003:85)在《新乡土中国》中曾经记录进城务工农民把土地撂荒,村集体被迫把农民承包地收回出租给本地农民或外地农民,弥补税费亏空。上海郊区农村为了解决土地税费及撂荒问题,也积极介入到土地流转中。例如在1999年二轮承包时,奉贤区叶村农民普遍不愿意多种田,村集体把农民不愿承包的耕地收回再向外地农民租出,以完成税费任务。农业税费改革后,土地租金完全成为村集体经济收入,这对工商业不发达的村庄尤为重要。在2010年土地确权之前,叶村村集体掌握了全村耕地的三分之一,为1500亩,按照土地租金600元/亩计算,村集体获得年均90万元收入。为了能收到土地租金,村集体积极为外地农民提供统一的水利和机械化服务,形成良好的农业生产秩序。总之,从农业变迁动力的角度,早期上海郊区的农业变迁主要是市场力量驱动的。

(二)地方政府对外地农民的排斥及其理由

上述本地农民退出、外地农民进入的市场秩序持续到2007年,随后外地农民经营模式被"问题化"。地方政府基于粮食安全问题、农业可持续发展问题和农村社会稳定问题,强化了农业治理。这个背景下上海市郊区政府为农业制定诸多规范性标准,外地农民的经营模式因为不符合这些规范而被"问题化"。

一是粮食安全背景下的粮食种植面积问题。尽管粮食产量十二年连增,粮食安全仍然是一项自上而下的政治和行政任务。在保粮食安全的背景下,上海市地方政府对粮食作物种植面积进行了严格控制。2008年12月,市农委制定的本市2009—2012年主要农产品最低保有量目标,要求保障155万亩粮食种植面积,20亿斤粮食生产能力,确保20%的粮食自给水平不下降,并把指标分解到各区。[①] 各区按照农业规划,规定粮

[①] 参见《上海农业委员会关于确保本市主要农产品最低保有量的工作意见》(沪农委[2008][467]号)。

食作物和经济作物比例以及种植区域。比如奉贤区叶村4500亩耕地中，目前规划为粮食作物4000亩，蔬菜种植面积350亩，水生作物50亩，其余的100亩土地则由本地农民种菜或少数老人耕种。受经济利益刺激，上海郊区的外地农民大多数种植经济作物，这是大都市近郊农业种植结构的基本规律，但与上海市对粮食种植面积的要求不相符合。

二是农业可持续发展背景下的农业生产方式问题。农业可持续发展内容很广，涉及种植结构、农资使用和基础设施使用等方面。基层干部认为外地农民进行"掠夺性生产"，不注重保护农地资源和保证农产品质量。比如外地农民种植果树等长期经济作物，在基本农田内随意开挖排水渠道，恶意榨取土地养分，严重损害了土壤结构和地力。种植粮食的外地农民一般种植稻麦两季，没有"三三制"①的种植安排，未实行"种田"和"养田"相结合，严重破坏了土壤结构。外地农民在使用种子、农药和化肥方面具有较大的自主性，部分违禁农药还在使用，造成农产品质量不过关。一些农民把稻谷放在柏油马路上晾晒，影响了稻谷的品质。这些问题难以监管，从而影响农业的可持续发展。

三是农村稳定背景下外地农民的治理问题。上海郊区农村治理和全国一样秉持"不出事"逻辑（贺雪峰、刘岳，2008），出事情就要自上而下地问责党政主要领导，因此地方政府非常害怕外地农民带来的农村治理问题。当地村干部列举了诸多治理问题：一是农田违章搭建问题。大多数菜农为了生产便利直接在田里搭建"田间窝棚"居住，并不安全。二是农村环境污染严重。外来务农人员生活垃圾随意倾倒，人畜粪便随意排放，污染农村生活环境，引起当地农民和外地农民之间的矛盾。三是群体性事件。意外事故引起群体性事件时有发生，影响着上海农村的稳定。奉贤区叶村书记说："外地人'亲戚带亲戚'来上海郊区种田，他们内部有组织性，在有意外事故时容易形成群体性事件。前几年一个外地农

---

① 三三制：上海市农业种植模式的新规定，指在秋播作物中，三分之一种植小麦或油菜，三分之一种植绿肥，三分之一休养生息。

民50多岁,帮村里的农机合作社干活,突发心脏病死亡,他的亲属即花钱'聘请'围观人员到村委会放花圈、烧纸钱,要求赔偿100万元。"

从调查结果来看,上述问题在过去二十年一直是存在的,与外地农民的农业生产和生活方式有关。市场经济提倡面向市场的农业经营模式,地方政府所列举的外地农民经营所带来的问题,包括不按照规划种植粮食、掠夺性经营、购买低成本(往往是高毒性的)农资、造成环境污染及与之相关的社会治理问题均是市场配置资源的直接或间接的结果。只要上海农业开放为全国农业的一部分,其农业生产依据的是全国市场的标准,就必然出现目前所看到的农业和农村治理的多种问题。长期以来,相对于外来农民带来的收益,这些连带的农业和农村治理问题并未引起地方政府重视。在新的农业价值规范影响下(例如粮食自给率),这些原本次要的问题上升为农业治理的主要问题,需要被解决。

(三)本地农民—家庭农场的兴起

上海郊区正在推广的有两类新的经营模式。一是主导性的家庭农场模式,这方面的论文和报道非常多,由于政策限定本地农民才有资格申请建立家庭农场,因此准确地说是"本地农民—家庭农场"。二是集体农场,村集体把外地农民排除出农业经营主体的地位,直接经营土地,雇佣外地农民为领取工资的"代管户",进行分包管理。这两个模式中,集体农场也能保粮食安全,发展可持续农业和便于乡村治理,甚至由于取消了个体化的家庭经营,消除了监管难题,能取得更好的农业治理效果。然而上海市作为中国经济最发达的地区,自我认同为农业经营体制最富活力和最先进的区域。上海农业发展除了要实现治理目标,还有更高的政治性目标,即为全国的农业发展提供可推广的经验。① 由于决策者的价值偏好问题,家庭农场是上海郊区农业发展的主要方向。

上海郊区家庭农场的规范含义来自松江区,比农业部的家庭农场定义更为简明。② 家庭农场是"以同一行政村或同一村级集体经济组织的农民家庭(一般为夫妻二人或同户家庭劳动力二三人)为生产单位,从事粮食、生猪养殖等生产活动的农业生产经营形式"。③ 家庭农场包含地方政府追求的一些重要价值规范。首要原则是经营者具有本地农村户籍身份,这一规定把外地农民排斥出去,农业重新作为本地农民就业的资源,具有福利化特征。其次是适度规模经营原则,松江区规定家庭农场面积标准为100—150亩,主要体现效率和公平统一的原则。适度规模经营一直以来都是中国农业规模经营政策的基本原则,④适度规模经营能够避免农户兼业化的倾向,又能够考虑到城镇对农村转移劳动力和人口的吸纳能力。(陈锡文,2012a;赵鲲、赵海、杨凯波,2015)再次是家庭劳动力自耕原则,家庭农场经营主要依靠家庭劳动力,少雇工或不雇工,自耕性质的家庭农业可以精耕细作,适应农业的自然属性。陈锡文(2012b)的观点具有代表性:"农业的再生产有其特殊性,无论是种植业、

---

① 中国决策的一个重要模式,就是典型示范逻辑,一个地方性政策在得到中央肯定之后上升为全国性政策,地方领导人因此获得政治地位。这一逻辑下地方政府对政策制度创新非常感兴趣,而这又需要具体的"示范点",这是一种中国官场政治学。参见贺雪峰(2013b)对"办点政治学"的论述,李元珍(2015)对"领导联系点"的论述。
② 家庭农场作为新型农业经营主体,以农民家庭成员为主要劳动力,以农业经营收入为主要收入来源,利用家庭承包土地或流转土地,从事规模化、集约化、商品化农业生产,保留了农户家庭经营的内核,坚持了家庭经营的基础性地位,适合我国基本国情,符合农业生产特点,契合经济社会发展阶段,是农户家庭承包经营的升级版,已成为引领适度规模经营、发展现代农业的有生力量。参见《农业部关于促进家庭农场发展的指导意见》,中国农业信息网:http://www.agri.cn/V20/ZX/tzgg_1/tz/201402/t20140226_3797119.htm。
③ 《松江区农委关于进一步规范家庭农场发展的意见》(2013年3月20日),参见《上海农村经济》2013年第10期,第46—48页。
④ 2014年中共中央办公厅、国务院办公厅印发《关于引导农村土地经营权有序流转发展农业适度规模经营的意见》提出土地流转的基本原则之一是"坚持经营规模适度",既要注重提升土地经营规模,又要防止土地过度集中,兼顾效率和公平,不断提高劳动生产率、土地产出率和资源利用率,确保农地农用,重点支持发展粮食规模化生产。

养殖业、林业还是水产业,劳动对象都是有生命的,这个特点决定农业生产是一个极其复杂的生命活动过程。只有让农业劳动者与劳动对象建立非常紧密的经济利益关系,农民才可能认认真真地种地。"最后在这个规范性定义内涵之外,家庭农场还具有"体面收入原则",一对夫妻通过适度规模经营的家庭农场获得相当于市民的体面收入,户均收入要达到8万—10万元,这是一个具有政治意味的价值原则[1],这尤其是松江区家庭农场的鲜明特征。

上海松江区在2007年就试验"家庭农场",2013年家庭农场首次写入中央一号文件,家庭农场就成为上海市农业现代化的一张名片,因此上海市各区推广家庭农场成为一项政治任务。2015年末松江区家庭农场发展到1119户,经营面积14.06万亩,已经占粮食生产面积的95%以上[2],家庭农场模式已经形成。奉贤区在2013年开始推广家庭农场模式,2015年末奉贤区粮食型家庭农场344户,累计经营面积5.16万亩,占粮食生产面积比例为32.3%[3],家庭农场模式正在快速扩张。

家庭农场充分体现农业价值规范,却有诸多规范原则约束,并不容易组织。因此一些并非重点区域,地方政府建立了集体农场,以此替代外地农民。我们调查的嘉定区冈镇自2012年开始,外地农民退出,集体接管这些退出土地,形成集体农场经营模式(对外称"农机专业合作社")。所谓集体农场,指的是由集体经济组织统一指挥农业生产的农业生产组织,从性质上看,集体农场毋宁是乡村干部掌管的农业企业。经营方式是:集体农场拥有土地经营权,播种和收割主要是村集体农机合

---

[1] 从报道来看,这是当地主政官员的设想,后来成为公开的政策。"让农民有一份体面的收入,种80亩地,有五六万元的收入,这是松江区区委书记盛亚飞几年前就提出来的一个思路。"参见《500户农民搞定14万亩至"十三五"末松江家庭农场户数将减半》,新华网:http://news.xinhuanet.com/local/2015-12/23/c_128557234.htm。
[2] 《2015年上海市松江区国民经济和社会发展统计公报》,载《松江报》,2016年02月16日第6—7版。
[3] 《2015年上海市奉贤区国民经济和社会发展统计公报》,参见奉贤统计信息网:http://tj.fengxian.gov.cn/TJSJ/TJGB/2220.htm。

作社完成,满足农业生产的标准;原来的外地农民作为"代管户"进行"分包管理",一个管理单位大约是100—150亩;农资方面,除政府统一发放的农资外,剩下的由代管户到农资店赊购,年底村集体再统一到农资店结账。至于农业生产监管问题,集体农场通过"保底工资、超产奖励"①办法激励代管户,这种经营方式在粮食产量上并不低于家庭农场。从农业治理角度,冈镇的集体农场具有很大的优势,既完成了粮食生产任务,又完全消除了自上而下的监管问题。然而从家庭农场推广作为"政治任务"角度,集体农场仍是暂时的,这是该区逐渐转向家庭农场模式的原因。嘉定区从2014年开始推广家庭农场模式,计划到2017年达到217个。②

外地农民退出、本地农民重新进入农业,重构农业经营主体,这是地方政府的行政意志使然,解决了"谁来种地"的问题,那么家庭农场实际上是如何进行生产和再生产的?一般来说在市场经济条件下,任何经营主体包括家庭农场均要通过市场获利,然而这又可能带来前述多种农业和农村治理的问题。如何处理政府和市场的边界是一个重要问题,从上海郊区家庭农场的实际经营情况看,政府的积极治理把家庭农场完全行政化了。

三、嵌入行政体系的依附农及形成的机制

本部分将论证,当前上海农业的家庭农场生产和再生产过程嵌入行政体系的,是缺乏自主性的"依附农"。一般来说,绝大多数地方政府对农业的干预仍然是宏观的。政府的主要任务是通过土地流转、项目支持

---

① 嘉定区冈镇分包管理者的收入由定额工资和奖励工资两部分构成:其一是村集体支付的管理费,一般为每亩300元左右(其中水稻管理费为230元左右/亩,小麦70元左右/亩);其二是超额产量的分成收入,村集体对管理者实行"包产计酬",规定分包管理者向村缴纳水稻950斤/亩,小麦缴纳600斤/亩,超出这个额度以外的产量为管理者的额外收益,归管理者所有。一般来说,水稻和小麦超额产量能够有300元的收益。超额收益加上固定的管理费,管理者一亩土地大约能收益600元,这约等于自己耕种土地的收入,外地农民有积极性。
② 《嘉定将建217家家庭农场》,载《解放日报》,2014年08月12日第2版。

等方式培育新型经营主体。这些经营主体是市场主体,主要依赖市场交易获得利润,仅在必要时候回应行政意志以换得地方政府的政治经济支持。不同的是,上海郊区政府干预是全方位的,政府完全掌控了农业生产资源,这迫使经营者脱离与农业要素市场的联系,与农业行政体系建立隶属性的纵向等级关系。下面从土地再分配、农业资本和农业补贴三个角度呈现这种关系的形成。

(一)土地再分配及经营者的选择

众所周知,政府干预推动规模经营,首要任务是建立新的土地流转机制,取得土地再分配的权力。十七届三中全会确定我国土地流转制度的基本构架是在家庭承包制基础上推进土地使用权市场化流转,土地流转的主体是农户,遵循"依法、自愿、有偿"原则。但农户自发土地流转难以形成连片集中的土地供给,也就难以实现地方政府的政治目标。张路雄(2012:38—39)研究认为农户间自由转包是无法实现连片耕作的,只有通过集体调整地块,才能实现土地连片流转。由于目前的政策不允许集体调整土地,农民自发土地流转无法实现规模经营。各地政府普遍要求进行制度创新,主要的方式是反租倒包。(温铁军,2000:305—308)"反租倒包"包括两个过程:村集体将已经承包到户的土地通过租赁形式集中到集体(称为"反租"),进行统一规划和布局,然后将土地的使用权流转给规模经营主体(称为"倒包")。各类集中型土地流转制度均利用了"反租倒包"制度,它有利于增强村集体"统"的能力,实现了土地的集中连片流转。然而"反租倒包"可能导致政府及村集体强制农户流转土地的问题,中央政策明确不允许地方"反租倒包"的制度。[1]

---

[1] 2008年中央一号文件《中共中央国务院关于切实加强农业基础建设进一步促进农业发展农民增收的若干意见》明确指出:"坚决防止和纠正强迫农民流转、通过流转改变土地农地用途等问题,依法制止乡、村组织通过'反租倒包'等形式侵犯农户土地承包经营权等行为。"

上海郊区农村为了避开政策风险,建立了以"合作社"为中介的土地流转制度构架。具体是:村集体建立"农业资源合作社",农户通过自愿委托协议把土地经营权交给合作社统一流转,合作社向农户统一支付租金,其实质内容和"反租倒包"并没有差异。为了进一步促进土地连片集中流转,上海市在 2009 年进行"确利不确地"的农地产权制度改革。①上海市农村土地确权只确四至到村民小组,农户有承包经营权而没有特定的承包地块,村集体获得了土地控制权。由于村集体作为政府"代理人"的性质,政府通过对集体的行政控制,按照行政意志配置土地资源。也就是说上海郊区农村通过"农业资源合作社"建立起来的并不是土地流转市场,而是乡镇一级政府主导的土地再分配秩序。乡镇政府对土地的控制能力表现为,虽然村集体是土地唯一的供给方,然而政府按照一定的计划配置土地,向村集体分配家庭农场发展指标并干预家庭农场经营者的选择。

这在松江区最为典型。松江区政府按照规划控制家庭农场的土地规模。2007 年家庭农场的土地规模一般是 100—150 亩,2015 年的平均规模是 125 亩,松江区试图在未来 5 年把家庭农场规模提高到 200—250 亩,这意味着要减少约一半的家庭农场。② 这表明政府通过土地再分配可以实现对经营规模的控制。关于家庭农场"指标"如何分配,松江区确立了规范性的"准入制度",基本原则是"择优"。松江区总结了严格的准入程序:(1)制定标准;(2)农户申请;(3)村委会审核;(4)民主评议;

---

① 参见《上海市人民政府关于进一步稳定完善农村土地承包关系建立健全土地承包经营权流转市场的意见》(沪府 2009 年[34]号),该文件提出:"确权确地确有困难的,可采取确权确利的办法,并确保土地承包经营权证到户,保护农民基本利益。"这明显不同于后来 2013 年中央一号文件要求"确四至"精神:"用 5 年时间基本完成农村土地承包经营权确权登记颁证工作,妥善解决农户承包地块面积不准、四至不清等问题。"
② "到今年底,松江全区粮食家庭农场户数为 1119 户,经营面积 14.05 万亩,户均经营面积 125 亩;但到'十三五'期末,松江家庭农场户数将减少到 500 户左右,届时户均经营规模将至少翻一番,达 200 亩至 250 亩。"参见《500 户农民搞定 14 万亩 至'十三五'末松江家庭农场户数将减半》,新华网:http://news.xinhuanet.com/local/2015-12/23/c_128557234.htm。

(5)公示签约。前三项是基本条件筛选,第四项尤其关键。"由本村老干部、老党员、老队长和民意代表进行民主评定,择优选择家庭农场经营者;遇有特殊情况的,可采取'票决'制,按得票数确定家庭农场经营者人选。"[①]民主评议制度把家庭农场经营者的选择变成了一项政治事务,把家庭农场经营权利变成一项不断再分配的指标。目前该地区经营者和村集体签订的土地流转协议时间一般不超过 5 年,多数是 1—3 年。这意味着,家庭农场随时要退出土地,满足政府及村集体对符合其要求的经营者的选择。比如松江区家庭农场政策要求:"在承包经营合同期满后,要优先让优秀家庭农场经营者继续经营,以利于粮食生产稳定发展。"总体来说政府建构了一个家庭农场经营者之间的竞争秩序,又把分配优胜者的权力牢牢掌控在自己手中,服从政府规范的粮食生产成为家庭农场的核心目的,个别经营者并不重要。

(二)农业资本化及农业生产的标准化

现代农业的生产是高度资本化的,这和土地所有制无关。可以说谁控制了农业资本,谁就能控制农业经营的方式。经济学家舒尔茨(2009:15—21)指出:"在解释农业生产的增长量和增长率的差别时,土地的差别是最不重要的,物质资本的差别是相当重要的。"随着工业化和城市化的推进,农村劳动力的转移和农业经营规模的扩大,中国农业资本化程度日益加深。黄宗智、高原(2013:28—50)引入农业普查数据表明中国农业显著地"资本化"了,且指出中国农业资本化主要是由农户推动的,其总量比国家和农业企业公司的投资还要大。这应当是全国大多数地区的特征。而在局部经济发达地区,快速的农业资本化可能来自政府,体现出政府干预农业的行政意志及经济基础。在机械、农药、化肥和种

[①]《松江区农委关于进一步规范家庭农场发展的意见》(2013 年 3 月 20 日),参见《上海农村经济》2013 年第 10 期,第 46—48 页。

子四种资本要素投入中,机械化是最主要的资本投入。本文以农业机械化为例阐述地方政府如何介入农业资本化,重构农业社会化服务市场。

上海农业机械化起步很早,由于强大的财政支持,上海农业机械化发展很快。根据《上海农业机械化发展报告》,2015年粮食作物全程机械化快速发展,主要农作物机械化水平达到83%。① 上海郊区农村一直维持以行政村为单位的农机组织("农机合作社""农机队"),从而有利于政府对农机资本的控制。经过几十年的演变,从所有权来划分,目前上海郊区农村农机组织可以分为两类:一是集体所有,松江区和嘉定区主要采取这种模式;二是改制后由私人所有的农机组织(企业),奉贤区采取这种模式。这些农机组织的共同特征是企业化经营,雇佣农机手,农机所有者付给工资,形成农机所有者及实际农机手的分离。集体或私人经营的区别仅在于利润分配的主导权不同。

上海地方政府对农机服务进行严格管理。农机组织的所有权和管理方式不同,然而均接受自上而下的规范。原因是无论是集体所有还是私人所有,政府通过农机补贴掌握了农机资本更新权利。第一,购机补贴额度大。政府补贴农机具多达售价的50%,部分新型机械补贴比例多达售价的70%,如新式插秧机。在粮食烘干机等大额投资上,政府对农机专业合作社动辄配套数百万元的项目资金。第二,补贴对象特殊。一般只有村一级的农机合作社才能申请农机补贴,个人申请农机补贴有严格的条件。在这个条件下,农机购买者只有获得政府的农机补贴才具有市场竞争力,这实际上是地方政府通过高额的农机补贴政策影响乃至控制农机资本的配置,进而控制农机所有者。

乡镇和村一级均有管理农机服务的干部,农业行政的重要职能是为所有农机作业制定统一的作业标准、时间、价格及先后顺序。政府通过控制农机服务标准使得农业生产完全标准化了,家庭农场经营者实际上

---

① 上海市农业委员会办公室:《上海农业机械化发展报告》(2016年1月26日),参见上海农业网:http://www.shac.gov.cn/snzt/fzbaogao/2015bg/201601/t20160126_1603727.html。

成了"田间管理者"。在机械化作业时,甚至不需要家庭农场主在场,村干部就为他们安排好了时间和机器。松江区浜镇的干部的报告突出地表现了这种支配能力:"收割和烘干都要排时间表,收割顺序根据烘干安排来定。收割一般采取'三三制'收割的方式,田分为三块,要冬播的那块田先收,每台收割机收割40亩田,一户100亩地需要约3天才能收割完,遇到雨天,收割时间顺延。烘干是区里根据各镇的情况安排好了的,镇里再将指标分配到村,村里再抓阄排表。农户将水稻运到粮管所烘干,烘干后记下重量,粮管所发给农户一个牌子,农户到时间了凭标牌领钱。"

总体来说,政府干预背景下,上海郊区的农业机械化服务呈现行政配置特征,农机服务接受自上而下的价格及作业规范标准。全国市场上农业经营主体与农机手的双边市场关系,被政府、农机手与经营者之间的三边关系代替。政府支配农业社会化服务体系的结果是经营者已经不重要了,正如松江区浜镇干部讲:"有成熟的农机手和农业服务,谁都可以种地,传统的农业知识已经不重要了。"地方政府通过强化农业资本以及社会化服务的作用,塑造了生产领域内无差别的经营主体,政府形成了对集体及经营者绝对的支配能力。经营者也认可这一农业经营秩序。在农业高度机械化之后,家庭农场经营者与农业机械等大额资本的利益相关达到最小,换言之,地方政府及集体容易更换具体经营者而不至于导致农业生产的中断,经营者的经营自主权对于农业生产经营已无多大意义。

(三)农业补贴体系及收益空间的确定

无论是谁来经营,经营者均关注收益空间的大小。如上两小节所述,政府掌握了土地及机械等农业生产资料的分配权,因此确定了土地分配和农业社会化服务的利益空间,这是一种间接和外在的控制。为了激发经营者服从政府行政规范的积极性,地方政府需要建立直接的内在控制经营者的机制,这就是农业补贴。

农业补贴一直是税费改革之后农业政策的核心内容之一,体现工业化发展到一定阶段之后国家对农业的支持和保护,其一般性的目的是适当降低农民投入成本,增加农民收入,激励其从事农业生产的积极性。(陈锡文、赵阳、陈剑波、罗丹,2009:163)不同的农业补贴政策反映政府农业发展政策的偏好,这充分体现在农业补贴成为各地推动土地大规模流转和资本下乡的重要经济手段。有的地方政府推动农村土地大规模流转,规模越大,亩补贴数额越高(贺雪峰,2014b;曾红萍,2015),在有些地区,下乡资本完全可以依托补贴获得不错的收入,流入的经营权可以转包出去获得差价(孙新华,2015a:43;陈义媛,2013)。上海市地方政府有雄厚的财政能力,能够大量补贴家庭农场经营者,同时严格限制经营者转包土地获利。这些补贴分为两类,一类是普惠的补贴,一类是奖励补贴,把经营者变成自上而下接受政府考核的一个类行政单位。

为了简便,下面的讨论仅仅计算经营者种植稻麦两季作物,不考虑其他种植作物所获得的补贴。一是普惠制的农业生产补贴,资金来自中央、市和区,这些补贴又分为以现金方式进入经营者账户的补贴和以实物方式降低农业生产成本的补贴,实物包括种子、化肥、农药或机械化服务,服务于标准化的农业生产。例如为了严格执行秸秆还田政策,政府对农机合作社补贴一季作物45元/亩,稻麦两季作物90元/亩,它降低了农户的成本。二是需要考核才能获得的奖励性质的家庭农场补贴,资金来自于区一级政府,不同的区的财政扶持力度不同,补贴对象是粮食型家庭农场。补贴力度最高的是奉贤区,该区给予粮食型家庭农场的补贴为500元/亩,大大超过松江区(见表1)。

表1 松江区和奉贤区政府对经营者的农业补贴(2015)

农业补贴类型		松江区	奉贤区
普惠	现金补贴	262	212
	物化补贴	290	300
奖励	家庭农场补贴	200	500
	总计	752	1012

*数据来源于对当地村干部的访谈。

经营者获得补贴是有前提的。上海市的农业补贴不是经营者纯粹的权利,而是包含着极为严格的义务,构成政府自上而下监管的渠道。松江区较早地形成奖励性补贴的农业治理方式。松江区2007年开始为鼓励家庭农场发展出台区级扶持政策,给予家庭农场每亩200元的土地流转费补贴,意在鼓励农民返乡务农。到2012年土地流转费补贴改为生产管理考核性补贴,根据考核结果发放补贴,考核内容包括粮食高产竞赛、秸秆还田、农机直播、新农艺新技术推广、生产考核等。[①] 奉贤区政府2013年设置了500元的家庭农场补贴资金,分为300元基本补贴和200元奖励补贴,考核方式更为详尽。经营者获得300元基本补贴的前提是不违反"一票否决"的标准,具体有六项:发生转包现象的、发生冒名顶替的、发生违章搭建的、发生使用禁用农药的、发生秸秆露天焚烧的、考核记载和财务不规范的。如要获得200元全额奖励补贴,则必须符合考核要求,涉及茬口安排、农田环境、田间管理、粮食生产、高产创建。一年考核两次,分别是6月末和12月末,考核满分为100分,考核分为优秀(≥90以上)、良好(≥80)、合格(≥60)和不合格(<60)四个等级,分别获得200元/亩、150元/亩、100元/亩补贴,不合格则没有补贴。[②] 从这

[①]《关于上海市松江区家庭农场考核和补贴的实施意见》(2011年2月14日),参见松江农业网:http://sj.shac.gov.cn/jtnc/fczc/201204/t20120409_1324478.htm。
[②] 参见《奉贤区农业委员会关于奉贤区粮食适度规模经营考核奖励补贴的意见》(沪奉农委[2013]84号)。

个细致的考核表来看,农业行政部门通过家庭农场补贴的发放对农业生产全过程进行细密监控(参见表2)。

表2 奉贤区粮食适度规模经营户考核表(2013)

考核内容	评分标准	分值
茬口安排	二麦、油菜、绿肥冬季深耕晒垡—水稻茬口布局	10
	听从"六个统一"指导,适时完成播种、收割、深耕工作	10
农田环境	种植区域内无不规范种植行为,无农药包装废弃物及其他垃圾现象	10
田间管理	集中连片种植,农作物长势良好,无病虫害,无田间杂草	10
	合理配套田间沟系	10
	及时清理外围沟系,及时管护农田设施	10
粮食生产	二麦亩均产量超过全镇平均10%	10
	水稻亩均产量≥600公斤	20
高产创建	参与高产创建活动	10

从微观角度看,引导经营者行为的唯一原则是收入。按照上海市农业生产方式,新成立的家庭农场经营者的纯收入是减少的,激励经营者的大量的政府补贴输入使得他们获得比市场条件下更高的净收入。关于上海郊区农村家庭农场主的体面收入主要来源于政府补贴,而不是来源于家庭农场模式本来的优越性,是许多调查的共识。①

---

① 例如黄宗智(2014)研究了松江区家庭农场相关材料,他以李春华的家庭农场为例阐述了家庭农场收益的实质,"在两茬作物之外,他更获得450—500元的各级财政补贴,借此达到1000元/亩的净收入","也就是说,李春华的主要受益其实不是来自其经营模式的经济优越性,而很大程度是来自政府的补贴"。刘守英(2013)在松江区的调查显示,"从亩均净收入看,100个家庭农场亩均净收入817元,亩均补贴498元,家庭农场获得的财政补贴大体能够抵消土地流转费用的四分之三。若取消补贴,家庭农场亩均净收入仅为319元,户均总收入仅为36366元"。

根据我们在奉贤区的调查,百亩左右的家庭农场产量数据为:水稻亩产为 1200 斤,小麦亩产为 600 斤,政府收购价格为水稻 1.3 元/斤,小麦为 1.0 元/斤,本地或外地农民在产量和售价上没有区别。以稻麦两茬作物为例,不计家庭劳动力投入,外地农民经营稻麦作物亩平纯收入为 1290 元,本地农民所得纯收入为 1000 元(这是由于投入较多的机械和雇佣较多零工)。纯收入,加上农业补贴收入,再扣除租金之后为家庭农场主所得净收入。松江区土地租金为 750 元/亩,农业补贴为 752 元,松江区家庭农场亩平净收入为 1002 元,奉贤区土地租金 1050 元/亩,农业补贴为 1012 元,奉贤区家庭农场亩平净收入为 962 元。这说明松江区和奉贤区家庭农场的净收入的主要部分来源于政府农业补贴收入,奉贤区占比还大一些。

从经济效率角度来看,这样的农业经营显然是不合理的,而从政府农业治理的角度,农业补贴构成农业治理的有效方式。基本的机制是:农业补贴替代农业本身收益构成经营者收入的主要来源,或者说把经营者的收益从市场条件下的农业利润置换为农业补贴,建构了政府对经营者全生产链的"监管权"。作为理性的经营者,遵从收入最大化原则,其行为逻辑就是通过服从制度规范获得自上而下的农业补贴收入维持再生产,而不是从降低生产成本或提高粮食产量角度方式增加收入。松江区一位干部讲"家庭农场要效益,我们要的是规范",生动的概括了这种利益关联性质。在丰厚利益的背景下,农业行政干部对经营者具有极大的监督权力,松江区浜镇的一位副镇长在抽查农业生产时,发现一块田的草比稻子还长,当场跟村书记说"叫那个农户不要种田了,田里全是杂草,浪费资源"。镇村农业干部会定期不定期地对农业生产状况进行检查,经营者也形成了非常强的自我监管意识。松江区浜镇某村的一位家庭农场主反映他小心翼翼地应对村内竞争者的举报。他向调查者报告说:"农闲时外出务工,却不能长时间在外打工,农忙时田头必须有人,不然马上有人举报。因为政府规定家庭农场经营必须是'自耕'经营,种田必须由家庭劳动力来种,不能请长工或雇工过多,否则取消种田资格。"

(四)小结:政府干预与"依附农"的形成

综上所述,上海郊区的地方政府完全掌握了农业生产,地方政府通过制度安排和资源输入,几乎垄断着全部的农业生产资源。家庭农场只能从政府控制的"合作社"中获得土地及农业社会化服务,且在收益上依赖农业补贴获得体面收入。因此家庭农场是一个被摆布的经营者角色。

为了区别于自由市场上的农民,本文将这样的经营者概括为嵌入行政体系的"依附农"。在高度资本化的农业方式中,家庭农场主的主要职能是进行田间管理,这和集体农场雇佣的分包管理者的职能无异。上海学者叶敏、马流辉(2012)长期追踪上海农业变迁,他们指出上海正经历"农业组织化"的趋势,原来的自主经营者(外地农民)转化为雇佣工人,社会地位发生了改变。他们实际上描述的是嘉定区"集体农场—代管户"的经营模式。实际上自主经营的家庭农场主和这些"代管户"并无根本差异,二者都深嵌农业行政体系。不同的是,家庭农场在价值上优于受雇的工资劳动者。在地方政府的规范要求下,家庭农场被塑造为适度规模的自耕经营者,被规定要从适度规模经营中获得"体面收入",从而不同于受雇的工资劳动者。

这是一种从未有过的特殊农业经营体制。这种体制与人民公社时期的集体农业有表面的相似性,然而运行逻辑却根本不同。集体农业也嵌入行政体系中,然而其农业生产并不是依附性质的。在人民公社时期,农业被纳入一个总体性国家的框架下,农业剩余分配受制于政府计划。同时集体依赖自身完成生产和再生产,农村土地集体所有,农业要素投入(主要是劳动力)来自集体内部调配,农业的再生产有赖于农村集体的资金积累和农村劳动力的再生产。

四、农业经营的低效及"分利秩序"的形成

在中西部农村,农民家庭普遍形成以代际分工为基础的"半工半耕"经济模式,农业为农民提供基本生计。政府推动土地大规模流转和资本下乡往往引起小农经济的瓦解和农村阶级分化,这种农业转型及后果的研究为人所熟知。在上海郊区农村,农村劳动力充分转移,农业收入的重要性降低,政府干预农业,形成规模经营不会引起农村阶级分化的情况,我们需要一个新的框架来描述政府干预农业形成的后果。可以主要概括为:农业效率低下和农业"分利秩序"形成。在末尾本文还初步提出一个观点:现有日益财产化的农地制度改革强化土地承包者权利,将加剧地租剥削,降低农业经营效率。从农业经营的角度,合理地处理土地承包者和经营者之间的关系应当成为发达地区农业政策的主题之一。

(一)政府干预和农业经营的低效

在发达地区,在工业化及社会保障的基础上,传统的农民问题已经解决,农业问题是纯粹的农业效率问题或者就是如何现代化的问题(贺雪峰,2015b),那么农业政策就应当聚焦于如何最大化地提升农业生产能力。实际上,如上文所述,上海郊区农业政策的一个突出特征是:为按照行政规范要求生产农产品,政府向农业生产输入大量资源,经营者获得了较高的收入,而农业生产效率较低。

从家庭农场经营者的角度,这种政府干预增加他们的利益,是合理的,这是上海推广家庭农场的基础。松江区耕种100亩土地的家庭农场主一年净收入达到8万元以上,而由于社会化服务体系的发达,几乎不需要承担风险。其意外后果是当地农民激烈争夺家庭农场主资格,迫使村集体采取多种应对办法,达到有序分配这种利益的目的。例如松江区

浜镇林村有2500亩耕地,2007年有20个家庭农场,户均100亩左右。后来随着家庭农场主的收入增加,想种田的农民多了,村内形成了激烈的竞争,村里使用多种办法应对。一是压缩面积,一些村庄开始建立家庭农场时规定最低面积为100亩,现在把家庭农场最低面积定为80亩,目的是把利益分配给更多的农民;二是缩短租期,1—3年调整一次,加快家庭农场主的更替,产生更强的流动性;三是如果民主评议("票决")的争议大,就采取"抓阄"方式分配家庭农场指标。

不过从农业经营效率来讲,相对于高效率的市场农业,政府干预下的农业需要配套自上而下的大量补贴输入才能维持再生产,这是低效率的。政府干预增加了两个层面的成本:一是支付给土地承包者的土地成本升高。原来市场条件下,粮食经营者只需支付600元/亩地租,在政府干预下,现在松江区达到750元,奉贤区达到1050元,个别村庄如奉贤区叶村达到1450元,亩平支付的地租甚至超过亩平纯收入。二是支付给土地经营者的成本升高,包括直接的家庭农场主及围绕农业经营的农业社会化服务人员。以家庭农场主为例,本地城镇就业机会较多,农民回乡务农有较大的机会成本,预期获得略高于城镇就业市场的平均工资。政府为了吸引农民回乡,需要人为维持家庭农场主的体面收入,途径是要么提高经营规模,要么提高亩平净收入。显然在日益提高的租金降低亩平净收入的背景下,唯有政府输入大量补贴才能维持农业劳动力的再生产。按照亩平补贴700多元的力度,松江家庭农场经营的14万亩耕地需要补贴近一个亿,一个百亩左右的家庭农场平均补贴7万多元,这种农业补贴力度是前所未有的。因此上海家庭农场农业发展模式不可能推广。上海市雄厚的财政能承担农业生产的高成本,因此上海打造家庭农场的经验,其他经济不发达地区是学不来的。

(二)依附性农业和特殊的"分利秩序"

从社会结构的角度,政府干预排斥市场形成的低效率农业呈现"锁定"特征。这是因为围绕农业及附着利益形成的再分配形成了"分利秩序",低效率的农业和"分利秩序"的形成是一体两面的。

"分利"这一概念源于奥尔森,本文借鉴相关研究进行语境化地使用。奥尔森(2013:63—66)用"分利集团"来指称少数人为了狭隘利益形成小集团,通过寡头化运作排挤组织成员获取更多组织产品的现象。受此启发,在农村经验研究中,贺雪峰(2013c:213—216)提出中国农村有两种"分利秩序":一种是在市场经济条件下,农村地方势力对农村无主资源的占有;一种是自上而下的项目资源下乡之后,县乡村干部、工程承包人、地方势力等瓜分项目资源。农业方面的经验研究也有类似发现:在逐利价值观驱动下,农业现代化有可能异化为地方政府以及投标人自下而上牟利的手段,存在地方政府向工商资本的利益输送(黄宗智、龚为刚、高原,2014),农业治理困境催生农业项目资源输入背景下的"分利秩序"(王海娟、夏柱智,2015),自上而下输入的项目资源被作为国家代理人的地方精英所攫取(龚为刚、张谦,2016)。

上海郊区农村围绕农业形成的"分利秩序"是特殊的类型。"分利秩序"的成员不是干部或精英,而是居于社会结构边缘的"农民",这包括少数"家庭农场经营者"和全部的"土地承包者"两类,他们共同对农业及其附着农业补贴利益展开了激烈的争夺,互相之间也有矛盾。家庭农场的体面收入是政府规定出来的,服务于农业劳动力的再生产。在没有任何限制条件下,土地承包者通过地租机制转移农业利益,客观上形成了土地承包者和经营者共同通过依附农业行政体系获得丰厚利益的"分利秩序"。基本的逻辑是:家庭农场要符合适度规模经营的标准,一般在100—150亩,在高度资本化的生产方式(耕、种、收)下,农业经营本身不可能为经营者提供体面收入。为了吸引本地农民留在农业,地方政府出台政策给予农业经营者高额农业补贴,高额农业补贴在推高经营者收入的同时,必然推高承包者的租金预期。从利益最大化的角度,作为"地主"的承包户会理性地计算经营者的收益,不能允许经营者获得过多的收益。比如土地承包者通过维持土地流转关系不稳定的机制,一般是委托村集体流转1—3年就要收回,保持土地租金上涨的权利,把农业利益尽可能多地转移,这客观上迫使政府不断增加农业补贴维持经营者的体面收入。

这就是说,政府试图通过输入农业补贴维持经营者体面收入的理想,是以相当一部分租金转移给土地承包者为代价的,除非人为压低土地租金。松江区通过行政控制一直把租金维持在500斤稻谷/亩,目前租金大约是750元,保障了家庭农场通过农业经营和农业补贴获得体面收入。奉贤区则没有最高租金的限制,2013年规定租金不低于750斤稻谷/亩,目前租金大约是1050元/亩。随着农业补贴增加到1012元,土地承包者不断提高租金迫使家庭农场维持体面收入的愿望落空,家庭农场发展非常缓慢。有些村庄的租金水平更高。笔者所调查的奉贤区叶村的土地租金2013年为1050元/亩,2015年则涨到1450元/亩,租金上涨有力地调节了经营者和土地承包者的收益。经营者用约亩平全部纯收入和农业补贴的一半支付租金,亩平净收入降低到500元左右。村集体提高租金的理由是普通农户认为经营者所得补贴过多:过多的补贴导致雇工生产也能获利,不利于村集体监督经营者自耕生产;过多的补贴也不利于防止土地转包这一破坏土地流转秩序的行为的发生;另外由于经营者大多数是在城市缺乏人力资本的边缘劳动力,村集体主观上没有积极性提高他们的收益空间,如果分配过多的收入则会引起对土地资源激烈的争夺。

(三)农地财产化和农地制度改革反思

以上海为例的农业转型还提出一个被普遍忽略的问题,这里仅作初步讨论。学者普遍注意到中国农地制度抵御外部工商资本的力量的同时,忽视了日益"财产化"的农地制度条件下,农地制度决定分配农业剩余的方式的这一维度。相对于欠发达地区,在上海郊区农村等发达地区,大多数耕地流转造成人地分离,农业剩余再分配的问题凸显出来。如何平衡土地承包者和经营者之间的利益关系成为发达地区农地制度应当考虑的问题,否则任何类型的农业现代化都因土地成本过高而难以形成。

从总体来看,中国的农地制度具有优越性,增强了农民的政治权利。农村土地的集体所有制形式在农业现代化的过程中发挥了重要作用,保护农业生产者,帮助他们抗御外部资本的控制、剥削和侵占。(张谦、杜强,2010:187—214)按照毛泽东(1977:197)的说法,社会主义改造建立的农村土地制度是"在农村这一广阔的土地上根绝资本主义的来源"。家庭承包制改变了具体的农业经营方式,农地制度依然延续其核心逻辑,形成中国特色的"小农村社经济",形成对内不排他而对外排他的共有制产权。(温铁军,2000:21—22)因此农地制度是中国农村经济社会稳定的制度基础。

从农地制度演进的角度,早期的农地制度改革者设想随着工业化和城镇化背景下农村劳动力转移和社会保障的普遍建立,土地不再是农民的社会保障,而是作为生产资料进行再分配,土地最终被配置给有效率的农业经营者。实际上,二轮承包以来的农地制度朝着财产化的方向改革,土地不再定位为生产资料,而日益作为农民的财产权利。(桂华,2016)决策者希望把农业经营制度建立在个体农民的"财产权"基础上,这表现在现有以"土地确权"为主要内容的农地制度改革。代表性的论述是张红宇（2014），他认为"土地确权是给农民吃定心丸，让不愿意种地的农民长期稳定地把土地流转出去"，"农地所有权、承包权和经营权'三权分离'，确保承包权为农民带来财产收益实现土地承包权的财产价值，经营权则通过在更大范围内流动，提高有限资源的配置效率"。这种制度改革实质上是把土地集体所有制改为"准土地私有制"，这种制度变革的问题是土地承包者和经营者之间关于农业剩余价值分配的矛盾将制度化，而这本来是不存在的。① 如上海市地方政府的做法，政府试图人为集中农地并长期分配给实际经营者的干预行为，实际上进一步强化了土地承包者权利，经营者要付出的租金更多，农地规模经营更困难。

五、结语

中国农业现代化正在快速推进，各区域经济发达程度不同，使得各地区农业变迁呈现差异性。本文以上海郊区农村为例，讨论了发达地区政府干预农业的逻辑和后果。在农业治理的背景下，外地农民被排斥，市场驱动的农业变迁被终结，本地农民—家庭农场主导的新型农业经营主体兴起。新农业经营模式的性质不在于"家庭农场"这一形式，而在于其实际的生产和再生产机制。从政府对土地、农业资本及农业收益空间的支配的角度，本文把这样的农业经营者称之为嵌入农业行政的"依附农"。从理论上看，本文是农业治理和农业变迁关系研究的延续。"依附农"的事实和概念表明在政府干预下，上海郊区的农业不再是市场分工

---

① 同样是发达地区，上海和苏州的农业政策不同。我们在2017年5月在苏州郊区农村调查表明：农民通过"土地换社保"的方式进入国家社会保障体系，农民和农地脱离了关系，土地的"承包经营权"不再属于农民，农地被全部上收成为集体土地，集体采用统一发包的方式，集体收取650元/亩的租金，农地被优先发包给村内和镇内愿意从事农业的农民，也可以是外地的农民。政府也向种植粮食作物的农民所在集体转移财政补贴，约200元/亩，然而这些补贴是作为集体经济收入，这些收入用于农业基础设施修建，用于村两委组织的日常运转等等，不再是对农民直接的收入转移。苏州郊区比较彻底地清理了农民和农地的关系，把农地转为纯粹的生产资料，由最有生产能力的经营者支配。

的有机构成部分,而是自上而下行政体系的一部分。虽然这仅仅是上海郊区农村的案例,然而从中央到地方显示出来的政策导向来看(尤其是在粮食生产领域),这一类农业转型方式是农业转型的趋势之一,具有类型意义。

上海郊区农业变迁的经验及问题揭示了农业转型的复杂性和多元性。政府和媒体广为宣传的松江"家庭农场"是人为打造出来的"经验",所谓家庭农场主通过适度规模经营获得体面收入,实际上是通过政府补贴人为形成的,从经济上讲并不划算。这令人反思中国发达地区的农业该向何处去。发达地区劳动力充分转移到工商业,农地本来是可以作为纯粹生产资料使用的,比如苏州的做法。如果实行当前的政府干预和家庭农场政策,则低效率的农业及一个蚕食政府大量农业资源投入的"分利秩序"就一定会形成。如果另辟蹊径,反思当前政府干预的农业经营模式,把发达地区农业作为全国市场的一部分,地方政府仅仅是按照一些基本的标准进行生产和安全管理,那么地方政府就可以高效率地配置农业资源,率先真正形成中国农业现代化的示范地区。

参考文献

陈锡文(2012a):《我国城镇化进程中的"三农"问题》,《国家行政学院学报》第6期,第4—11页。

陈锡文(2012b):《中国农业并不适合公司化经营》,《农村工作通讯》第1期,第36页。

陈锡文、赵阳、陈剑波、罗丹(2009):《中国农村制度变迁60年》,北京:人民出版社。

陈义媛(2013):《资本主义式家庭农场的兴起与农业经营主体分化的再思考——以水稻生产为例》,《开放时代》第4期,第137—156页。

龚为纲、张谦(2016):《国家干预与农业转型》,《开放时代》第5期,第57—76页。

桂华(2016):《从经营制度向财产制度异化——集体农地制度改革的回顾、反思与展望》,《政治经济学评论》第5期,第128—144页。

[英]亨利·伯恩斯坦(2011):《农政变迁的阶级动力》,汪淳玉译,北京:社会科学文献出版社。

贺雪峰(2003):《新乡土中国》,桂林:广西师范大学出版社。

贺雪峰(2013a):《不要人为推动农业规模经营》,载三农中国网:http://www.snzg.cn/article/2013/0421/article_33514.html。

贺雪峰(2013b):《办"点"的政治学》,《决策》第11期,第52页。

贺雪峰(2013c):《小农立场》,北京:中国政法大学出版社。

贺雪峰(2014a):《工商资本下乡的隐患分析》,《中国乡村发现》第3期,第125—131页。

贺雪峰(2014b):《城市化的中国道路》,上海:东方出版社。

贺雪峰(2015a):《农政变迁的动力》,《决策》第11期,第15页。

贺雪峰(2015b):《农业问题还是农民问题》,《社会科学》第6期,第64—77页。

贺雪峰、刘岳(2008):《基层治理中的"不出事"逻辑》,《学术研究》第6期,第32—37页。

黄宗智(2000):《长江三角洲的小农家庭与乡村发展》,北京:中华书局。

黄宗智(2006):《制度化了的"半工半耕"过密型农业(下)》,《读书》第3期,第72—80页。

黄宗智、高原(2013):《中国农业资本化的动力:公司,国家,还是农户?》,载黄宗智主编《中国乡村研究》第10辑,福州:福建人民出版社,第28—50页。

黄宗智、龚为刚、高原(2014):《"项目制"的运作机制和效果是"合理化"吗?》,《开放时代》第5期,第143—159页。

黄宗智(2014):《"家庭农场"是中国农业的发展出路吗?》,《开放时代》第2期,第176—194页。

李元珍(2015):《典型治理:国家与社会的分离——基于领导联系点的分析》,《南京农业大学学报(社会科学版)》第3期,第101—109页。

刘守英(2013):《上海市松江区家庭农场调查》,《上海农村经济》第10期,第 7—12 页。

[美]曼瑟·奥尔森(2007):《国家的兴衰:经济增长、滞胀和社会僵化》,李增刚译,上海:上海世纪出版集团。

马流辉(2013):《"农民农":流动农民的异地职业化——以沪郊南村为个案的初步分析》,《中国农村研究》第 1 期,第 179—198 页。

毛泽东(1977):《毛泽东选集》(第五卷),北京:人民出版社。

[美]舒尔茨(2009):《改造传统农业》,北京:商务印书馆。

宋亚平(2013):《规模经营是农业现代化的必由之路吗?》,《江汉论坛》第 4 期,第 5—9 页。

孙新华(2013):《强制商品化:"被流转"农户的市场化困境——基于五省六地的调查》,《南京农业大学学报(社会科学版)》第 5 期,第 25—31 页。

孙新华(2015a):《再造农业——皖南河镇的政府干预与农业转型(2007—2014)》,华中科技大学博士学位论文。

孙新华(2015b):《农业规模经营主体的兴起与突破性的农业转型——以皖南河镇为例》,《开放时代》第 5 期,第 106—124 页。

王德福、桂华(2011):《大规模土地流转的经济与社会后果分析——基于皖南林村的考察》,《华南农业大学学报》第 2 期,第 13—22 页。

王海娟、夏柱智(2015):《农业治理困境与分利秩序的形成——以中部 W 省 H 市为例》,《南京农业大学学报(社会科学版)》第 3 期,第 43—50 页。

王建平、朱章海(2015):《上海统计年鉴》,北京:中国统计出版社。

温铁军(2000):《中国农村基本经济制度研究》,北京:中国经济出版社。

温铁军(2009):《我国为什么不能实行农村土地私有化》,《红旗文稿》第 2 期,第 43—46 页。

奚建武(2011):《"农民农":城镇化进程中一个新的问题域——以上海郊区为例》,《华东理工大学学报(社会科学版)》第 3 期,第 84—90 页。

严海蓉、陈义媛(2015):《中国农业资本化的特征和方向:自下而上和自上而下的资本化动力》,《开放时代》第 5 期,第 49—69 页。

叶敬忠(2011):《留守人口与发展遭遇》,《中国农业大学学报(社会科学版)》第 1 期,第 5—12 页。

叶敏、马流辉、罗煊（2012）:《驱逐小生产者:农业组织化经营的治理动力》,《开放时代》第 6 期,第 130—145 页。

张红宇(2014):《三权分离、多元经营与制度创新——我国农地制度创新的一个基本框架与现实关注》,《南方农业》第 2 期,第 6—13 页。

张路雄(2012):《耕者有其田——中国耕地制度的现实与逻辑》,北京:中国政法大学出版社。

张谦、杜强（2008）:《终结的开始?——当代中国的农业现代化和农民阶层的分化》,载周晓虹主编《中国研究》(总第 7—8 期),北京:社会科学文献出版社,第 187—214 页。

张谦(2013):《中国农业转型中地方模式的比较研究》,载黄宗智主编《中国乡村研究》(第 10 辑),福州:福建人民出版社,第 3—27 页。

赵鲲、赵海、杨凯波（2015）:《上海市松江区发展家庭农场的实践与启示》,《农业经济问题》第 2 期,第 9—13 页。

曾红萍(2015):《地方政府行为与农地集中流转——兼论资本下乡的后果》,《北京社会科学》2015 年第 3 期,第 22—29 页。

Bernstein and T. J. Byres. (2001). "From peasant studies to agrarian change," *Journal of agrarian change*, 1, 1: 1-56.

Zhang, Forest and John Donaldson.(2008). "The Rise of Agrarian Capitalism with Chinese Characteristics: Agricultural Modernization, Agribusiness and Collective Land Rights, "*The China Journal*, 60, July: 25-47.

无雇佣化的资本化：对新型农业经营主体家庭农场性质再认识

——以皖南萍镇粮食家庭农场为例①

余练（西南大学教育学部中国乡村建设学院）

内容摘要：从经典作家笔下的资本主义农场到农民家庭组织，再到商品化条件下农民的无产化，中央一号文件所提出的家庭农场是一个颇具中国特色的概念，因此对其性质需要进一步厘清。根据在皖南萍镇粮食家庭农场所做的长期调查，笔者发现家庭农场的形成既有政策和外力的推动，也有中农和职业农民内生性力量的承接。在当前核心家庭为主的家庭人口结构背景下，一二百亩的家庭农场，雇工比例极低。无长工、少短工，依靠家庭劳动力，成为家庭农场在劳动力方面的主要特征。家庭农场在保证土地生产率的同时，通过使用机械、扩大规模，增加了土地总产出，同时增加了自身收益。但家庭农场土地获得需要较高租金，固定资本投入也多，另外对种子、农药和化肥等生产要素投入积极。高资本和高劳动生产率构成家庭农场击败小农、中农和资本型农场的根本。不过，在社会效益上，小农和中农具有多方面功能，家庭农场的发展只能是适度的、局部的，只能循序渐进。

关键词：家庭农场　雇佣化　资本化　新型农业经营主体

---

① 感谢共同调研时的冯小、管姗、李浩，本文得益于大家调研时的共同讨论。同时感谢匿名审稿人为本文提出的宝贵修改意见，在此致谢。本文所涉及的地名和人名均为匿名。本文系重庆市社会科学规划博士项目"三权分置背景下农民土地权益保护研究"（2016BS039）阶段性成果。

一、问题的提出

家庭农场的发展,以及中国农业未来走向成为当前学术界和政策部门讨论的热点。2013年中央一号文件明确提出要采取多种政策扶持和发展家庭农场,至此,家庭农场概念首次在中央一号文件中出现,并陆续得到诸多地方政府的大力支持。目前学界对家庭农场的发展有截然不同的看法:一方面不少农业经济学者认为,家庭农场是未来中国农业微观经营组织的重要形式,是农地规模化的正确选择,也是经济发达地区农业发展的出路。(胡东书,1996;黄延廷,2010;朱学新,2006)但是另一方面,研究者也在质疑家庭农场是中国农业发展方向的判断,认为中国的"家庭农场"是来自美国的修辞,是对美国"大而粗"农业的美好想象。国家资源分配不同,导致劳动力节约型的规模化农业并不适合中国国情。(黄宗智,2014)对家庭农场未来发展的分歧本质上既涉及规模化农业的发展,也涉及对家庭农场性质的看法。对以上问题,我们可以在大农—小农的历史之争中进行梳理。

规模化和家庭组织的大农—小农之争也被称之为"列宁—恰亚诺夫"之争,其核心是,家庭农业是否必然被资本主义农业替代,谁是未来农业生产的主体。对规模农业的支持,最初来自于自由主义经济学。亚当·斯密(2009:3—7)在《国富论》中提出,资本进入农业将会导致农场雇佣劳动投入增加,商品经济的发展必然带来劳动分工和规模化生产。后来这一观点在马克思及马克思主义者那里得到发扬。马克思在《资本论》中提出,商品经济的发展最终会导致拥有生产资料的资产阶级和与之对立的无产阶级的形成。家庭农场或被资本型农场替代,或被消解;农民则最终会被转化为资本型农场和资本主义工业所需要的廉价劳动力。(马克思,2004[1987])另一革命导师列宁提出农业资本主义发展有两条道路,一是在容克庄园之上建立资本主义雇佣型大农场的普鲁士道路,一个是建立现代小农制,通过竞争分化走向雇佣型大农场,一部分人成为农业资本家,一部分人成为农业工人的美国式道路。(列宁,1984:204)考茨基则强调资本主义生产对简单商品生产的排挤,以及资本主义农业中大生产优于小生产。但是,他也提出,农业资本主义的发展要远比工业资本主义发展复杂,小生产者由于比雇工更加拼命干活,并能接受更低的生活水平,资本型农场并不能迅速地把小农生产者消灭,现代农业和家庭经济紧密联系。(考茨基,1937:151、231—234)在马克思看来,农业发展的路径遵循工业发展模式,自耕农这种小农经济相比于封建农奴制是一种进步,但是由于难以适应社会化大生产的需要,自耕农必然走向灭亡。

不过,家庭组织强劲的生命力也得到相关研究者的支持。恰亚诺夫(1996)指出,家庭农业经营组织的优势建立在劳动的"自我剥削"基础之上,而另一个理论基础来源是家庭生命周期。与列宁不同,恰亚诺夫认为家庭人口的周期分化不会导致小农经营走向农业资本主义,家庭周期下的劳动者与消费比例处于均衡状态。另外,舒尔茨(2010:38)认为"人民在配置当前生产中他们所拥有的要素是很有效率的。生产方法、要素和产品中都不存在明显的不可分性。在男人、女人或者能干活的孩子中,既不存在隐蔽失业,也不存在就业不足",以发展经济学阐释了家庭式农场具有持久生命力的原因。从中国的经验出发,黄宗智(2000,2006a)考察了华北和长江地区小农经济的情况。他发现,中国人口压力吞噬了农业单位土地面积的产出,中国商品化的发展没有带来农业资本主义的发展,与马克思理论相悖,这个悖论被归纳为"没有发展的增长",是一种"内卷化"。在新近的研究中,黄宗智发现(2010:127—137),劳动和资本双密集型的"新农业"正在发生隐形革命,食品消费和农业结构的变化,为中国农业转型带来了新的历史契机,新时期的小农农场具有广阔的发展前景。

虽然诸多经验研究证实以家庭为生产单位的农业形式具有强劲生命力,但是,市场改造下的农业家庭组织性质却遭到一些研究者的否定。武广汉(2012)从宏观和微观的数据得出,单个的农户虽然在生产领域具有自主性,就个体户和雇工的特点,以及从流通领域来看具有从属性质,在生产关系中,农民处于被中间商剥削下的"半无产化"状态。以湖南的调查为资料,陈义媛(2013a)详细考察了当地家庭农场的发展,认为从生产资料、劳动分工、收入分配、积累和再生产的关系来看,目前政府推动下的家庭农场是"资本主义式"的。遭遇资本下乡的家庭农业已经被改造和整合,"家庭经营"的形式被保留了下来,但是它的内核却已经发生了本质变化(陈义媛,2013b)。不过,又有资料显示,家庭农场的主要劳动力来自家庭内部,原始积累来自农业之外,家庭农场促进农业分工,只是商品化程度的加深,并没有发生资本主义生产形式的变化,建议家庭农场可以根据家庭人口结构给予规模上的弹性。(万江红、管珊,2015)综上,学界对家庭农场的性质是存在争议的。

鉴于家庭农场在农村井喷式的增长,厘清家庭农场的性质具有重要意义。家庭农场是一个有中国特色的概念。在古典马克思主义和农民学家看来,农场经营的组织形式被区分为家庭组织和资本主义大农场形式,他们却并没有对分散、小规模的家庭联产承包经营和家庭农场经营进行区分。另外,现代西方国家中,"农场"也意指一个经营单位的土地,而不管其面积大小。有关家庭农场发展现状是分析家庭农场特征和性质的前提,对家庭农场发展前景的关注是研究当下农业转型和农业现代化的重要方面。本文将通过一个乡镇家庭农场的发展,详细地考察家庭农场的特征,借助农业政治经济学的相关知识弄清家庭农场的性质。本文将继续从生产关系的角度来定位家庭农场在"资本主义农业"发展中的位置。在中国农业发展问题上,黄宗智有一个比较引人关注的提法——"没有无产化的资本化",即整体上中国农业的雇工比例很低,相反,单位土地的资本投入却不断增加。他认为这预示着中国的农业走出不同于列宁和恰亚诺夫以外的第三条农业道路,带来的是中国"隐形的农业革命"。(黄宗智、高原等,2012)借助于黄宗智"没有无产化的资本化"这一概念,笔者用相近的一个词,"无雇佣化的资本化"来定位当前的家庭农场,以此推进家庭农场性质的讨论。

2、家庭农场的类型和动力机制

萍镇位于农业大省安徽省南部,所属区域曾为全国百强县之一,经济总量位居全省经济前列。萍镇作为本县唯一的纯农业镇,2007年在政府主导下开始农业转型。当地家庭农场的培育与发展,经历了较为复杂的过程,大致分为两个阶段。第一阶段,从2008年至2010年,政府以推动上千亩的资本型农场为主。2008年始,萍镇从农业部和财政部争取到数千万元的土地整治项目,此后,以推动整村式的土地流转模式。对土地流入户以1000亩为下限,以租期7年以上为标准,此一时期涌现了工商资本为主的大户经营①。但是经过2—3年的探索发现,以雇佣为主导的大规模农场经营,由于监督成本、劳动力供给等问题,经营效益不佳,雇佣式大农场开始向家庭农场过渡。第二阶段,2011年至今,政府以推动100—500亩不等的家庭农场为主,从大农场向"适度"规模经营转变。从整村推进式的土地流转过渡到以农民自愿为主、政府做工作为辅的土地流转方式,村庄后期土地流转率下降。前期村庄土地流转率大多在80%以上,2011年以后,村庄土地流转率普遍只有50%—60%。以下是家庭农场在所有经营形式中的分布比例。

---

① 需要说明的是,虽然政府以1000亩为下限,但是由于工商资本引入困难,后来门槛降低到500亩以上。

表 1　萍镇各种农业经营形式分布比例①

农业经营形式	小农农场	家庭农场	资本型农场	总计
规模	100 亩以下	100—500 亩	500 亩以上	
户数	9438 户②	38 户	10 户	9486 户
面积(亩)	15172	8075	11130	34377
百分比	44%	23%	33%	100%
平均值	1.96 亩	213 亩	1113 亩	
主要村庄	苍冲、菜铺、观塘和果仁	萍铺、隆岗、麻仁、旧牌、韩塘、伍华	旧林、旧塘、杉河	

资料来源:萍镇农经站提供大户数据和笔者访谈整理所得。

从表 1 可以看出,家庭农场在三种农业经营形式中所占比例为 23%,为总面积的 1/4 左右,但是如果把资本型农场破产转化为家庭农场的数量计算在内,那么其总面积会更大。从农业效率上看,家庭农场具有极强的生命力,如果政府再大力扶持,在未来很长一段时间家庭农场会成为农业经营形式中一种非常重要的农业经营主体。家庭农场作为一种新型的农业经营主体,看起来它是政府在 2013 年中央一号文件中明确提出来之后才有的。但是相关研究指出,家庭农场实际上早已有之,根据拉丁美洲的经验,这是具有"资本主义"性质的家庭农场。(陈义媛,2013a:141)诚然,家庭农场有地方政府的强烈推动和支持,但是从家

---

① 家庭农场的数据统计上存在一定的偏差。数据来源有两部分:第一,部分来自于官方(当地土地流转中心)的"大户"统计数据;第二,对全镇所有村的实地考察和访谈。这两部分数据之间有一定偏差,主要的原因在于官方统计的是土地首次流转转包时的数据,但是在实际经营中,土地流入方再次转包土地,而且土地几经易手。另外,一些家庭农场经营者并没有被官方统计到。如此,目前的经营者与官方统计到的数字有一定偏差。但是,从总体情况来看,两者之间数据差异不大(分别为 7698 亩和 8075 亩),基本反映了整体情况。以下对萍镇家庭农场的分析,以笔者实地调查得到的数据为分析样本。
② 这只是土地分到户的户数。由于土地自发流转,实际耕种户并没有如此之多。

庭农场生成的动力机制来看,家庭农场的形成是在政府、资本和农户自身几者中相互催生的结果。内生型家庭农场构成了家庭农场中的一种底色,资本主义农场的失败和转型构成了新的家庭农场类型。根据家庭农场形成动力机制的不同,对家庭农场做出以下分类。

(一)政策推动形成的家庭农场

萍镇家庭农场的大面积兴起并没有与土地规模化流转同时进行。政府首先扶持上千亩的资本型农场,经历了两三年时间大农场实验的失败,政府做出调试,支持以夫妻家庭为主要劳动力、规模重点在100—300亩之间的家庭农场。当地政府对家庭农场的扶持成为农民争相租赁土地经营家庭农场的重要推动力。从2011年开始,政府由对资本型大农场的扶持开始向家庭农场倾斜。在萍镇,土地流转费为统一价格400斤粳稻/亩,以当年粮食收购价为价格指标支付货币。政府承诺,土地流转面积在50亩以上,一次性每亩奖励80元;土地流转面积在100亩以上,每年每亩奖励60元。另外,为推动大规模土地流转,省财政对种植大户进行奖励,每年评选出一定名额对其进行几万元的补贴。为防止大户出现重大损失,政府对农业保险进行补贴,每亩约20元的农业补贴,大户自己每亩出4元。种种政策性的扶持增加了农民对适度规模的信心。比起1000亩以上的资本农业,100—500亩的规模易经营、风险小;比起30亩的较小规模,能够有更多的收入。因此,经营家庭农场,成为农民一条较好的致富路,村庄精英也加入到家庭农场经营的行列中。

案例1:萍铺村会计刘鑫与他的家庭农场。刘鑫,34岁,目前全镇最年轻的家庭农场主之一,2012年6月从北京回村,担任村会计,并流转土地404亩,土地流转费为400斤粳稻/亩,流转的土地来自3个自然村6个村民小组近90%以上的土地,流转期限是2012—

2022年10年时间。为什么选择回家承包土地,刘鑫说,主要是受政策影响,他在北京工作时,就看到新闻和报纸媒体对规模化农业的宣传;另外,从一个种植花卉苗木的朋友那里知道了现在农村大有可为。

2012年流转土地时,刘鑫一次性投入50多万元,其中20万元来自于家庭积累,向2个亲戚借贷了19万元,其中哥哥9万元,另一亲戚10万元;另外,从银行贷款15万元。资金首先用于支付每年的地租20万元,其次还有每年的流动资本投入,一季水稻的成本为20万元左右。固定资本投入方面,刘鑫购置了大型拖拉机1台,补贴后的价格为7万元,旋耕机1台7000元,小型拖拉机1台5000元,拖稻子的机器2台,另喷雾器、水泵数台。2013年,刘鑫又添置了1台三轮车,用于大规模的喷洒农药,价值7000元。

案例2:隆岗村村会计,汪JJ。汪JJ,1984年出生,30岁,2011年8月当选为村会计。2013年流转隆岗村土地110亩,自己家承包地8.5亩,流转时间为2013—2018年5年时间。土地流转费为每亩400斤稻,2013年折合货币为520元。在土地的固定资本投入方面,他购置了2台小型拖拉机,价值5000元,用于平整土地,使用期限是5—7年;大型拖拉机1台,价值8.6万元,主要是自己使用,没有打工。手扶拖拉机2台,价值6000元,用于耕田和粮食运输。其他水泵4台,价值2000元;喷雾器2台,价值500元;秧盘3000张,1000元。

流转土地100多亩,自己投入10多万元。除了地租和固定资本投入以外,其他的投入主要是购买农资。汪JJ给我们算了一笔账:拖拉机两季的费用,包括请工开机械和油费,两季120元左右;收割两季,每亩是40元,两季是80元;种子,一部分是自留,两季需要40元;化肥,早稻100斤,130元,晚稻200斤,260元;农药,早稻打药2次,晚稻是6—7次,共计50元;水电费两季每亩10元。在农资和机耕方面的投入双季稻的成本是600元左右。总体来说,这个投入成本偏少。除了固定资本投入,地租加农资和机耕方面投入,每年每亩地都在1000元以上,因此,流转土地100亩,总投资一定在10万元以上。在劳动力方面,除了汪会计本人,主要的劳动力是汪的父亲。无论在经营和管理上,父亲成为农场第一人。

村干部和返乡农民工回家流转土地是当地家庭农场经营者的一大主力。这些人年轻,有一定文化知识,对国家政策敏感,最容易受国家政策影响。2007年当地开始尝试搞规模化农业,对大户进行每亩60元的补贴,两三年以后降低了规模化的门槛,同样给予扶持。在当地政策的扶持下,正如案例1中的刘会计和案例2中的汪会计受到政策激励。刘会计2006年以前曾自发流转土地达到30亩。但是此后,他外出务工,2012年刘会计一次性从村里流转土地404亩,政策扶持和来自官方媒体的宣传成为刘会计土地流转的重要动因。不同的是,隆岗村汪会计几乎很少种地。2012年他从外地回来当村会计,2013年借本村土地平整之机,汪会计一次性流转土地110亩。虽然,两个案例中家庭农场的规模是100—400亩,但是有一点是相同的,即他们都主要依靠家庭劳动力,一个是扩大的家庭,包括了父亲和兄弟,一起进行经营,另一个是除了自己家庭出工出力,也依靠了有耕作经验的父亲。总之,从无规模化种植经验到一次性流转数百亩土地,村干部和返乡农民工成为家庭农场主,是当前家庭农场的一种重要类型。

(二)资本破产形成的家庭农场

前文已经提到,萍镇的土地流转可以分为两个阶段,第一个阶段是政府鼓励"越大越好"的资本型大农场。2008—2011年萍镇以资本型农场为主,此时期主要是整村推进。资本下乡,大量非农民身份群体进入农业生产领域。据我们了解,旧林村、旧塘村和杉河村这三个资本型农场集中的行政村,经营者大多从事的是与粮食上游或下游相关的产业。由于政府对资本进行"诱导",再加上资本天然的逐利本能,当地最大的粮食加工厂老板任志宏在杉河村流转土地近3000亩,他被人戏称为当地最大的"地主"。由加工向生产的渗透,资本型大农场由于雇佣劳动力面临的结构性困境和自然天然屏障,使得它们在农业生产环节屡屡溃败。资本进入到农业生产环节无法获取资本平均利润,不少资本直接退出生产环节转入到其他行业,或做大做强产前和产后环节。在土地生产率和资本生产率上,资本型大农场不高,但是家庭农场却能在土地生产率、劳动生产率和资本生产率方面达到最佳值,因此,破产后的资本农业几乎毫无例外都转化为只有100—300亩、以家庭夫妻劳动力为主的家庭农场生产模式。这些均值在200亩左右的家庭农场,充分运用现代化机械,科学种植,根据家庭劳动力,合理调整农业种植结构,在土地生产率和劳动生产率方面获得了最优,成为资本破产后富有生命力的现代农业微型组织。

案例3:杉河村顾晓武资本型农场的转型与破产。顾晓武,53岁,粮食加工厂老板,主要经营粮食收购加工,2009年在杉河村流转土地1100亩,土地流转费为400斤稻/亩,流转时间为2009—2016年7年时间。2009年他购置了2台大型拖拉机,除去政府补贴每台5.5万元,2台价值11万元;收割机1台,除去补贴4.1万;2台小拖拉机1.2万元;水泵10台,每台1400元,合计1.4万元;喷雾器6台,每台300元,合计1800元;另加辅助农具10000元。虽然顾老板有着很强的"理论知识",强调龙头企业的带动作用,搞好产前产后的服务,以产业链为支撑,提高农产品的附加值。但是,对于一个毫无种植经营的大户来说,1100亩土地,是一个挑战。

种植一季之后,顾老板就将1100亩近一半的土地转给了三个当地农民,分别是杨XB185亩、左ZY183亩和周GP198亩。但是,分出一部分土地,并没有完全解决"资本型农业"带来的经营难题。顾老板,第一年亏损20万元,第二年亏损18万元。由于经营上的巨大困难和他在粮食加工厂经营不善,2011年他将余下约600亩土地进行对外发包,分别流转给巢湖种地的职业农民王ZH等三人,每人约200亩土地。

至此,顾老板流入的1100亩土地分别流转给本地人杨XB、左ZY、周GP和外地巢湖人吴YB、高某和郑某形成6个200亩左右的家庭农场。这些家庭农场几乎都以家庭劳动力为主,使用大型的拖拉机、收割机,积极的改进种子、农药、化肥,推动土地生产率的提高。以其中的家庭农场经营者杨XB为例,他的农场就经营得颇为成功。

杨XB,48岁,此前跑运输,土地流转以后主要经营家庭农场。2010年从顾老板流转的土地中,分出185亩进行经营,根据顾老板流转的期限,他的流转时间截至2016年。土地流转金为400斤稻/亩,2009年支付360元/亩,2010年支付380元/亩,2011年支付400元/亩,2012年支付520元/亩。在农机购置方面,杨XB有1台大型拖拉机,9.8万元;水泵有6台。杨说,大型拖拉机必须有,自己有了才能及时抓田,机械不会拿去挣钱打工,因为自己都忙不过来。要保证用水充足,必须配备足够多的水泵。这几年杨某经营家庭农场颇为顺利。2009年盈利4万多元,种植结构是1/4单晚+小麦,再3/4的双季稻;2010年由于自然性的雪灾天气,亏损了1万元;2011年盈利6万元;2012年盈利达到了15万元。如杨XB一样,其他几个家庭农场经营者都在持续经营,这些家庭农场经营者要么自己购置机械,要么租赁机械,在固定资本投入和流动资本投入方面都比小农大,在总体收入上也获得较高回报。

案例3中顾老板的资本型农场经历了两次蜕变。第一次是2009年，2009年只耕种了一季水稻之后，顾老板就开始土地分包，分别分包给杨XB、左ZY和周GP三人，每人不到200亩。顾老板自己经营了约600亩的土地。两年之后，再次将剩下的约600亩土地发包给外地种地的职业农民王ZH等三人。也就是说，顾老板2009年从杉河村流转过来的1100亩土地，目前已经再次流转给6户规模在100—200亩不等的家庭农场。顾老板经营资本型农场出现土地产出率的急剧下降的情况，致使他退出生产环节。也正如案例3中所描述，杨XB在资本转型以后分包出来的家庭农场，立即在经营上显示出了效率上的优势。在萍镇如案例3中出现的由资本破产直接形成的家庭农场为数不少。比如从事过农机买卖的许XB，2009年在杉河村流转土地1100亩，流转时间为2009—2012年，经营两年亏损了30多万元，再加上购买机械固定投资等支出，直接损失在70万元以上。资本破产之后的解救办法就是转化成小型的规模农场。许XB第一次转包是2011年，分别转包给了外地人，一个打包流转给巢湖种地的职业农民张ZX等4户500亩，另一个打包流转给张ZX侄子5户共计600亩。面积在100—300亩的家庭农场，几乎不存在亏损问题。诸如以上的例子，萍镇还有资本主义农场大户TZ和JL公司，情况大都如此。

(三) 中农转化成的家庭农场

中农是指村庄内通过自发土地流转形成经营面积在20—30亩的农户。从农户自身来说，一般人均耕地面积都在2亩以下，户均面积10亩以内，要达到20亩及以上土地必须通过土地流转来实现。不同于政府推动的土地流转，在无外力推动的情况下，土地流转是自发的，建立在双方自愿的基础上，中农通过"捡田"的方式经营20—30亩的土地，每年能收入二三万元，可以维持基本的生活水平，而且能够很好地维系与村庄的关系,成为中国农村社会的"中间阶层"。(杨华,2012)中农不同于小农的地方在于,它有了自发流转,而且达到一定规模,在使用现代性的农业机械上更加积极,粮食生产除了用于自给自足以外,部分用于市场交换。但是,中农有一个致命的弱点,就是它的经营规模受限于农地的自发流转。一方面,自发流转基础上的土地细碎,公共品供给难以配套,现代化机械的耕作很难进行,于是无法达到劳动生产率较佳的目标,劳动力的极限可能就在50亩左右。即使能克服规模化农业的客观限制,中农也难以跨越规模"陷阱",即从20—30亩很难上升到100亩。中农的脆弱性在于土地的获得来自于村庄的人情关系基础上的流转,而不是来自于"市场"。外出务工家庭的土地以零地租或者较少地租的形式让在村的父母、亲戚或者朋友帮忙代耕,地租低,而且没有正式的流转合同,这种土地流转方式不具有稳定性。国家进行规模化农业的过程中,资本下乡,地租上升,建立在乡土人情基础上的"中农经济"受到了巨大挑战。在这样的情势下,只有部分中农转化为家庭农场。

案例4:隆岗村汪DB,2013年流转土地84亩,自己还有承包地8.3亩,共计92.3亩。汪DB,63岁,家里5口人,老夫妻、小夫妻和一个孙子。隆岗村在2012年土地平整之前,汪DB一直通过人情方式流转亲戚、相邻土地20多亩,此时,它的地租成本是200斤稻子/亩,而且这里有个潜在的规则,即农民所讲的是"老亩",在汪所在的小组,1老亩=2.5市亩,那即意味着他实际支付的地租成本是80斤稻子/亩。在政府未推动土地流转之前,经营20多亩地,汪每年的收入是2万多元。这个时期,除了水泵等简单的生产工具以外,汪极少拥有生产资料。曾经通过外出务工或者经商家庭那里"捡"来的土地,以极低的地租经营,而且还是在粮食收割以后给予对方。没有正式的契约,同样也没有很强的义务。

2013年是汪一个非常重要的转折点。地租的价格以"市亩"来算,价格为 400 斤稻子/亩,而且需要提前交地租,更重要的是要在 100 亩以上。如果以 100 亩来算,经营一季稻子的农资成本、机械租赁和地租的费用成本价格是 10 万元以上。对于家庭非常贫弱的汪某来讲,这是一件困难的事情,更不要说购买机械等固定资本。一方面,政府流转对资本提出了较高要求,汪某难以满足;另一方面,除了在家种地以外,汪某外出谋生的能力较弱,种植一定规模的土地对于汪某家庭生计具有举足轻重的作用。为了规避资金带来的障碍,汪某同小组的农户达成了协议,即汪某同样付出 400 斤稻子/亩的地租,但是不用提前预付租金,他自己分别与 11 户农户签订了协议,土地租期为 5 年。由于是与农户协议的合同,因此,汪某不能获得政府给予的每亩 60 元的大户补贴。

从 20 多亩到 2013 年的 80 多亩,汪某以前的经营方式有点跟不上。2013 年,他购置了 1 台小型拖拉机,价值不到 1 万元,另外,还多买了几台水泵。虽然需要大型拖拉机和收割机,但是限于资金压力,他除了利用家庭劳动力以外,就是租赁。目前,汪某家 4 个劳动力在农忙季节不够用,他开始使用季节性雇工,最多时请工 10 人。

案例 4 清晰地显示中农是如何在政府推动的规模化流转中发生蜕变转变为家庭农场的。① 2013 年,对于汪 DB 是一个转折点。之前汪的土地规模维持在 20 多亩,2013 年土地流转面积陡然上升到了 92.3 亩。除土地规模扩大以外,从 20—30 亩的中农转化为家庭农场有以下几个变化。第一,地租成本上升。农户自发土地流转下的地租是 80 斤稻/亩,政府参与的土地流转价格租金为 400 斤稻/亩。以这样的价格来算,地租是以前的 5 倍。以汪某的话来讲,现在每亩只能挣 200—300 元,以前的收入可以翻倍,这里面很大一部分原因就是地租因素促成的。第

---

① 尽管在规模上他们还不足 100 亩,但是家庭农场的界定,最重要的不是它的规模,而是其他各个指标。规模只是一个外显标志。

二,机械化程度提高,机械代替人力成为必须。正如案例4中提到,由于资金的限制,他只添置了一台小型拖拉机和数台水泵,但是,他对拖拉机和收割机的需求更强了,只能通过租赁市场解决此问题。家庭劳动力很难满足生产,30多亩地时,自己只使用小拖拉机耕田,现在必须使用大型拖拉机。在劳动力方面,农忙时他开始使用雇工,由此,可以看出,现在对机械化的需求大大提高,机械代替人力成为必须。第三,对资本的要求提高。受限于资金的限制,中农无法提前预付400斤稻/亩的租金,无法与政府签订正式的合同,就无法享受大户等补贴。

这表明,中农转化为家庭农场也是受条件限制的。大部分的中农首先受到资金门槛限制,无法转化为家庭农场,这是被动的退出。有部分中农由于农业风险、利润下降等因素主动退出。在政府推动资本主义农业中,中农几乎不可能维持,因为高地租,利润必须通过扩大规模来实现。因此,中农在面临农业转型时,要么退出,要么升级为家庭农场。

(四)职业农民内生型家庭农场的形成

在萍镇,除了以上所提到政策推动、资本破产、村庄中中农转化形成的家庭农场外,一种内生型的职业农民所组成的家庭农场正在大量形成。在这里,职业农民专门指从事农业劳动,经济收入主要来源于农业生产,农业产品主要用于市场交换的新型农民。与传统农民不同,这些职业农民的市场参与度高,以实现利润最大化为目的,在耕作形式上是现代农业的一部分。职业农民以"包地"的方式进行经营活动,而且往往是跨县、跨市,甚至是跨省的外出包地。因此我们也把这部分群体称之为"外出包地农"。(余练、刘洋,2013)这些外出包地农常年在外包地,他们与农户、村集体或者与当地政府签订合同,经营规模往往在100亩以上,形成以夫妻为主要劳动力的适度规模经营。

案例5：职业农民张文，外出包地经历23年，目前在旧林村流转土地250亩。张文，46岁，安徽巢湖HL镇ZH村人。1990年23岁时，跟着父亲到上海包地18亩，当时地租就是帮当地农民交农业税。上海种地3年以后，回老家呆了7年，再到无锡包地13年。据张文介绍，在他的老家最早外出包地是1983年，村里一个生产队有一两户在外面。97年和98年村里外出包地的农民增加（这应该与当时较高的农业税费、农民抛荒有关。不过，此时的粮食价格波动较大，从单价每斤1元到8毛、6毛、5毛都有，因此包地也是有风险的事情）。

张文有4个兄弟，依次外出包地。所在小组有60户，其中50户都已经外出包地。外出包地的人中，前10年就有人已经开始在外买房，在上海种地的人也有在上海买房的。如果以前地租很低，签订了较长租期的人，就可能挣钱很多，有人因此挣了200万—300万。从生活方式来讲，包地农比打工好，可以维持"完整家庭"模式，妻子、小孩甚至老人都可以在一起。

张文以种植稻麦为主。一年中，回老家的时间集中在12月或1月到次年的3月。12月或次年1月撒播小麦；2—3月给小麦施肥、打除草剂，不过时间不长，从老家过来数天即可；4月再过来打药、施肥；5月田间管理；6月种稻子；7月—9月底，施肥、除草是农忙季节；10月—11月收割稻子；之后就是撒播小麦。从时间来看，农闲大致有3个月，间断可以呆在老家。

职业农民型家庭农场较少受到外力的推动，是一种比较"成熟"的家庭农场，是在自发土地流转基础之上孕育出来的具备现代农业的新型农业经营主体。从动力机制来看，政府推动和资本形成的家庭农场都具有外力特征，中农转化形成的家庭农场和职业农民型的家庭农场主要还是内生型的家庭农场，只是在政府和资本的裹挟中，地租的上升和规模门槛的提升使得中农等经营者迅速破产或转型。可以说,政府、资本和经营主体之间本身就有一个互动的机制,通过内外力的作用,家庭农场得以在较短的时间内迅速形成,并且在土地生产率、劳动生产率和资本产出率方面能够得到最佳的平衡。据萍镇土地流转中心的陈站长介绍,萍镇家庭农场性质的农业经营形式中,有三分之一的经营者都来自于外地。这些外地人"很会种地",有丰富的种植经验和很好的管理能力。经过我们长时间的调研,这些职业农民是在长期土地自发流转中逐渐形成的内生型家庭农场。它完全具备现在家庭农场文件中所提倡的特点和经营逻辑,是一种微型的现代农业经营组织形式,由于没有得到政府的重视,因此还处于一种游离状态。2013年中央一号文件对"家庭农场"新型农业经营组织形式的提出,在局部地方,这类群体和这种经营组织方式才开始受到重视。①

三、无雇佣化:家庭农场的劳动力特征

在判断农场性质时,"雇佣"成为判断家庭农场性质的关键,更准确地说,"雇佣的多少"是判断家庭农场性质的关键②(列宁,1984:34)。在马克思的政治经济学中,农业资本主义性质的判断是基于雇佣或雇佣的比例所做出的。农场主占有土地,产生大量无产的农业产业工人。农民的"无产化"导致雇佣关系的产生,雇佣关系反应生产关系。我们可以从两个层面来讨论家庭农场的雇佣关系,第一是长工在家庭农场中投入比例,第二是短工在家庭农场中投入比例。根据我们对萍镇家庭农场的实地调研,我们得到以下有关规模分布图:

---

① 华东理工大学有研究者对该群体做了深入研究。他们把这群农民称之为"农民农",与之不同的是,讨论农民农,主要是以新农业为主的职业农民群体,但其性质相同(参见奂见武,2011;赵赟,2012;叶敏等,2012;刘付春,2011)。有的研究从政治社会学的角度以"代耕农"的身份对外来包地的农民展开研究(如黄志辉,2010;黄志辉、麻国庆,2011)。
② 与黄宗智所讲的"没有无产化的资本化"相同,这里的"无雇佣化"不是一个绝对的无雇佣状态,而是雇佣劳动力占家庭农场劳动力比例低,相对数量小。

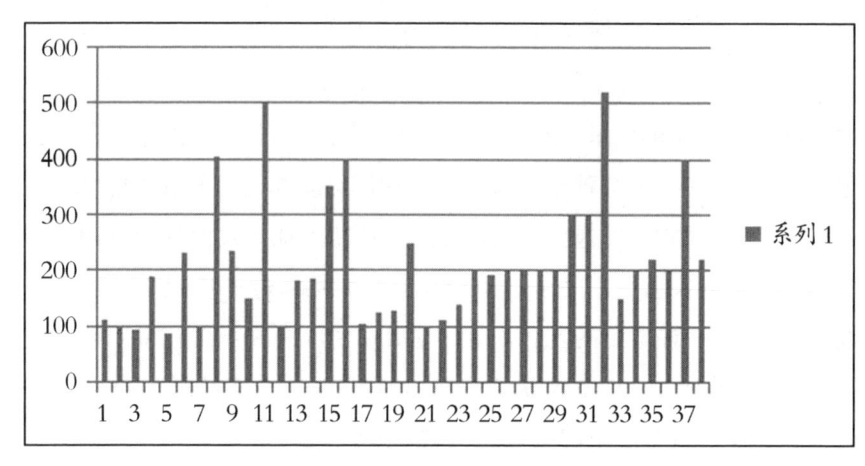

图 1 萍镇家庭农场规模分布柱形图

注：图1是根据笔者对家庭农场排序号所做的柱形图。横轴表示38个家庭农场；纵轴表示家庭农场的规模（亩）。38户中，其中本地人经营的有21户，外地人（外县人）经营的有17户，即从【1】—【21】为本地人经营，【22】—【38】为外地人经营。

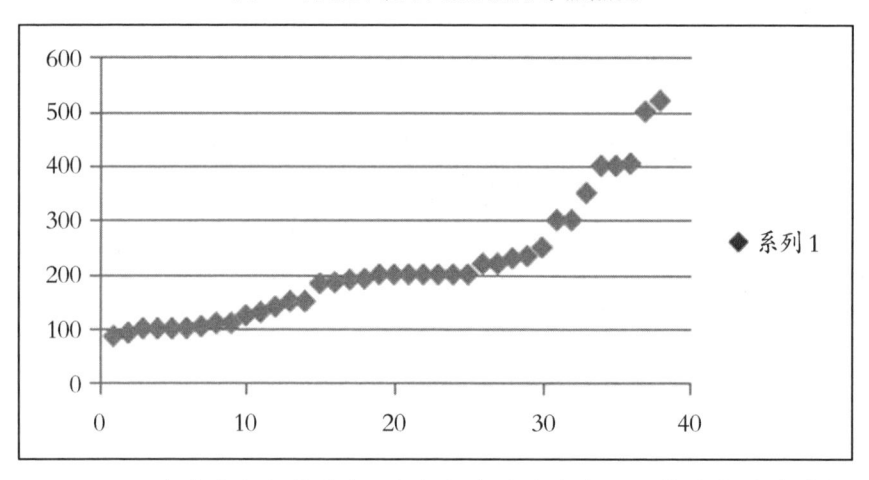

图 2 萍镇家庭农场规模分布散点图

注：图2家庭农场规模散点图是根据每个家庭农场规模升序排列得出。横轴为家庭农场的户数；纵轴为家庭农场的规模（亩）。

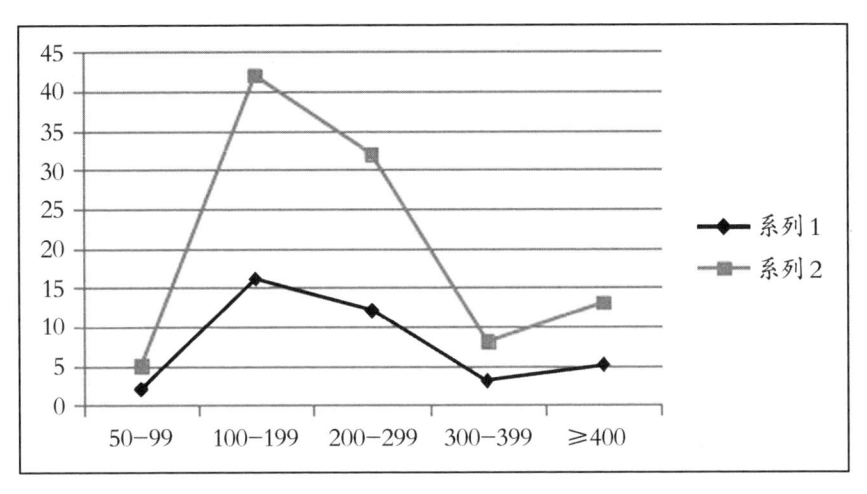

图 3　萍镇家庭农场规模分布折线图

注:图 3 为家庭农场规模分布折线图,基本以 100 亩为一个规模段。横轴为规模分布,分别为 50—99 亩①、100—199 亩、200—299 亩、300—399 亩和 400 亩以上;纵轴为家庭农场各规模段户数值和各规模段百分比(%)。系类 1 表示户数,系列 2 表示百分比。

从 3 个图中,我们展示了家庭农场详细规模。无论是在政府推动和资本破产下兴起以本地人为主的家庭农场,还是以职业农民为主的家庭农场,规模基本都保持在 100—500 亩,尤其集中在 100—300 亩之间。第一规模集中区间是 100—199 亩,有 16 户,占 42%;第二个集中区间是 200—299 亩,有 12 户,占 32%;其次分别是 400 亩以上者和 300—399

---

① 在家庭农场规模分类时出现了几例不到 100 亩的案例,甚至超过 500 亩的案例。从生产要素的分配、经营逻辑及与市场的关系,尤其从雇佣关系来讲,他们都属于家庭农场案例分析的范畴,在此讨论并不影响整体的规模分类。

亩、50—99 亩三个段。至于为什么 100—300 亩规模的集中①,实际上与恰亚诺夫所讲的家庭经营组织形式与家庭人口规模有重要关联。"家庭结构首先决定了家庭经济活动规模的上限与下限。经营规模的上限取决于家庭中能够从事生产的成员数量,而下限则必须满足家庭维持生存所绝对必需的物质数量。"(恰亚诺夫,1996:20—21)在此,我们可以说,家庭农场中极少有长工。

第一,与公司农业和专业大户不同,家庭农场中几乎没有长工。② 我们在萍镇调查发现,萍镇公司农业和专业大户普遍采用代管的分级管理模式,除了老板以外,有若干代管,下面还有长工和短工。相反,在家庭农场中,极少使用代管和长工。家庭农场有政策推动型、资本破产型、中农转化型和职业农民内生型四种家庭农场,但是如果从经营者的职业身份上看,主要有村干部兼业型、返乡农民工创业型、传统种田大户升级型和职业农民转化型。(余练,2015:122—127)如果对这四种经营者按照雇佣比例排序,由高到低应该是村干部兼业型、返乡农民工创业型、职业农民转化型和传统种田大户升级型。以雇佣比例最高的村干部兼业型家庭农场为例,没有雇佣 100 天以上长工的经营者,主要劳动力都是以家庭劳动力为主。以案例 1 中萍铺村的刘鑫为例,他是返乡农民工,同时又是村干部,而且规模较大,它的雇佣比例应该是比较高的,但是它没有长工,只是在初期请了不少临时工。谈起自己种田规模、自家劳动力和雇工问题上,刘鑫谈到如下问题:

---

① 对于家庭经营集中在 100—300 亩这个区间,另外一个数据也可以佐证。笔者曾经对萍镇出现的这群家庭农场职业农民群体进行了为期一个月的跟踪调查,专门到安徽巢湖的 S 镇访谈此地农民外出包地情况。从一个农资商那里笔者得到购买农资的包地农的种植规模,统计数据如下:在 S 镇 100 户职业农民的经营规模中,以 100 亩为统计起点,最多者包地 1600 亩,平均耕种面积是 264 亩。其中 100—199 亩占总比例的 45%,200—299 亩占总比例的 24%,300—399 亩占总比例的 13%,400—499 亩占总比例 5%,500 亩以上占总比例的 12%。可以说,近 80% 以上的规模都是在 100—300 亩之间。这与图 1 和图 2 中萍镇家庭农场的分布实际上是相似的。即家庭农场的最优规模在 100—300 亩之间。
② 引用黄宗智的划分,这里把每年受雇 100 天以上的农业雇工称为长工;同理,每年受雇 100 天以下的农业雇工称为短工。见黄宗智、高原、彭玉生(2012:20)。

案例6：与萍镇其他的家庭农场不同，刘鑫的经营面积比其他人的规模稍大，有404亩。这与他的家庭结构有关。在劳动力投入方面，刘鑫农场的主要劳动力除了自己以外，还有哥哥、父亲、妻子、嫂子和母亲，他们是辅助性劳动力。由于农场规模较大，刘鑫使用季节性雇工，第一年(2012年)比较特殊，需要投入的雇工较多，平均每一亩土地是2个，他认为农场一亩地正常雇工1.5个。雇工来自本村，没有长工，没有固定的，只有稳定的临时工(日工)。第一年的经营中，刘鑫没有赚钱，亏了2万元。主要是因为第一年，政府给出流转的土地有一定的质量问题，既影响了粮食生产又耽误了农时。对于第二年的收入，刘鑫颇有信心。他说，正常的年景收入10万元不是问题。

谈到为什么不请长工，刘鑫说，"请长工，双方都划不来。我要给他很多工资，我不愿意；如果给的价格不够高，人家认为这影响了他外出务工，机会成本问题"。长工是固定的雇工，不划算。他讲了一个道理，能干的多少工资合适呢，2000元一个月是不划算的，主要是雇工来源是60岁的，40、50岁的雇工是很少的。农场请稳定的短工就只有1个，叫做陈胜清，朋友介绍的，来自麻仁村，今年50岁，他自己家里种田，农忙时请他帮忙，平时他自己去打工。刘鑫对他比较信任，"干活不操心"，这样的短工刘鑫过年多给几百元钱。去年曾经给他一条香烟，不过这个农民没有收。由于初步尝试，农田综合整治搞得不好，刘鑫的雇工成本相对较高，而且自己也特别辛苦。他父亲一开始也不赞同他从北京回来流转土地。父亲觉得，一是雇工难，二是实在太辛苦，三是对种地挣钱存在疑问。身边的朋友也觉得他不该回来，因为"实在是太辛苦"。对于父亲和朋友的看法，刘鑫没有放在心上。早在上世纪90年代他就有小规模种植的经验，当时就有30亩，对规模种地有着浓厚的兴趣。另一方面，他认为农业的规模化是一种趋势,机械化种田,学发达国家种田是可行的。当然了,政府的推动促成他从打工者变成规模种田实践者。

需要说明的是,刘鑫第二年开始盈利,第三年收入不错。据笔者了解,到笔者走后一年,他便买起了10多万元的小轿车,由此可见他家庭农场的收入不错。

家庭农场主要靠自己家庭劳动力,是一个非常关键的特征。萍镇家庭农场中规模超过400亩者有4户。1户就是案例提到的刘鑫家,有404亩,但是他家投入的劳动力至少有4人,即刘鑫、父亲、妻子、哥哥,另外嫂子和母亲也是辅助劳动力。另外一个大户是许老汉,62岁,流转土地400亩,但是劳动力包括了两个女儿和两个女婿,实际上常年投入劳动力有6人。对于大多数家庭农场而言,劳动力只有夫妻两人,一般的规模在100—300亩。此外,还有一户汪BH,他的面积达到500亩,但他和朋友李ZF合伙经营,也就是说每户平均耕种面积是250亩。最后,还有一个规模较大的家庭农场,经营者是巢湖来的职业农民沐老板。

案例7:沐老板,流转土地520亩,他的主要劳动力是夫妻两人,他是家庭农场中唯一请有代管的家庭农场主。代管人是当地一个60多岁的老队长,主要任务是帮忙看庄稼的生长、监工、看水和分工等。沐老板规模种植经验非常丰富,已经有近20年的规模种植历史,他自己也才40多岁。他的流转土地有500多亩,谈到别人为什么不敢种这么多,他说"因为一没经验,二没胆量,三没资金"。虽然请了一个代管,但主要的劳动力还是自己。他的劳动量非常大,我们找他访谈时,他没时间,夜间时分我们到他住的地方聊。他的妻子觉得这里的土地不够平整,水利等基础设施也不好,"在这里种一年,等于在上海种地五年,年轻人都成了小老头了!"沐老板也觉得自己从一个还算比较帅气的青年,变成了一个老农民样儿。他脸色蜡黄,整天马不停蹄,发丝里已经有了不少白发。他告诉我们,当地水利条件不完善,10月初的时候为了抽水,他用13台水泵连续抽了11天,每天晚上只睡2个小时,由此可见他的劳动强度。对于规模化种地的收入,沐老板有自己的算法,他觉得如果每亩地有400—500元的收入,大家就会抢着种。每亩地只有200元收入(外来职业农民由于大多是转租大户的地,因此并没有得到补贴),大家就不想种。因为这不单有大量的劳动力投入(原话"人累得要死"),还有资金投入,并且可能有其他风险。

第二,在短工方面,家庭农场的雇佣比例非常低。雇工比例涉及农业性质,国内学者王立新通过印度农业雇工比例的不断加深发现了雇佣劳动发展与农业资本主义发展并不具有同构性的这一问题,回应了经典学者关于农业资本主义生产发展的论断。(王立新,2009)通过宏观和微观的数据,黄宗智和高原估计,农业雇工仅占中国农业全部劳动投入的3%,而且短工仅占0.4%(黄宗智,2012:20—21),这是一个非常精确的数据。笔者这里没有对雇工工作时长做统计,但是根据笔者对大量家庭农场主的访谈,我们对雇工数量了解到了一个比较大致的情况。在雇工比例上,种植经验,即进入规模化经营时间长短是一个非常重要的变量。对大量户主的调查中,我们得知,新兴的家庭农场,包括村干部兼业型和返乡农民工创业型家庭农场的雇工比例稍高,但是,一般也在1—2个工/亩(这里需要对一些条件进行说明,比如进行整理的土地刚开始一两年需要的雇工比较多,不少农场主向我们反映,刚开始整理完的土地坑坑洼洼,高低不平,有的地方相差30—50公分,也因此很多想种地的农民无法种地,随着土地质量的提升和管理经验的丰富,这个雇佣比例还会下降)。我们了解的是,一般家庭农场主心里都有一个账目,比如,他每年雇工的支出达到的量。随着时间的推移,雇工的价格在不断提高。雇工(男工为例)价格为,09年50元,10年55元,11年60元,12年70

元,13年80元。这个价格加上伙食费、香烟费等要100元一个工。农忙季节更贵,加上开销,可以高达接近200元。因此,节约雇工就是为自己多留利润。

表2 萍镇新生家庭农场农业雇工情况表

(单位:岁、亩、年、岁)

姓名	年龄	规模	规模化时间	主要家庭劳动力投入	雇工人数和性质	性质	雇工年龄	雇工劳动投入比例
汪JJ	30	110	2013	父亲、妻子	稳定临时雇工1人	邻居关系	50多	较低
孙GX	50	101	2013	夫妻	稳定临时雇工1人	朋友关系	50多	较低
熊HP	58	190	2013	夫妻	稳定临时雇工2人	邻居关系	60/40多	较低
汪MG	45	100	2013	夫妻	稳定临时雇工1人	社员关系	60多	较低
刘鑫	34	404	2012	父亲、哥哥和自己夫妻	稳定临时雇工2人	邻居关系	—	较低
吴XY	43	100	2006	夫妻	稳定临时雇工2人	邻居村组	60多	较低
杨XB	48	185	2009	夫妻	1—1.5个工	不详	—	较低

资料来源:萍镇农经站提供大户数据和笔者访谈整理所得。

本地新兴的家庭农场主要的作物种植为早稻或晚稻(后来开始向职业农民学习,开始种植中稻和小麦),他们一般的雇工数量是每亩地1—2

个工。根据农民对自己中稻的估算,早稻3个工/亩,中稻或晚稻4个工(与早稻相比,中稻和晚稻打药的次数更多,生长周期更长,产量更高,需要的工也多),那么按照这样计算,每亩地实际的雇工比例应该是1/7—2/7,换成百分比就是10%—30%之间。换个算法,如果一对夫妻进行劳动,那么乘以每年的劳动日数,大致是600—700个工,因为每年有农闲,但是考虑到农忙时"忙死"的工作强度,这个估计大致会平衡。雇工人数为每亩1.5个,如果150亩就需要200多个工。按照这样的估计也是在20%—30%,因此,雇工比例在30%以下应该是比较确定的。另外,我们可以看到雇工的年龄都是大于50岁的,而且以60岁以上者居多,这普遍大于家庭农场主的年龄,如果从劳动强度和时间来讲,雇工实际的劳动量可能更少。最后,诚如上文所讲,随着土地质量和水利设施的逐步改进,雇工的比例会进一步下降,家庭农场主刘鑫和职业农民沐老板遇到问题便是如此。不过,另一组数据更有意思,那就是内生性家庭农场兴起中,占比重大的是中农转化型和职业农民内生型家庭农场,他们的经验丰富,管理能力强,而且有较强的"自我剥削"精神,他们的雇工比例极低。

表3 萍镇职业农民家庭农场农业雇工情况表

(单位:岁、亩、年)

姓名	年龄	规模	规模化时间	主要劳动力投入	短工投入个数	雇工性质	雇工劳动投入比例
张文	45	200	1990	夫妻	30	临时雇工	极低
盛某	49	220	1995	夫妻	50	临时雇工	极低
老周	50	200	1996	夫妻	极少	临时雇工	极低
张MZ	50	140	2011	夫妻	60	临时雇工	极低
张MX	49	200	1997	夫妻	极少	临时雇工	极低

续表

姓名	年龄	规模	规模化时间	主要劳动力投入	短工投入个数	雇工性质	雇工劳动投入比例
吴YB	49	192	2004	夫妻	极少	临时雇工	极低
高老板	35	200	2010	夫妻	极少	临时雇工	极低
郑老板	37	200	2007	夫妻	极少	临时雇工	极低
王ZH	50	200	1981	夫妻	极少	临时雇工	极低
钱老板	45	300	2001	夫妻	极少	临时雇工	极低

资料来源：笔者访谈整理所得。这部分职业农民并没有得到国家，包括地方政府的大户补贴，相反，他们的地租还被"一包户"加价。因此，这部分外来职业农民是完全的无补贴家庭农场主，赚的是"辛苦钱"。

这些职业农民，包括本地中农转化型的家庭农场的雇工比例极低，根据我们对访谈者的调查，他们200亩左右的地，一年全部雇工数量只有30—50个。这些雇工主要分布在施肥、打药和收割时拖拉粮食等环节。外来职业农民张文耕种的家庭农场，流转承包地200亩，年雇工30个。雇工具体情况为：撒稻2个工、施肥4—6个工、收割20个工，拔草3—5个工，雇工人数不到0.2人/亩。另一种田大户盛某，流转土地220亩，全年雇工不到50个，分别为播种9个工、施肥30个工、打药3个工，雇工人数约0.2人/亩。另外，还有本地中农转化型的家庭农场主潘ZL，他从种地几十亩到种地200亩，后来再到几十亩，他说，"从来都是自己干，200多亩时有少量请工"。对于有经验的家庭农场主，为了缓解劳动力的不足和双抢时可能造成的损失，他们一般都采用中稻和小麦的种植模式，这种模式可以保证中稻的收割，同时不大影响小麦的种植，但是，如果种植双季稻，那么双抢将成为一个非常艰难的时刻。不仅要收割早稻，而且要及时下种晚稻，遇到天气不利极有可能影响两季稻的收成，劳动力投入也是个大问题，其他自然风险也特别大。这需要一个非常重要的理性策略和算计。如果按照稻麦的种植,每亩地投入的劳动力为中稻4个工,小麦1—1.5个工,这样一亩地就减少了1—2个工。稻麦种植模式每亩地的用工数为5个工左右,如果雇工人数为0.2人/亩,那么每亩地雇工比例大致是4%。换一种算法,一对夫妻耕种200亩地,他们每年投入的劳动力应该是9个月(3个月算农闲),由于非常辛苦,劳动时间和强度比较大,尤其是在农忙的6—9月会非常忙,可以把这两个劳动力看作是3个劳动力,那么他们全年的雇工投入应该是810个。相比而言,雇佣的几乎都是50岁以上的小老人和老人,他们的劳动强度不及职业农民家庭农场主,因此,如果是全年50个左右的雇工,那么算下来雇工的比例也是50/860=6%,这个比例与上面算法所得相差不多,那么可以肯定的是这种职业农民家庭农场的雇工比例是不到10%的。

综合以上新生家庭农场的数据,可以得出,家庭农场的雇工比例在30%以下,平均下来可能在10%—15%之间,或者更低。值得进一步注意的是,新生的家庭农场的雇工比例会进一步下降。原因有以下几点:第一,本地的土地质量在进一步改善,这会减少雇工的比例;第二,本地的水利设施也在逐步改善,也会进一步减低雇工比例;第三,新生家庭农场主的管理经验也在不断丰富,种植模式在进一步调整,在劳动力配置和分工方面也在进一步优化。职业农民带来的新技术、新方法在不断向本地新生的家庭农场主扩散,因此雇工的比例会逐步下降,更加地接近职业农民的雇工数量,可能达到每亩地不到5%。总结以上问题,笔者认为,雇工数量大致与以下几种因素相关。

(一)家庭农场的规模。大量的研究表明,中国农村社会核心家庭占据越来越重要的位置,以夫妻、夫妻的父母或直系长辈以及未成年子女组成的主干家庭也占一部分。在家庭人口一定的情况下,劳动力数量决定了家庭农场的规模。夫妻为主的家庭结构的规模上下限一般是100—300亩,尤其是100—200亩比较适中。当然同样劳动力数量,不同的规模种植经验、农业外部条件和劳动力质量(包括身体和知识文化)决定的经营的规模也是有差异的。夫妻为主的家庭农场规模一般是200亩,如果超出过多,它的雇工比例增加,比如沐老板就是一个非常有经验的职业农民,他的劳动强度非常大,劳动时间也很长,但是由于只有夫妻两人,他的雇工比例还是比一般的家庭农场要高。在此,如果家庭劳动力有4个,那么规模可以适当扩大,但是一般不会超过400亩。总之,在以核心家庭为主的农村家庭结构中,100—200亩左右的规模比较适中。我们得出了夫妻为主的家庭结构中,规模与雇工存在如下关系:(1)≧1000亩,完全依靠雇工;(2)1000—500亩,完全依靠雇工或者大量依靠雇工;(3)500—300亩,完全依靠雇工,大量甚至也可以较少的依赖雇工;(4)100—300亩,完全靠雇工的少,此时可以完全不雇工;(5)20—100亩,可以不依靠雇工,或者较少适用雇工;(6)0—20亩,可以完全不需要雇工。

(二)规模种植经验和能力。农民讲,种地是"三分种、七分管",对于耕种十来亩的小农来讲,尚且如此,那对于上百亩规模化经营的家庭农场,管理能力更是重中之重。规模扩大之后,管理更加重要。规模种植经验和能力决定了种植模式、分工能力、选种、育秧、施肥、打药、收割等等方面,每个环节都有非常重要影响。比如,一开始当地农民由于没有规模化种植经验,在育秧方面投入的成本就非常高。如果使用传统的人工插秧,这将是一笔非常大的投入,一个工每天插秧最多七八分地,人工费150元,每亩地多投入200元。如果要机插秧,那要投入机械,需要的土地和水利条件非常高,一开始使用的人很少,而且遇到各种难题。但是有经验的外来职业农民,全部采用撒播,成本非常低,效率非常高。一个人每天可以撒播数十亩。一开始,当地农民对这种方法持严重怀疑态度,认为这样肯定不行,这庄稼是要"被毁"的。但事实证明,有经验的人撒播的产量不仅不低,而且可能产量很高。不过,撒播对技术要求苛刻,这需要及时打药除草,对稻子品种要求也高,要抗倒伏,对农药品种的选择也很挑剔。这是没有规模种植经验的农民无法操控的。再比如,在种植模式的调整上,有经验的职业农民就选择了产值低一点、但投入更少的稻麦种植,而舍弃双季稻的种植模式,这样不仅风险小,而且投入/产出比也更高。种植模式的调整减轻了雇工的数量,使规模农业完全成为自雇农业。

(三)经营者的"自我剥削"程度。"农产品的产量随着家庭劳动辛苦程度的增多而增多,家庭满足程度随着农产品产量的递增对边际收入的主观评价逐渐降低"(恰亚诺夫,1996:54),这是恰亚诺夫所提出的家庭经营组织的"自我剥削"理论。关于农产品数量与劳动强度之间的关系,同样,衍生过来就是劳动强度与雇工数量之间的关系。我们发现,在四种类型的家庭农场里面,中农转化型和职业农民内生型的家庭农场的雇工比例是最低的,这与他们很强的"自我剥削"程度有关。这些经营者起早贪黑、日夜操劳,赚的是"辛苦钱"。规模种地的农民,皮肤黝黑,农忙起来不顾吃穿,很是辛苦。一职业农民提到,"我们包地,挣的是辛苦钱、汗水钱,要是都请工,就没有我们挣钱了"。本质上,内生性家庭农场的利润高于外生性家庭农场,除了娴熟的技能外,就是他们自我剥削程度高,获得了少雇工的额外收入,在产量上也略高。随着外生性家庭农场农业技术能力和管理能力的提高,他们的差距在不断缩小,但是"自我剥削"还是会关系到雇工的数量。

(四)农业生产的便利性。农业生产的便利性包括很多方面,比如土地的集中化程度、土地质量、水利条件、农业生产的社会化服务体系等,以上方面会严重影响农业生产的效率和雇工比例。比如,零碎的土地就很难进行规模化种植,机械较难发挥作用,雇工的比例就会增加。土地不够平整也会影响效率。在萍镇的规模种植过程中,就严重受了土地质量不过关和水利条件不便捷的痛。由于是初步尝试,开始整理出来的土地,坑坑洼洼,以至于农民不敢接手土地。"被流转"成为规模化流转中的常见情况。(余练,2017)同样,家庭农场接手这部分土地也是相当低效率的。另外,在农业社会化服务体系的成熟程度也严重影响雇工数量。很多外来职业农民表示,同样规模的土地,在上海种就轻松很多。上海地区有成熟的农业社会化服务体系。种子、农药、化肥等农资实行配送供应服务;家庭农场的水稻生产从播种到收割全程机械化,生产过程全部流程化、标准化;粮食烘干设备全部由区财政统一投入,农民免费烘干。政府为每个家庭农场配送手机,提供气象、市场等信息服务等等。相比而言,萍镇很多方面均在起步阶段,影响生产效率,也增加雇工数量。

四、资本化:家庭农场的农业投入

在新农业领域,黄宗智提出了规模适中的资本劳动双密集型的农业发展道路。某种程度上来说,100—200亩的粮食型家庭农场就是典型的资本劳动双密集型的农业经营。以上我们提到的"无雇佣化"谈的是劳动密集问题。另一方面,是家庭农场的资本化。在阐述家庭农场的资本化之前,应该首先对家庭农场的劳动生产率和土地生产率做出考察。第一,劳动生产率上,家庭农场实现了大的跨越,这点无需赘言。从一二十亩到上百亩,同样是一对夫妻,种植规模实现了十倍的扩大,这是劳动生产率提高的极好体现。第二,土地生产率上,家庭农场的产量并无显著降低,有经验的家庭农场经营者还可以实现粮食产量增加。即使是无太多经验的家庭农场经营者,经过两三年,它的产量也可能高于小农。但正如桂华(2013)所提出的,家庭农场获得较为丰富的经济收入,不仅仅是劳动的投入,而且还有资本投入,是劳动和资本的双回报,加上他们所承担的风险,构成了家庭农场经营者每年能挣数万到二十万左右收入的重要原因。以下我们来看,家庭农场所做出的资本投入。

第一,地租成本。在当前细碎而分散的小农农业中,"耕者有其田",土地承包经营权归农户,无所谓地租问题。自发土地流转中形成的传统种田大户,也由于无法形成集中连片的土地和不高的劳动生产率,而在社区内部获得零地租或低地租。相反,家庭农场需要集中连片土地,这就需要协调分化农民的利益,产生高地租。首先,比起传统农业,家庭农场实行规模化经营,需要集中、连片的土地,对土地的要求更高;其次,比起传统农业,家庭农场对农地的承包经营权的稳定性要求高,需要签订较长的土地流转期;最后,与传统农业相比,家庭农场有更多盈利的空间,更多的农户要求分享土地的增值收益。家庭农场所需土地要从不同农户流转出来,这就需要以不愿流转土地的农户要求的土地租金为参照,极大地抬高了租金成本。在没有推动规模化土地流转以前,萍镇传统种田大户只需要最多100斤稻/亩的地租,有的仅仅由于"关系好"而不需要租金。但是,2008年政府推动规模化流转以后,地租成本是原来的四倍,为400斤稻/亩。另外,在租金交付上,有了严格的时间点和程序,这对经营者提出了更高的资金要求。农民说:"你要是没有10万,根本就不敢承包。一百亩地,土地租金就是五万多元!"

案例8:麻仁村程YY,从中农变为家庭农场主。程YY,女,63岁,2013年流转土地80亩,地租为300斤稻子/亩,自己承包地6亩,共计86亩。2013年政府未推动规模化流转之前程YY通过自发流转种地规模为32亩,另外,还有自己的承包地6亩,共计38亩。自发流转的地来自于两个弟弟,7口人,共计24亩;干女儿的土地有8亩,此时的地租是200斤稻子/亩,她所在的小组标准是0.6老亩=1市亩,现在的地租是400斤稻子/亩,也就是说,现在的地租是以前的3倍,意味着程YY种38亩的收入可能会下降一倍多。程YY的家庭并不富裕,程的丈夫早早过世,大儿媳妇是个残疾人,家里还没有小孩;二儿子的小孩病重手术,家庭拮据。

2013年麻仁村部分小组整理后的土地开始对外发包,以前自发流转的土地不能进行,地租每亩提高到400斤稻子/亩,由于没有资金提前预付,程YY决定自己与农户协商。程YY同农户协商,地租每亩给300斤稻子/亩,没有固定契约,农户可以随时回来要地,这与自发流转时的口头协议相似。但是由于政府的推动,地租翻了一倍多。2013年流转的土地从32亩扩展到80亩,其中流入2个弟弟家承包地24亩,干女儿家承包地8亩,干女儿邻居家承包地6亩,包某家承包地8亩,方某家承包地9亩,另外,麻仁组部分土地由于水利和不够集中大户未流转区域,通过与村协商流入25亩地,共计80亩。没有向镇土地流转中心提前预付租金,也没有与之签订正式的合同,对于程YY来讲,她也无权享受到政府的大户补贴。

从人情地租走向市场地租是政府推动下新型农业经营主体家庭农场兴起的重要特点。家庭农场承受的高资本投入与地租的整体提升和规模快速扩大有重要关系。地租不再是农户与农户之间私下的口头协议,零地租或低地租不再出现,地租变成一种"社会性合约",与社会结构、社会规范、行政干预、风险分担等多重因素关联。(田先红、陈玲,2013)地租不再以最低要租者的租金为标准,而是尽可能满足不愿意流转土地农户的地租意愿。因此,正如案例所讲,萍镇地区的土地租金翻了三到五倍。另外,规模扩大上十倍之后,土地租金成本立刻显示出资金压力。100亩为一个门槛,租金就是5万多元。更为重要的是,为了化解租户经营失败风险后跑路,政府提出预付租金的要求,本地区是预付半年,有的地方提高到预付一年。以家庭农场平均200亩计算,预付一半租金就是5万多元。高租金成本给租户带来压力,高资本投入也就意味着高风险,这必然带来家庭农场主的理性算计。

第二,固定资本投入。机械替代人力是现代农业的重要特征,为提高劳动生产率,家庭农场必须依赖大中型机械设备,这是节约人力成本的必然选择。家庭农场在机械投入上可以分两种情况。

第一种情况,自己购置机械,通过自己操作或雇人操作完成机械使用。在本地21户家庭农场中,拥有大型拖拉机的有13户,共计14台,每台价值 7 万—10 万元;拥有大型收割机的有 2 户,共计 2 台,每台价值 10 万;几乎全部拥有小型拖拉机 1—2 台/户,每台价值 5000 元;90%以上经营者有三轮车或者货车等运输工具,1 台/户,每台价值数千或上万元;水泵拥有量,较小农增多,每户 3—10 台不等,集中在 4—6 台,价值 1000—2000 元;每户电动喷雾器 2—6 台,集中在 3—4 台,价值 1000—2000 元;秧膜几千到数万张,价值 2000—3000 元。刨除大型收割机和大型拖拉机的购置,家庭农场经营者一次性投入最少 2 万,如果折旧时间为 5 年,那么每年是 4000 元。从统计情况来看,近 70%的人拥有大型拖拉机,少数还有大型收割机①,如果加上大型机械的成本,每户的成本平均在 10 万元左右,当然成本更高者更多②。

表 4 萍镇本地家庭农场经营者农机拥有量表③

(单位:亩、年、台、张)

编号	姓名	规模	规模化时间	收割机	大型拖拉机	小型拖拉机	三轮车	水泵	电动喷雾器	汽油机	秧膜
1	汪 JJ	110	2013	0	1	2	1	4	2	0	3000
2	孙 GX	101	2013	0	0	1	1	1	1	0	0
3	汪 DB	92	2013	0	0	1	1	2	2	0	10000
4	熊 HP	190	2013	1	1	1	1	3	6	0	20000

① 据了解,家庭农场主很少同时拥有大型拖拉机和收割机,"因为同时拥有两种机械有时候使用不过来,而且收割机损耗大,用的时间短,从成本和使用率上讲都是不划算和无必要的。"经营者如是讲。
② 比如案例 1 中返乡农民工创业型的家庭农场经营者刘鑫是投入比较多的家庭农场主。他购置大型拖拉机一台,价格为 7 万元,旋耕机一台 7000 元,小型拖拉机一台 5000 元,拖稻子机器 2 台,有喷雾器、水泵数台。2013 年,刘鑫又添置了一台三轮车,用于大规模的喷洒农药,价值 7000 元。固定资本投入共计 10 万元左右。
③ 表格中"—"表示的是缺失值,而不是"0"。

续表

编号	姓名	规模	规模化时间	收割机	大型拖拉机	小型拖拉机	三轮车	水泵	电动喷雾器	汽油机	秧膜
5	程YY	86	2009	0	0	1	1	3	3	0	10000
6	汪YL	230	2013	0	1	1	1	8	3	0	10000
7	汪MG	100	2013	1	0	1	0	2	3	0	600
8	刘鑫	404	2012	0	1	1	1	5	6	0	0
9	潘ZL	234	2008	0	0	1	0	1	2	0	4000
10	汪XS	150	2008	0	0	1	0	2	1	0	5000
11	汪BH	210	2011	0	1	1①	—	4	2	3	0
12	吴XY	100	2006	0	0	1	1	10	2	0	10000
13	左ZY	183	2009	0	1	1	1	6	4	1	—
14	杨XB	185	2009	0	1	2②	—	6	—	—	—
15	陈SL	350	2009	0	1	2	1	—	—	—	—
16	冯AB	400	2000	0	2	1	—	—	—	—	—
17	冯AG	104	2012	0	1	1	1	—	—	—	—
18	钱GY	124	2012	0	0	1	1	—	—	—	—
19	李某	130	2013	0	1	2	1	—	—	—	—
20	李JC	110	2007	0	1	2	—	6	—	—	—
总计				2	13						

资料来源:根据笔者和夏柱智博士所做《家庭农场调研问卷》所得。

与上千亩的大农场相比,家庭农场的机械拥有量有限。比如,家庭

---

① 还有1辆轿车。
② 1辆面包,1辆轿车。

农场几乎都没有插秧机和播种机，这是因为家庭农场的规模购置插秧机和播种机的成本高，需要的人手也不够，还不如向大户购买秧苗或者直接撒播。另外，在大拖拉机和收割机的拥有上，家庭农场主一般只有其中之一，要么有大拖拉机，要么有收割机，而且拥有大拖拉机的更多一些。本地全部家庭农场主中，拥有大拖拉机的有13户，拥有收割机的只有2户。这与机械的使用率和折旧率有关。家庭农场主刘鑫告诉我们，同时拥有两种机械使用不过来，比如，大拖拉机是用来抓地的，收割时节，如果自己有收割机，就要开收割机收割，还要拖粮食，弄完后要对土地翻耕，一系列过程都需要足够多的人手，但是以夫妻家庭为主的家庭农场，劳动力有限。另外，经营者提出，收割机的损耗大，折旧率高，如果每年收割的田亩数不多，那是得不偿失。但是，与小农或中农相比，家庭农场主在固定资本投入上要大很多。小农或中农几乎没有大拖拉机，收割机也是寥寥无几，小拖拉机、三轮车不一定有，就算有量也不多。在村庄调查中，我们发现少数中农有收割机，其自己是职业型的收割机手，但是一个自然村可能也没有一个，因为一台收割机必须有一定的规模量才能实现它的利润和人力成本收益。

第二种情况是，依靠发达的机械租赁市场，较少购置大型机械的外地职业农民。他们依托圈子里发达的机械租赁市场，租用专门的收割机和大型拖拉机翻地，很少专门购置大型拖拉机和收割机。他们说"种地忙不过来，开机械不划算"，可以看出他们是从效益和效率的角度来看待机械投资问题的。他们主要的投入是三轮车、喷雾器、小型拖拉机和水泵等小型机械，一次性投入2万—3万元，翻地和收割主要依靠租赁。根据我们的调查，成熟的职业农民有一个圈子，从农资购买、托人找地和租用机械等，都有一个较为成熟的市场体系来完成。一对夫妻往往只种地，抓地、翻耕和收割完全租用机械。只要有了一定量的土地，这些大型拖拉机和收割机就从老家过来，及时地对这些土地进行翻耕和收割。下面来看看案例5中职业农民张文的情况：

案例9：职业农民张文，46岁，安徽巢湖HL镇ZH村人，外出包地经历23年，目前在旧林村流转土地250亩。从固定资本投资来看，张文投资并不多，除了水泵等必需生产性用具以外，就是张文儿子所拥有的一台大型拖拉机。对于是否购买机械，张文提出："种地就种地，不用开机械，专心搞一件事，不然还来不及。"张文儿子拥有一台大拖拉机，除了给自家翻耕土地以外，主要是为别人翻耕，每亩地水稻70—90元，小麦40元。

事实上，很多职业农民，在固定投资上不多，因为他们已经形成了较为成熟的分工体系，表现出很强的"专业性"。比如，在购买农资方面，他们讲究种子的品种，高产、抗倒伏；化肥品种也不同，而且用量大；采用进口农药和除草剂，见效快，效果佳。最为重要的是，他们的购买渠道已经网络化，在一定的熟人圈子里进行。他们说"种地就种地，不用开机械，专心搞一件事，不然还来不及"。少购置大型机械，一方面可以降低进入规模化门槛，节省资金，另一方面还可以提高劳动效率，做到职业化和专业化。水稻的机耕和收割分别为每亩70—90元、60元，小麦机耕和收割分别为每亩40元、60元，水稻和小麦分别为140和100元。从成本上来讲，略微高一点，但是在无足够人力时，这种算计是非常适宜的。

因此，大型机械的购置是随着农业社会化服务体系的不断完善而逐渐降低的。总体来说，依靠高度的市场化机械租赁市场每年的机械投入至少是2万元（200亩地），一次性小型机械投入是2万元，那么初始投资至少是4万元。如果没有高度发达的机械租赁市场，而且经营者的农业技能欠缺，购买大型拖拉机就是一种必须，一次性机械投入成本是10万元左右，当然还不涉及其他的插秧机和播种机等。机械固定资本初始投入的弹性区间为4万或10万，多者20万。

第三，流动资本投入。提高流动资本的投入是不少国家实现农业现代化的重要途径。例如，20世纪中后期的印度，通过物种的改进、肥料和化学药剂效率的提高,为小麦、水稻和其他谷物的增产提供了巨大可能性,这就是著名的农业"绿色革命"。同样,中国在迈向农业高产和提升劳动生产率方面也有着同样的努力。实现规模化经营以来,萍镇家庭农场流动资本投入较高。以除草剂为例,小农较少使用,人工除草较多,这耗费了大量劳动力。家庭农场农业中,用撒播替代了插秧,使用除草剂大大减少了劳动力;另外,在选择种子上,有较高的要求。农民讲:"我们自己的种子一般,有时候都是自己留种。但是'大户'经营的种子都是从浙江等地拿来,不用我们这里的种子。"经营者自己也讲,规模化以后种子要求高,要高产、抗倒伏,过几年就得换品种,更新很快。此外,在化肥和农药的使用上同样如此。

表5 各经营主体流动资本、机耕投入成本比较(2013年)

(单位:元)

类型	家庭农场A		家庭农场B		工商企业C		工商企业D		小农	
种植规模(亩)	520		197		630		1100		10	
种植品种	中稻	小麦	中稻	小麦	中稻	小麦	中稻	小麦	中稻	小麦
种子	30	75	50	70	40	70	40	70	80	75
化肥	170	130	130	110	160	120	150	130	170	130
农药	100	10	120	20	120	20	100	20	100	10
除草剂	45	10	40	10	60	20	20	10	15	10
收割	60	45	60	40	60	40	60	40	70	45
水费	20	0	20	0	20	0	20	0	20	0
机耕	80	30	30	20	70	40	70	40	40	30
总计	505	300	450	270	530	310	460	310	530	310
平均值	805		720		770		840		795	

资料来源:根据各经营主体访谈所得。

表6　各个小农在小麦种植上的流动资本、机耕投入(2013年)

单位:元

村民	肥料	农药+打药	种籽	播种	浇灌	耕田	收割	合计
甲	150	30	70		25	45		320
乙	150	25		20	20	40	40	305
丙	160	7	67	撒种	30	50(旋耕)	40	354
丁	150	4	45	10(机油)	喷灌机(少用)	10(耙地机油)	40	259
戊	150	12(3次)	30	15	10(柴油)	35	35(机油)	287
己	200	20	30		10	100(耕犁耙)	30	390

资料来源:冯川调查报告。

表5我们详细比较了小农、家庭农场和资本型农场在流动资本和机耕上的投入,调查显示规模化农业并没有在种子、农药和化肥上表现出明显的"规模效益"。这是因为,上百亩的家庭农场和资本型农场的"规模效益"被更好的选种、农药和化肥品种,以及更多的用量抵消。在种子、农药和化肥上,家庭农场在选种和用量上与小农存在显著不同,他们品种不同,质量更好,药效更佳,因此单价更高,由于"规模"的原因,这些生产要素相对便宜些,刚好可能与小农不同品种的生产要素持平。如果说,小农在种子、农药、化肥的选择上有较大的弹性,投入可大可小(有的农户在种子上有自留种的情况,成本会比较低),但是上百亩以上的家庭农场和资本型农场在生产要素上的投资却是刚性的。这是因为规模化以后,他们在种子、化肥和农药上的选择非常慎重和讲究。

第一,在农药方面,一般分为除草剂和杀虫农药。在除草剂使用上,家庭农场主会使用品牌好、价格高的药,一般为国外进口。这种药,药效好,价格高,用量重,次数多。之所以要使用好品牌的农药并加大剂量,是因为草荒后会造成严重损失,如果每亩减少100斤,200亩就是2万斤粮食。但对于10亩左右的一般农户来说损失有限,而且他们可以通过人工除草解决问题。另一种农药是杀虫剂,这是家庭农场主和小农都迫切需要的投入要素。与小农相比,家庭农场主使用杀虫剂品牌好、药效好和价格高的药,在使用上用量重、次数少,比如,一季中稻家庭农场使用杀虫剂是4—5次,但是小农要使用8—10次。虽然家庭农场杀虫剂单价价格高,但是由于用量较小,在成本上与小户差不多,或者更少。

第二,在化肥使用上,家庭农场的用量更大,品牌更好。化肥使用量加大是大户耕种的重要特点,这是因为大户追求更高的产量,另外是肥料的使用率较低造成。在施肥问题上,一般家庭农场都会请工人施肥,有的地方(近的地方)多施,有的地方(远的地方)少施,这是一种非常普遍的现象,家庭农场主也不可能完全监督过来,因此,化肥的用量上家庭农场和资本型农场都偏多。另外,大户是无法用粪肥这些有机肥料的,这造成大户的化肥完全依靠市场。

第三,在选种问题上,与小户不同,大户非常重视,这直接涉及全年的收成。规模化以后,稻子如果抗倒伏能力不强,一旦遇到强风倒伏,机械很难收割,人工成本太高,可能会到入不敷出的境地。在调查中,我们发现2009年大户遭遇了稻子倒伏,损失惨重。此外,如果采用撒播,对种子品种的选择就更为谨慎,需要根稳、杆结实,对稻穗的长度、米粒等都比较考究。这是小农选择种子时不用考虑的,而且有的小农还自家留用种子。

在种子、农药和化肥生产要素的投入上,家庭农场和资本型农场虽然有"规模效益",但是由于所需的品种要求更高,单价更高,因此规模效益被抵消。由于大户使用的生产要素总量大,投入的资金量就非常大。经过核算,中稻的农资成本和机耕等大致需要450—550元,小麦的投入一般是300—350元,稻麦种植的流动资本投入大致就是800—1000元。如果种植双季稻,晚稻价格与中稻相差不多。早稻由于生长周期更短,打药次数更少,每亩地流动资本投入则少数十元,双季稻的成本大致需要900—1100元。由于大户生产规模大,这笔费用算下来,200亩地,按投入量最少的一季稻或麦计算,流动资本投入和机耕等所需费用是10万元左右。

  从劳动密集型走向资本密集型是传统农业向现代农业转型的重要标志。在马克思的政治经济学中,也强调资本对于剩余价值的产生具有特殊意义。根据资本是否具有弹性,这里把资本[①]分为刚性资本投入和弹性资本投入。刚性投入包括土地租金和农资流动资本投入;弹性投入包括机械固定资本投入,还有部分的雇工成本[②]。综上所述,我们可以得出,200亩地家庭农场的资本投入至少要10万元,比如以一季小麦为例(投资成本最低):地租2万元(按照预付金计算)+农资流动资本5万元(4万—6万,取中间数)+机械固定资本投入4万元(毫无购买大型机械的情况下)=11万元。实际投入的成本更高,比如还有地租成本,在机械投入上,一般的投入实际上达到了10万元以上。200亩地实际投入一般可能达到20万元,这远远是小农农场所不及的。这也印证了桂华所讲的一个问题,那就是家庭农场所获取的收益除了自己的劳动投入以外,另一部分是自己的资金投入。如果利润太低,他们是不愿意投资的。当然对于家庭农场规模扩张,与它的家庭劳动力有关,同时与收入的边际效益有关。是否继续投资,不仅是一个经济问题,更是一个文化问题。(桂华,2013)

[①] 这里的"资本"主要是指"不变资本"。在马克思的分析中,资本被区分为以生产资料形式存在的不变资本和以劳动力形式存在的可变资本。但是,在家庭农场中,劳动力主要来自家庭,因此我们仅仅对不变资本的投入进行描述。
[②] 雇工问题,文章第三部分已经进行了阐述,这里就不再继续讨论。

五、家庭农场与农业转型

家庭农场在2013年中央一号文件中首次被作为一种重要的新型农业经营主体,得到多方面关注,它被视为走向现代农业的重要经营形式,与中国农业转型密切相连。正如王立新(2009)在讨论20世纪中后期印度农业所遭遇的问题一样,雇佣劳动的高度发展并不意味着农业资本主义生产方式发展,那么反过来"无雇佣"也并不意味着农业转型不可能发生。在此,家庭农场的劳动生产率问题和土地生产率不容忽视。从生产力角度说明家庭农场生命力,显示它在农业现代化过程中带来的显性革命非常重要。

(一)家庭农场与农业转型

研究者们一直认为,小农土地产出率很高;另一方面有关规模化是否有效率的争论众说纷纭,莫衷一是。有的研究认为"农场规模与生产效率之间关系一般是反向关系"。"家庭农场比集体农场更优越,效率更高",实际上也是一个不争的事实。规模的临界点,确实是一个非常值得研究的问题。以自给自足为特征的传统小农以其无限的劳动投入获得了极高的土地生产率,但是,这是否就能证明,商品化程度更高,规模更大的"家庭农场"就会必然导致土地生产率的下降?(罗伊·普罗斯特曼,1996:17)答案是,否。

保证土地生产率有一个关键的点就是是否采用雇工,或者说是采用雇工的数量比例。对于完全依托雇工的资本型农场而言,保证高的土地生产率是一个重大的挑战,对于同样是依托"家庭组织"的家庭农场而言,土地生产率是否必然下降,这一点值得讨论。笔者在大量的调研中发现,家庭农场能够保证很高的土地生产率,而且在经营者经验丰富的情况下,有可能产出更高,这一点在萍镇调研时被我们发现。

案例10:王ZH,50岁,安徽老巢湖人,33年外出包地历史,1981年开始到上海包地,积累了丰富的种植经验和农业技能。王ZH2012年到萍镇杉河村流转土地200亩,土地租金400斤稻/亩。因为本村之前有上千亩雇佣农场的失败经历,杉河村农民对于所谓"规模化"的经营,几乎都持怀疑,甚至否定态度。2012年王ZH开始经营200亩土地,种植第一季小麦时,他采用了撒播技术。① 当地的农民认为,这种方法完全不可行,一段时间后长出的小麦到处杂草,当地农民认为,"这可好,地荒了!"王ZH使用大量除草剂对小麦除草2次,打农药2—3次,而且对小麦施肥较多,后来小麦长势很好。小麦亩产不错,达到700多斤。在当年的水稻亩产上达到1300多斤,高于普通农户100—200斤。"王ZH会种地,外地来的人都会种地。"这是当地农民的评价。

案例11:新生家庭农场的高亩产也并非没有。杨XB是当地经营得较为成功的家庭农场经营者。杨之前是运输司机,家里有一辆货车,2009年,他在杉河村流转承包土地185亩,到访谈他的2013年之前的四年中,他几乎都处于盈利状况。据杨某讲,如果风水好,平均下来,每亩早稻900多斤、中稻1300斤、晚稻1200斤。2012年,杨XB中稻亩产高达1350斤,这完全高于一般农民(小农)的亩产。在这一年中,杨某每亩的收入达到1270元,再减去付出的地租

---

① 在这些外地职业农民来之前,萍镇几乎都是采用的人工插秧。按照效率计算,人工插秧,每人每天插秧不到1亩地,如果请人,加上伙食费大致需要130—150元。而采用撒播技术,每人每天可以撒播30—50亩,200亩地,一个人几天就能完成。但是这需要一定的撒播技术,重点是后面的除草过程。除草时间的掌控,除草剂的选择,除草剂的使用等都需要一定的知识和技能,这非无规模种植经验的小农一时所能掌握。除草环节,如果稍有不慎,亩产降低100到数百斤都是可能的。用当地人的话讲是"种荒了"。因此,从效率比较看,撒播是传统播种方法的数十倍,但是风险增加,对经营者的要求更高。

520元,每亩地的纯利润达到了750元,这丝毫不亚于一般农民的亩产。这样185亩地,年收入近14万元。杨某把这归结于他选择的种子品种和比较精心的管理。

我们发现,诸如案例9和案例10这样的高产家庭农场并不在少数。一般来讲,家庭农场经营中稻的产量与小农持平,甚至更高;无经验者稍微偏低,在100—200斤/亩的范围。总体来讲,家庭农场的经营对经营者的经验和管理水平的要求大大提高,经营家庭农场的风险也就远远高于小农农场,而一些自然灾害发生以后,依靠机械化操作的地方就可能存在减产。也就是说,家庭农场的风险更大是一个不争的事实。比较家庭农场和小农农场的亩产,可能不是一个完全有意义的指标。因为,在萍镇调研时,我们发现,家庭农场与小农农场的巨大不同不一定表现在土地生产率上,最大的不同表现在劳动生产率上。

家庭农场通过对新品种的选择、对机械的大量运用和对农田的全方位管理,实现了一对夫妻种植亩数从20亩地到200亩地的跨越,这是对家庭劳动力的拉升,是对劳动生产率的提高。但是,不少家庭农场主表示,他们暂不会扩大规模。规模的扩大,需要的条件很多,这受限于家庭劳动力,也受限于农业的外部条件和社会化服务的水平等。如果规模太大,势必导致边际效益递减,这可能带来经济损失,而且风险加大。我们发现,很多家庭农场主通过这种方式挣钱,但不一定进行扩大规模再生产,而是把这些钱用于生计和其他的教育、房产投资等,这是与资本型农场不同的地方。

(二)家庭农场与其他经营主体之间的比较

作为一种新型农业经营主体,家庭农场确实与小农、中农和资本型农场不同,以下做出区别。

1.家庭农场与小农

当前的农民已经分化,对于税费改革后的农村阶层,有学者总结为脱离土地的农民阶层、半工半农阶层、在乡兼业农民阶层、普通农业经营者阶层和农村贫弱阶层。(贺雪峰,2011)这是对所有农民按照职业的分类,但是如果对"涉农"相关的农民进行更为精确的划分,实际上我们可以把当前的"小农"划分为,20亩以下小规模纯农户,兼业农Ⅰ,兼业农Ⅱ和中农这几种形式。如果说二三十亩规模以上的中农有"去过密化"的特征(杨华,2012),那么在此,我们把小规模纯农户,兼业农Ⅰ和兼业农Ⅱ这几种小农生产与家庭农场进行比较。当前的小农较过去已经发生了很大变化,虽然他们在农业的规模上还是以细碎化的三五亩土地为主,但是他们参与市场的能力和融入商品社会的程度较以往都有了极大提升,为此有学者把当前的小农总结为"社会化小农"。(徐勇,2006)社会化小农表现为,第一,生产方式的社会化,包括"生产资料、生产过程和生产产品的社会化",农民的种子、肥料、农药和农具等主要生产资料都从外购买,农民与外部的合作也在不断加深。第二,生活方式的社会化,摆脱传统小农的自给自足,农民的消费资料和生活资料越来越社会化。第三,交往方式的社会化,随着信息和交通的发达,农民的活动空间扩大,走向陌生人社会。当今小农越来越深地进入到一个开放、流动和分工的社会化服务体系中。但是,社会化的小农在农业上实际并没有实现转型和农业的现代化。

社会化形态下的小农在农业生产上无法实现突破的根本在于小规模的土地。根据有关学者的统计,2003年人均分配土地是2.4播种亩,户均9.2亩,劳均(实际劳务劳动力)7.3亩。(《中国农村统计年鉴》,2004:31、135)由于规模过小,因此学者总结到这样的就业不是全"就业"的,而是"半就业"。(黄宗智,2006b:31—32)土地规模过小,引发了多重效应。第一,规模过小,导致小农生产方式依旧陈旧,即使在大户的带动下开始使用收割机,但是他们缺乏市场敏感性,在技术更新、机械的使用上,仍然不及大户。另外,生产要素的投入严重不够,选种、肥料的选择和农药的使用上都不是特别积极。第二,由于规模小,导致主要的农产品是自用和糊口。小农经济可能产生庭院经济,或小农农业生产的自循环,比如,养几只鸡鸭,养殖生猪等,小农经济形成一个自循环系统,这不仅节省了他们日常的货币开支,同时,使小农经济无限的延续。第三,由于规模小,小农收入有限,小农经济只构成家庭经济收入的"一柄拐杖",而且这柄拐杖可能还占不到一半,另一部分的家庭收入就来自于务工工资性收入。老年人在家务农,年轻夫妻外出务工,"以代际分工为基础的半工半耕"(贺雪峰,2013)就成了当前小农经济最隐秘,也是最为富有弹性的城乡二元结构体系。在市场经济高度发达的当下,尽管农业在逐步的"去过密化",但是由于老人无法获得充分的市场就业机会,因此,还是会把多余的劳动力投向农业。即使老人农业也摆脱了"过密化",但是由于土地规模过小,小农农业生产方式在主动和被动中也难以提高劳动生产率。

从农业现代化的角度来看,以老人农业为代表的小农经济的劳动生产率欠佳,但是,从社会效益的角度来讲,它仍然意义重大。正如不少农村社会学者所讲的一样,中国农业人口的绝对量庞大,城镇化有限,无论人口怎样转移,仍然有不少农民,尤其是老人得留在农村。老人是次级劳动力、边缘劳动力或辅助劳动力,他们很难进入劳动力市场,因此,他们投入农业不存在机会成本,也就没有边际成本一说。老人种田,在农业上没有巨大进步,但是农田具有社会保障功能,稳定了农村生产与社会秩序,构建起以代际分工为基础的家庭经济的"另一柄拐杖",也富有意义地创造了"留守经济"(余练、王俊杰,2017),因此,小农和小农经济具有很强的社会功能。

2.家庭农场与中农

"中农"是指耕种二三十亩土地,所获经济收入不低于外出务工收入,主要收入来自种田,经济关系和社会关系留在村内,利益与村内事物密切相关的中青年夫妇。"他们是村庄公共事务和公益事业最热心的倡导者,是村庄人情往来最热情的参与者,是农业新技术、耕作新方法最主动的采用者,是村庄社会秩序最有力的维护者。"(贺雪峰,2012:61)可以看出,"中农"是耕种有一定量土地,并且掌握的农业技术有一定程度提高的新农民。从学者的论述来看,新中农的主要意义在于他们是村庄的维护者,是村庄社会稳定的主要力量。当然也有研究者从农业经济学的角度讨论了中农经济对小农经济的改造、转型和升级,以及对国民经济发展的积极影响等。(张建雷等,2016)笔者也曾经对人口流动背景下的新中农群体进行了关注,对三个小组的小农经济分化情况进行统计后,笔者发现以务农为主的农民(即中农)占三分之一左右,他们耕种了全小组约三分之二的土地,户均耕地面积20亩左右,多的达到了数十亩。①在社会层面,中农在农村秩序维持和村庄治理方面确实起到了中间阶层作用,在农业经济上比之于小农,也在朝着劳动资本双密集型的道路迈进,但是从很多方面,我们还是可以看出他们是传统的种田大户,与家庭农场有一定差异。

首先,如果不是种植经济作物,中农的劳动生产率和土地产值还是相当有限的。种植二三十亩土地,与100—200亩的家庭农场相比,劳动生产率仍然较低,而且土地的总产值也比较低。在低租金,甚至零租金

---

① 笔者统计了三个小组,分别在不同村。三个小组分别为麻仁湾林组、萍铺代劳组、龙岗熊村组。麻仁湾林组,中农种地的户数和面积分别为,18.6%户数耕种54.2%的土地,中农户均耕地18.5亩,最大规模为25亩;萍铺代劳组,中农种地的户数和面积分别为,35.3%户数耕种78.4%的土地,中农户均耕地亩13.3亩,最大规模为23亩;龙岗熊村组,中农种地的户数和面积分别为,15.8%户数耕种55.0%的土地,中农户均耕地亩29.3亩,最大规模为60亩。这里是取的均值。(详见余练,2015:159—160)

的情况下,每亩地的纯收入也只有1000元左右,二三十亩地,也只有二三万元,这是一对夫妻一年的生计。但是,家庭农场可以获得大几万、十万,甚至二十万元的收入,他们的收入一部分被高额的市场租金抵销后,仍然收入不菲。就经验丰富的家庭农场而言,他们的土地生产率并不低于中农,这恰恰说明了一对夫妻在其他条件提高的情况下,是有能力种植一两百亩的。其次,中农在机械上的使用仍然是有限的,比如在大型机械的使用和一些小型机械的选择上都是有限的。我们从张建雷等在皖中吴村调查的数据得知,杨家湾自然村5个中农有的机械是中型拖拉机、小型拖拉机、打田机和担架式喷雾器等。(张建雷等,2016:167)虽然比较小农,中农购置机械和利用的机械的积极性提高,但是与家庭农场相比仍然是有限的。根据前文对家庭农场固定资本的投入,我们可以看出,无论是否购置大型拖拉机,他们都是用大型拖拉机耕田,而且收割时全部使用收割机,另外,每个家庭农场几乎都有数台水泵、喷雾器。这些对于生产率的提高有极大作用。比如,大型拖拉机每天可以翻耕土地数十亩,但是打田机却只能翻耕不到10亩地/天,前者的效率是后者的近10倍。再次,在种子、农药和化肥的投入上,中农也远不及家庭农场。很少看到中农会对种子、除草剂、杀虫剂和化肥的选择是如此地慎重。家庭农场主会四处打听最新的产品,会去听取大公司的宣传,每隔几年会对种子和农药进行更新和换代,这是保证土地产出的重要一环,因此慎之又慎。相比之下,中农对生产要素的投入相对有限。虽然他们也重视产量,但是由于没有如此规模,也没有如此高的资本投入,他们对成本收益的算计并没有家庭农场强,对市场的敏感性就相对较弱。

中农在以上方面与家庭农场的不同,很大原因在于中农生产资料获得性质不同。中农借助于互惠式的人情租,通过自发式的土地流转获得了一定面积的土地,但是土地的规模受限于熟人社会的人情网络,同时土地零碎,没有连片集中,就难以利用提高生产效率。农村的社会关系按照"差序格局"展开,每个人的社会关系网络有限,因此即使有很多农民选择外出经商或务工留下不少土地,但是仍然均质性的分布在留存农民中,也就形成了二三十亩的中农,社会关系好一些,种植能力强一些的农民经过自己的努力也可能达到 100 亩。即使达到 100 亩,效率的提高也会遇到重大阻力。我们了解到如果水利条件不好,田块过于分散,种二三十亩地就可能是极限。萍镇农民看了职业农民的家庭农场后,觉得自己种三四十亩地并不比种一两百亩的轻松很多,主要原因就在于家庭农场的土地的连片集中、水利条件的改善、现代机械的充分利用和较为完善的社会化服务体系等。当然,中农其实就是家庭农场的萌芽和初始阶段。只要土地连片集中和其他条件达到,他们也就会向劳动资本双密集型的家庭农场转型。

3.家庭农场与资本型大农场

在组织形式上,家庭农场与小农、中农更为接近,因此笔者提出,家庭农场是小农经济的另一种表达(余练、刘洋,2013),但是,由于家庭农场商品化程度加深,在保证土地生产率的前提下大幅度的提高了劳动生产率,可能带来新的农业转型。与资本型农场不同,家庭农场由于极少雇工,因此能够较好的控制成本、监督雇工、保证产量,于是具有了较强的生命力。但是资本型农场却与之不同,它是依靠雇工进行生产,同时,也是因为雇工的"弊端",资本型农场具有了难以跨越的陷阱。在我们调查的萍镇,政府一开始推动千亩以上的大农场,"越大越好",以至于有的老板由于规模小,资金不足,几户联合起来一起流转上千亩土地。不过,这些老板几乎都是"甩手掌柜",他们自己不进行农业生产,开着小车,背着双手在田间地头指挥。结果就是,田里杂草丛生,庄稼长势不好,稻子高低不平,产量非常低下,大农场入不敷出。另外,大农场需要更多的投资,除了较大的土地租金压力,还有固定资本的一次性投入,每个大户均有大型拖拉机、收割机等若干台,有的还有插秧机和播种机,厂房等,这些成本非常高。另外,大规模的粮食需要烘干设备,如果没有较好的农业社会化服务体系,大农场的粮食烘干和存储、销售就会受制于人。这些问题,在萍镇的调查中都严重存在,才因此有了大农场主纷纷倒闭后把土地转包给 100—200 亩规模适中的家庭农场。

在调查中,我们发现,只有部分的家庭农场主才拥有国家的扶持和补贴。家庭农场的主要补贴有 100 亩以上的大户补贴,租金在 400 斤水稻的大户给每亩 60 元奖励,但从资本型大农场那里破产流转过来的家庭农场却没有。这实事上就证明了相对高租金下的家庭农场是有利可图的,通过提高劳动生产率,扣除地租后每亩的收入下降了,但是随着规模扩大,一对夫妻的年收入翻了数倍。这也是家庭农场在本地能够获得巨大生命力,同时也得到政府后来支持的原因。同样地,在湖北孝感地区,笔者进行了为期二十多天的调查,那里拥有土地上千亩,甚至扩张到数万亩的春晖集团这一资本型大农场的破产也在相关学者的调查下得到曝光。(桂华,2013;宋亚平,2013)可以看出资本型农场很难盈利或者说资本收益率并不高,这导致了大资本即使能够得到比家庭农场更多贷款和其他项目配套,也是不可能长期存在的。退出生产乃是大多数资本型农场的宿命。

资本为何逃离粮食种植环节,有研究者总结为,第一,种植环节低利润难以满足资本盈利需求;第二,"高风险""低收益"的种植环节导致资本型农场退出生产;第三,层级化的管理体制增加了交易成本(陈靖,2013:34—35),这颇具说服力。更深层次地,笔者认为,雇佣的劳动力成本过高、大面积雇工影响土地生产率、农村雇工市场的供给不足和季节性偏差三个因素是导致资本型农场无法维继的根本原因。①

在资本投入上,资本型农场是高投入的;在劳动生产率上,资本型农场也有很大提升,而且是能用成本低的机械就会尽可能不投入人力,但是,它的土地生产率得不到保证。资本型农场无法与家庭农场竞争。家

---

① 不同于咖啡、蔬菜等高附加值的经济作物,在粮食生产领域,尤其是在水稻和小麦等大宗型粮食作物中很少有订单农业和合同农业构成的龙头企业公司,因此在这里不予讨论。

庭农场由于颇高的劳动生产率和较好地利用现代农业技术,在农业生产上拥有强劲生命力。实际上他们与种植二三十亩经济作物的农户是一个类型,均属于资本劳动双密集型农业。从经济社会效益的角度我们可以对家庭农场、小农、中农和资本型农场做一个比较。

表7 农业经营主体的分化与比较

农业经营形式	经营方式	经营逻辑	经济效益	社会效益
小农	利用家庭富余劳动力和自家土地、劳动密集	劳动力机会成本为零、追求产出最大化	有	承担农民养老成本、支持粮食安全
中农	利用家庭劳动力、无偿流转土地、劳动密集	总收益参照务工收入、平均劳动收益参照市场工资水平	有	维持农村政治社会秩序、维持粮食安全
家庭农场	利用家庭劳动力、有偿流转土地、劳动生产率高、机械化程度高、管理水平高	总收益参照务工与其他个体经营、不区分劳动收入与投资回报	高	一定程度上排挤"中农"与小农、支持粮食安全
资本型农场	雇佣劳动、有偿流转土地、机械化程度高、管理成本高	利润最大化、最小成本原则	无	瓜分农业总收益、排挤其他经营主体、降低土地产出率

六、路径选择及家庭农场发展前景

当下农业转型问题为近年来学界和政策部门关注的重要问题。从大的方面来讲,主要有两种观点。一方面,小农经济派认为中国农业仍将以小农或小规模经营为主体,小农经济不仅具有价值和功能上的合理性,而且在现实中也具有顽强的生命力。另一方面,阶级分析派则认为,小农经济派忽视了资本的力量,小农已经在流通领域和生产领域同时受到资本双重的挤压;小农不仅丧失了生产主体地位,而且由于市场化和资本化小农被间接地纳入到变化着的农村生产关系中,资本主义道路是小农经济的最终归属。(林春,2015)不过,依笔者看,农业发展和转型的道理并非非此即彼。无论是小农、中农、家庭农场,还是资本型农场都有其各自的优势和特点,在不同的生产领域都能发挥一定的作用。家庭农场与小农、中农和资本型农场相比,它所具备的优势明显。对于当下中国,可以适度发展家庭农场。

一方面,家庭农场在农业经营上的优势是显著的。与小农、中农相比,家庭农场真正走出"过密化",实现了土地生产率和劳动生产率的"双高"。农业的过密化问题,实际上是土地生产率和劳动生产率的取舍问题。在人口压力下,小农通过不断投入人力提高土地产量从而降低劳动生产率是一种通常做法。但是,随着人口压力的缓解,劳动生产率这一因素被农民所看重。通过土地集中,一对夫妻从耕种几亩地、或二三十亩地,发展到耕种200亩地,劳动生产率实现了巨大飞跃,从而在保持"家庭"组织这一内核的前提下,实现了传统农业向现代农业的转型。在家庭农场经营中,经营者不再仅仅关注于土地产量的提高,而是在权衡投入、产出和收益比,衡量自身劳动力在工业和农业中的价值;最为重要的是,家庭农场通过流转土地来经营适合家庭劳动力的"规模",完全避免了"隐形失业"。可以说,规模的变化、新工具的使用、技术的革新等,使家庭农场一下具有了经营上的优势。

另一方面,家庭农场的发展只能是有限的,只能得到适度规模的发展,这是由当前中国的国情决定的。这个国情就是农业人口的绝对数量依然不小,尤其是老年人口绝对数量不小,社会保障体系依然不发达的情况下,农业是一种社会保障,是一种留守经济。不能完全舍弃老人农业,也不能舍弃中农,它是农村社会稳定和发展的根基,是农村贫困群体的最后依托,如果在人地关系还比较密集的地区强行推动新型农业经营主体家庭农场,那势必是对小农和中农的排挤,与资本型农场对小农和中农的排挤是一样的。因此,发展家庭农场可以适度放宽门槛的规模,对本地内生型的中农进行扶持,重点是把他们培养成为新型农业经营主体,而不是把村干部作为家庭农场培育的主体。中农具有较强的生产技能,有强烈的规模种植化需求,只是在资金上遇到较大障碍,因此放宽规模限制,积极培育中农,是发展家庭农场应该注意的重要方面。

在快速城镇化和人口不断外流的情况下,鉴于家庭农场和小农、资本型农场中的比较优势,家庭农场在农业转型过程中,具有广阔的发展前景。未来的农业发展中,除了众多的小农,适度发展家庭农场应该是可供选择的道路。但这需克服以下问题:一是难以集中规模化土地,仍然是阻碍家庭农场发展的障碍。土地连片、集中和平整化是家庭农场实现高土地生产率和高劳动生产率的前提,没有集中连片的规模化土地就不可能有家庭农场的发展。二是稳定的承包经营权是家庭农场持续经营好的关键环节。没有稳定的承包经营权,经营者的投资就无法收回,也不可能进行持续投资。三是生存空间受挤。谈到规模化经营,不少地方仍然以"大"为目标,公司农业、企业农业为主,家庭农场的生存空间受挤。因此,预留一定的生存空间,提供良好的社会化服务体系,是家庭农场发挥组织优势的重要保障。

参考文献

Smith Adam *The Wealth of Nations*. Chicago: University of Chicago Press.384—385, 转引自黄宗智(2012)《中国过去和现在的基本经济单位:家庭还是个人?》,《人民论坛·学术前沿》第3期,第77页。

陈靖(2013):《进入与退出:"资本下乡"为何逃离种植环节——基于皖北黄村的考察》,《华中农业大学学报(社会科学版)》第2期,第34—35页。

陈义媛(2013a):《资本主义式家庭农场的兴起与农业经营主体分化的再思考——以水稻生产为例》,《开放时代》第4期,第137—155页。

陈义媛(2013b):《遭遇资本下乡的家庭农场》,《南京农业大学学报(社会科学版)》第6期,第24—26页。

桂华(2013):《"没有资本主义化"的中国农业发展道路》,《战略与管理》第6期,第8—36页。

贺雪峰(2011):《取消农业税后农村的阶层及其分析》,《社会科学》第3期,第72—74页。

贺雪峰(2012):《当下中国亟待培育新中农》,《人民论坛》第13期,第60—61页。

贺雪峰(2013):《关于"中国式小农经济"的几点认识》,《南京农业大学学报(社会科学版)》第6期,第1—6页。

胡书东(1996):《家庭农场:经济发展较成熟地区农业的出路》,《经济研究》第5期,第65—70页。

黄志辉(2010):《自我生产政体:"代耕农"及其"近阈限式耕作"》,《开放时代》第12期,第24—40页。

黄志辉、麻国庆(2011):《无"法"维权与成员资格——多重支配下的"代耕农"》,《中国农业大学学报(社会科学版)》第1期,第81—92页。

黄宗智、高原、彭玉生(2012):《没有无产化的资本化:中国的农业发展》,《开放时代》第3期,第10—30页。

黄宗智(2006a):《长江三角洲小农家庭与乡村发展》,北京:中华书局。

黄宗智(2006b):《制度化了的"半工半耕"过密性农业(上)》,《读书》第2期,第30—37页。

黄宗智(2000):《华北小农经济与社会变迁》,北京:中华书局。

黄宗智(2010):《中国隐形农业革命》,北京:法律出版社。

黄宗智(2014):《"家庭农场"是中国农业的发展出路吗?》,《开放时代》第2期,第176—193页。

黄延廷(2010):《家庭农场优势与农地规模化的路径选择》,《重庆社会科学》第5期,第20—23页。

[德]考茨基(1937):《土地问题》,上海:商务印书馆。

[俄]列宁(1984):《列宁全集》(第22卷),中共中央马克思恩格斯列宁斯大林著作编译局编译,北京:人民出版社。

[俄]列宁(1984):《列宁全集》(第16卷),第2版,北京:人民出版社。对于农业现代化的两条路径,国内学者由于理解上的不同,围绕着列宁的农业"美国式"道路展开争论,见吕新雨(2013):《乡村与革命:中国新自由主义批判三书》,上海:华东师范大学出版社;秦晖、金雁(2010):《田园诗与狂想曲》,北京:语文出版社。

林春(2015):《小农经济派与阶级分析派的分歧及共识——"中国农业的发展道路"专题评论》,《开放时代》第5期,第125—129页。

刘付春(2011):《都市郊区农民农研究》,上海:华东理工大学硕士学位论文。

[美]罗伊·普罗斯特曼(1996):《中国农业的规模经营:政策适当吗?》,《中国农村观察》第3期,第17—29页。

[德]马克思(2004[1867]):《资本论》,中共中央马克思恩格斯列宁斯大林著作编译局译,北京:人民出版社。

[俄]恰亚诺夫(1996):《农民经济组织》,萧正洪译,北京:中央编译出版社。

[美]舒尔茨(2010):《改造传统农业》,北京:商务印书馆。

宋亚平(2013):《规模经营是农业现代化的必由之路吗?》,《江汉论坛》第4期,第5—9页。

田先红、陈玲(2013):《地租怎样确定——土地流转价格形成机制的社会学分析》,《中国农村观察》第6期,第2—12页。

万江红、管珊(2015):《无雇佣化的商品化:家庭农场的发展机制分析——基于皖南平镇粮食家庭农场的调研》,《中国农业大学学报(社会科学版)》第4期,第110—116页。

王立新(2009):《农业资本主义的理论与现实:绿色革命期间印度旁遮普邦的农业发展》,《中国社会科学》第5期,第189—203页。

奚建武(2011):《农民农:城镇化进程中一个新的问题域》,《华东理工大学学报(社会科学版)》第3期,第84—90页。

徐勇(2006):《"再识农户"与社会化小农的建构》,《华中师范大学学报(人文社会科学版)》第 3 期,第 2—8 页。

[英]亚当·斯密(2009):《国富论》,郭大力、王亚南译,上海:上海三联书店,第 3—7 页。

杨华(2012):《"中农"阶层:当前农村社会的中间阶层——"中国隐形农业革命"的社会学命题》,《开放时代》第 3 期,第 71—87 页。

叶敏、马流辉、罗煊(2012):《驱逐小生产者:农业组织化经营的治理动力》,《开放时代》第 6 期,第 130—145 页。

余练、刘洋(2013):《流动性家庭农场:中国小农经济的另一种表达》,《南京农业大学学报(社会科学版)》第 6 期,第 9—13 页。

余练(2015):《农业经营形式变迁的阶层动力——以 2007 年以来的皖南萍镇为例》,武汉:华中科技大学博士毕业论文。

余练、王俊杰(2017):《中国的留守经济及其功能:对当前小农经济再认识》,未刊稿。

余练(2018):《被流转:规模化土地流转中的政府动员与策略》,《江苏大学学报(社会科学版)》第 2 期,第 21—29 页。

张建雷、曹锦清、阳云云(2016):《中农经济的兴起:农业发展的去资本主义化及其机制》,黄宗智主编《中国乡村研究》第十三辑,北京:法律出版社,第 162—186 页。

赵赟(2012):《近代苏北沿海的"走脚田"与"农民农"研究》,《中国农史》第 3 期,第 93—105 页。

《中国农村统计年鉴》2004,转引自黄宗智(2006b):《制度化了的"半工半耕"过密化农业(上)》,《读书》第 2 期,第 31—32 页。

朱学新(2006):《家庭农场是苏南农业集约化经营的现实选择》,《农业经济问题》第 12 期,第 39—42 页。

"寄接梨"的诞生：东势的农民家计经济与农业技术创新[①]

叶守礼（台湾东海大学社会研究所博士生）

内容摘要：本文试图以东势寄接梨经济的发展历程为例，探讨当代台湾农民家计经济与农业技术创新之间的关系。寄接梨是东势农民首创的特殊水果栽培模式，希望克服气候的限制，在亚热带地区种植市场价格更高的温带梨，代价是必须付出远高于以往的农业劳动投入。虽然政府农政部门普遍认为寄接梨不符合现代农业发展潮流，农民却不排斥这样劳力密集的水果栽培模式，如今寄接梨已成为台湾梨产业的主力。结合参与式观察、口述历史以及民族志书写，本文深入分析了家庭消费需求和劳动自我开发之间的紧张关系，希望指出农民家计经济不同于纯粹资本主义企业的经营逻辑，如何导引东势草根农业技术创新走向"厚工—多样"而非"省工—单一"的方向，而这又要放在台湾农业危机、城乡关系与市场结构的宏观脉络下，才能获得比较恰当的理解。本文希望指出：寄接梨作为东势农民集体创造的产物，一定程度上反映了台湾农村的共同处境，有助于我们重新思考隐性农业革命以及东亚工业化社会下的城乡关系。

关键词：隐性农业革命　农民家计经济　农业技术创新　劳动自我开发　城乡关系

[①] 本文为"Transformation and Tradition in Taiwan's Peasant Economy, 1960–2015: A Case Study of the Dongshi Fruit Economy"（Yeh, 2016）的续篇，同样改写自我的硕士论文（叶守礼，2015）。特别感谢东势的施朝祥先生、刘龙麟先生、叶泰竹先生和吴子钰先生的诚挚协助。

"寄接梨"的诞生:东势的农民家计经济与农业技术创新

一、前言

2014年夏季,我在台中东势展开田野调查,结识了张大哥一家人。张大嫂是湖南人,嫁来台湾超过20年了,当初怎么也没有想到,大半青春岁月都将投注在这遥远海岛上的果园上。此时已经接近采收季节,放眼望去,数不清的饱满沉重的牛皮纸袋垂挂在枝干上,包覆住每一颗农民精心呵护宛若珍品的寄接梨,随着绿叶轻轻摇晃。"寄接梨"是东势农民独创的水梨种植模式,栽培过程相当特殊,就为了在亚热带气候地区栽种温带梨,必须付出远高于台湾其他水果种植的劳动力。"刚嫁来的时候吓死了!老家也有种梨子,但没搞这么复杂。"大嫂说起这事,仍然啧啧称奇。张大哥当初在深圳工作,20多年前带着大嫂返回东势继承家业,承担起扶养父母与两位女儿的责任。恰逢如火如荼的转作浪潮,于是他们也把桶柑树砍了,转作市场价格更高的寄接梨。"每年都要重新寄接,全世界没有人这样搞啦!"张大哥向我解释寄接的原理之后,露出顽皮但自负的笑容:"都怪张榕生那个疯子。"

本文试图探究违背适地适种原则又极端劳力密集的"寄接梨栽培法",为何广为东势农民接受。自从20世纪70年代末期张榕生等东势农民成功开创"寄接梨"栽培模式,"寄接梨"立刻吸引大批农民跟风转作,其中不乏像张大哥这样毅然舍弃原有作物的农户。随后,寄接梨更扩散到和平、卓兰、三湾和石冈等地区,形成一个以东势为中心的"寄接梨经济圈",结果导致了整个地区农业劳动投入的再密集化(re-intensification)。寄接梨是东势农民引以为傲的"明星作物",可是如果我们仔细比较寄接梨和其他常见作物的生产成本结构,就会发现只有在不扣除"自家工"这项劳动成本的情况下,种植寄接梨才具有比较明显的效益(详见下文)。这似乎意味着转作寄接梨的农民,是主动以更高程度的"劳动自我开发"(self-exploitation)换取较高家庭农业收入。用农民的语言来表达,就是"赚自己的工"(闽南语)。

这不免引起我的好奇:在台湾剧烈的工业化震荡过程中,为什么东势农民的草根农业创新能力,反而迎向一种更加严厉的劳动密集农业?本文将指出,只有在农民家计经济(peasant household economy)的社会脉络和农业危机的历史背景下,将"转作"(switch to different crops)视为农民的生存策略,我们才可以了解为什么东势的草根农业技术创新主动加剧了"劳动自我开发"的程度,而又是怎样的市场结构驱动了东势水果经济的多样化。唯有重新将小农经济(peasant economy)理解为具有劳动配置弹性的家计经济组织,才能了解为什么在台湾快速工业化过程中的倾斜城乡关系中,东势水果经济最后走向了"厚工—多样"(labor intensifying diversified crops)而非"省工—单一"(labor saving single crops)的耕作模式。

东势的寄接梨经济虽然是一个相较特殊的案例,却有助于我们重新了解晚近台湾农民的共同处境。本文认为,正是在台湾农业分化的剧烈历史浪潮中,扎实的个案研究更具有积极意义,能够近距离掌握农业实作现场的在地议题,避免理论先行与过度化约的问题。晚近台湾多样性水果经济(diversified fruits economy)快速扩张的历程,虽然在许多方面都不符合主流的农业发展理论,但这并不意味着我们应该把这段历史经验当作异例或残余现象。相对地,直视这段历史有助于丰富我们对于东亚工业化社会城乡关系的理解与想象,跳脱西方中心主义的刻板迷思。

二、家庭农场的技术与劳动

(一)商业农或在地师傅

大多数关于台湾农村经济与水果产业的文献,都同意栽培技术扮演相当关键的角色。早期著作大多聚焦于香蕉、菠萝等专业化外销导向作物,强调当局与农政推广部门的作用。(马若孟,1979;沈宗瀚,1976;黄俊杰,1984;张汉裕,1974)晚近的研究开始关注20世纪70年代以来快速扩张的多样性水果经济,但是对于怎样理解富有创造力的基层果农,却产生了分歧的诠释。

一种观点认为,种植高经济作物的现代果农不同于传统稻农,他们是具有现代化色彩的"商业农",在剧烈的市场竞争中脱颖而出。(廖正宏等,1986;廖正宏、黄俊杰,1993;陈玉玺,1995;隅谷三喜男等,1995;黄树仁,2002)例如黄树仁认为:"商业农与传统农家的生活意识是完全不同的。他们已摆脱了传统小农生计农业的意识,全然利润导向。"高经济作物与精致农业的蓬勃发展,被理解为城乡现代化发展供求关系下的自然结果:"经济发展带来购买力的提升,导致水产、畜产养殖业、与高价果菜花卉等经济作栽培业的发展。……使业者能在有限的土地里从事资本密集、技术密集而高利润的经营。"(黄树仁,2002:279)虽然没有深入探究农业技术本身,但是将高水平农业技术视为某种具有积极营利意识新型农民的重要标志。

另一种观点则认为,种植高经济作物的果农和传统农民并没有本质上的区别,他们是技艺精湛的"在地师傅",拥有丰富的草根农业技术创新。(陈宪明,2002;谢志一,2002;汪冠州,2010;杨弘任,2014)以杨弘任为代表,认为草根农业技术的"默会知识"(tacit knowledge)虽然不同于符合科学价值的"专家知识",仍具有非常积极的实作意义:"其实早在工业刚起步的年代里,台湾社会就已同时在孕育着许多技艺精湛的师傅级的农民。"(杨弘任,2014:92)不能忽略的是,地方社群和生活结构激荡出活泼的草根农业技术创新能力:"那些带来创新力量的行动者——农民,绝不是在实验的环境里,而经常是被稀释在季节变换却年复一年有节奏进行的田间实作经验与乡民生活文化里。"(杨弘任,2014:90)

无论"商品农"还是"在地师傅"的理论想象,都强调台湾水果产业发展与栽培技术能力之间的紧密联系。只是黄树仁注重农民与市场的关系,结果将果农描绘为企业化的理性经营者,可是由于缺乏第一手田野调查的支持,很难把握台湾农业基层的细腻面貌。杨弘任则聚焦于技术与社会的关系,揭露了草根农业技术创新的社区基础,却未分析这些技术创新背后的经济意义,也无法提出更进一步的历史解释。更重要的是,他们都缺乏"农民家计经济"的想象,将果农理解为简单的孤立生产个体,也忽略农业技术与家庭劳动投入之间的关系,因此无法解释为什么东势农民的草根农业创新最终导致了整个地区农业劳动投入的再密集化。

(二)农民家计经济的弹性劳动配置

自从20世纪60年代西方学术界兴起"重新发现恰亚诺夫"的浪潮,家庭农场超乎预料的弹性已被普遍认识。(秦晖,1996)恰亚诺夫是20世纪初期俄国民粹主义农民学派的代表人物,立基于丰厚的田野实证材料,主张家庭农场是具有劳动配置弹性的家计经济组织,必须考虑生产与消费之间的均衡,也因此遵循着不同于纯粹资本主义企业的经济原则。他所提倡的实体主义与马克思主义、形式经济学并列为当代农民学的三大典范,影响极为广泛。(黄宗智,1994a)本文希望指出:虽然俄国农村和中国台湾农村之间存在着巨大差异,但是恰亚诺夫对于农民家计经济与劳动配置弹性的分析,仍然有助于我们澄清东势农民草根技术创新背后的经济压力。

恰亚诺夫长期研究俄国的农村经济,发现古典的个体经济学理论模型在许多方面都没有办法解释农户的经济行为。最后他认为,传统的经济模型只能解释资本主义企业的纯粹营利活动,因此必须重新建构适于解释家庭农场经济活动的理论模型。关键在于:家庭农场既是一个劳动的单位,也是一个消费的单位,农民必须在两种职能之间取得平衡。于是恰亚诺夫根据边际效用的原理,提出了著名的"消费—劳动均衡原则":家庭农场总是同时衡量边际劳动投入、边际劳动辛苦程度(drudgery of labor)以及边际家庭消费需求之间的紧张关系,据此规划家庭农场内部的劳动配置策略。

在这个视野下,"农民"不再是古典经济学意义下的孤立生产个体,而是"家庭农场"这个特殊经济组织中的成员:作为消费者,农民想要尽可能扩大家庭农场的经济产出;作为生产者,农民又希望尽可能降低劳动辛苦程度。恰亚诺夫(1996:53)强调:"农民劳动自我开发①的程度靠需求满足程度和劳动艰苦程度之间的某种关系来确定。"如此我们才可以理解,为什么家庭农场经常做出不符合古典经济学预测的经济行为。举例来说,恰亚诺夫发现在农场耕地面积和家庭农业劳动力相近的情况下,真正影响农场单位面积产量的因素,往往是家庭扶养压力而非劳动边际效用:经济压力较大的农户认为有必要尽可能扩大土地产出,即便劳动边际效用递减也在所不惜;经济压力较小的农户却更愿意降低劳动辛苦程度,缺乏足够动机持续追加劳动投入与提高土地产出。②必须注意的是:在边际效用原理的视野下,家庭消费需求是一种主观因素,既可以压缩至生存水平,也可能导向追求更高生活水平。关键仍然是如何在家庭消费需求与劳动辛苦程度之间取得平衡。

只有掌握农民家计经济组织和家庭劳动配置之间的关系,才能理解家庭农场超乎寻常的韧性:在家庭经济压力极高的情况下,农民愿意不断追加劳动投入,也就是持续增加"劳动自我开发"的程度,直到抵达劳动辛苦极限为止。恰亚诺夫(1996:61)指出:"家庭农场内在基本经济均衡条件使得它能够接受很低的单位报酬,这使它可以在资本主义农场无

---

① "劳动自我开发"(self-exploitation)亦可译作"劳动自我剥削"。必须澄清的是,恰亚诺夫并不是在马克思主义剩余价值的语境下讨论这个问题,而是在边际效用的框架下解释家庭消费需求和劳动辛苦程度之间的关系。此外,恰亚诺夫也没有明确赋予这个概念正面或负面的道德意涵。
② 恰亚诺夫(1996:49)强调:"在其他条件相同的情况下,农民劳动者受其家庭需求的驱使而从事劳作,并随着这种需求压力的增强而开发更大的生产能力。自我开发的程度极大地取决于劳动者承受的来自于家庭消费需求的压力有多大。"

疑会陷入毁灭的恶劣条件中维持生存。"换句话说,"劳动自我开发"作为一种"生存策略"(survival strategy),使得家庭农场具有超乎资本主义农场的劳动配置弹性,不受到雇工成本和资本利润率的限制,甚至在边际劳动报酬低于市场水平的情况下继续扩大产出。因此就生产成本和单位面积产量而言,资本主义农场未必比家庭农场更具经济效率。

恰亚诺夫的理论贡献在于指出,家庭农场的家计与劳动是紧密关联的总体,无法单独抽离出来分析。"劳动自我开发"这个概念更让我们意识到,家庭农场的劳动投入具有一定的弹性,可能随着"家庭消费需求"和"劳动辛苦程度"之间的关系变动。只不过,恰亚诺夫的"农民家计经济理论"基本上是一个静态模型,也没有设想除了追加农业劳动投入以外,家庭农场也可能藉由农业转作或技术创新改善经济压力。更重要的是,关于如何结合"农民家计经济理论"和更广泛的历史解释,我们还需要更深入探讨家庭农场在工业化过程快速城乡变迁下的集体命运。

(三)隐性农业革命与多样化生产

受制于既定的社会条件,家庭农场平衡经济压力的手段也是有限的。但是家庭农场绝不是封闭、消极与停滞的经济组织,历史机遇可能赋予家庭农场新的可能性。黄宗智将恰亚诺夫的农民家计理论扩展到更广泛的历史解释中,大幅丰富了我们对于小农经济的了解。在著名的"过密化理论"中,黄宗智(1990、1994a、1994b)同时挑战了古典经济学和马克思主义的理论典范,深入分析了明清以来中国农民转作经济作物的家计经济逻辑。在这个基础上,黄宗智(2010、2013)更进一步提出了"隐性农业革命",反省新自由主义经济学的理论预设,重新定位改革开放之后中国蔬菜、水果和畜牧等高产值农业快速增长的历史意义。

分析农民家计经济的劳动投入与生产策略,可以帮助我们了解农民所面对的特定历史处境,进而联结更广阔的社会经济史议题。黄宗智

(1990、1994a、1994b)发现,虽然明清以来中国农村经济的商品化程度日益提高,但这却不是农业资本主义化的结果,而应描述为"过密型商品化":中国农民实际上是在极为沉重的人口压力下,部分转向劳力更加密集的经济作物和家庭手工业,以边际劳动报酬递减为代价维持家庭收入。他进一步申论,这样一种高度精耕细作的小农家庭农业,由于其节约和高效,反而排挤了资本主义雇佣农场的发展。"过密化"说明了中国农村经济的困境,同时澄清这些困境并非源自家庭农场自身的缺陷。实际上,弹性化家庭农业生产模式支撑了中国社会的沉重人口压力,这恰好是资本主义雇佣农场在相同条件下难以做到的。

随着外部社会条件的变化,家庭农场可能面临各式各样新的挑战或机会。黄宗智(2010、2013)发现改革开放以来中国农业产值的急速增长,不是基于英格兰农业革命那样的农耕方式改良,也不是绿色革命那样依靠现代生产要素的投入,而是来自城乡关系转变所带来的历史机遇。关键在于,总体人口增长率减缓、乡村人口向城市纾解以及国民饮食消费转型等历史趋势汇合在一起,打破了以往过密化农业的长期结构,又遭遇前所未有的庞大多样化饮食消费市场,结果导致了果菜畜禽等高产值农业快速扩张,以及这些农民劳均收入的增长。由于这样一种立基于中国国情的剧烈农村经济变革,主要仰赖经济作物而非粮食作物的扩张、总产值而非总产量的增长、资本与劳动的双密集化,以及由市场条件而非农业生产条件变化所带动,再加上中国社会普遍受到西方农业革命模式期望导引,其历史意义很少被注意到,因此被黄宗智称为"隐性农业革命"。

"隐性农业革命"这个概念提醒我们,在特定城乡关系与市场结构下,小农家庭农场也可能发挥活泼的多样化生产禀赋,进而改善家计经济状况。黄宗智强调,长久以来农民学研究成果早已证明家庭农场有能力通过市场牟利,若能适当激发中国农民积极转向高产值农业,将是一条最能维持社会稳定的农村发展道路。① 如同恰亚诺夫(1996)所强调的,小农家庭农业真正的困境在于怎样面对市场(而不在于生产本身),农业合作化将有助于家庭农场克服运销效率、价格波动、与议价权力微弱等问题。(黄宗智,2013)相对地,中国台湾农业发展经验被黄宗智(2010、2013)归类为农业合作化卓有成效的"东亚模式":在日本殖民统治时期完成的"绿色革命"下的农业大幅增长,并在战后积极导引和美援支持下成功完成农业合作化,与日本和韩国并列为快速增长且分配平均的农业发展典范。

即使彻底卷入商品经济体系,家庭农场仍然展现出许多不同于典型资本主义雇佣农场的禀赋。黄宗智使我们意识到,如何认识农民家计经济的多样化生产潜力,仍是一个尚待开拓的议题。不过,黄宗智并未关注农民家计经济与草根农业创新之间的关系,也没有说明农村去过密化趋势下小农家庭农场再次转向劳动密集农业的机制。东势寄接梨经济的历史经验形成一个有趣的悖论,"东亚模式"本身似乎还不足以解释:为什么东势农民会在 20 世纪 70 年代转向富有草根技术创新能力的多样性水果经济?如果不将"隐性农业革命"视作中国农业发展的特殊阶段,而是广义地理解为特定城乡关系下由家庭农场生产的多样化所带来的经济增长,我们有理由重新审视晚近台湾农村多样性水果经济快速扩张的历史意义。

三、研究方法

本文试图以"延伸个案法"(extended case method)探究东势的梨产业中的农业技术创新为什么最终导致了劳动投入的再密集化。"延伸个案法"讲究参与式观察与理论反思间的交互激荡,在不抹除个案特殊性

---

① 黄宗智(2013:9)指出:"农民应该被认定为具有能动性和创新性的主体。只要有合适的条件,农民是会推进经济发展的,即便是在艰苦和不公平的条件下也如此。"

的前提下探索结构的普遍形貌,既避免以简化的理论框架割裂经验事实,也不鼓励陷于特殊经验现象而不能自拔。(Burawoy,1998)从这个角度来看,恰亚诺夫的"农民经济理论"和黄宗智的"隐性农业革命"提供了非常具有启发的切入点,协助我们在东势寄接梨经济的口述史与民族志书写中拉出一条清晰的主轴,探究农民家计经济与农业技术创新之间的关系,并且在更大的社会变迁脉络下理解这段历史过程。

掌握农业基层实作的经验面貌,可谓至关重要。我在2014年5月至2015年6月之间,大约每隔3至7周前往东势进行田野调查,每次停留少则一两天,多则一个星期。在这个过程中,我以滚雪球和陌生拜访的方式,先后访问了38位农民或相关人士直到达到资料饱和,并且长期追踪几位关键报导人(包括前文提到的张大哥),观察东势水果经济全年完整运作。相对于制式的深度访谈,开放式的参与式观察更有利于研究者深入农民的生活世界,建立贴近在地议题的问题意识。其他关于社会学乡村研究田野调查的方法论反思,可以参考我先前发表的文章。(叶守礼,2017)

本文受益于许多东势本地杰出的农业专家与文史工作者。特别是施朝祥先生、刘龙麟先生与叶泰竹先生给予我极大的协助,我必须献上最诚挚的感谢。尤其刘龙麟先生(2017)撰写的《寄接梨补遗》,至今仍是相关领域最优秀的专著①。就这点来说,本文关于东势寄接梨产业的叙述没有任何新颖之处,仅不过尝试结合农民口述史材料与劳动过程的民族志书写,在农民家户经济的脉络下重新理解寄接梨栽培技术的社会意义。基于同样的原因,本文大量穿插农民生命传记以及农业技术实作细节,不是为了和众多农业专家争论寄接梨栽培的技术,而是为了探讨技术的社会关系。受到篇幅的限制,多数情况下本文的民族志书写不得不省略个别受访农场的实作差异,满足于刻画寄接梨经济的一般特质,也

---

① 本书并未正式出版,为东势当地人士协力编撰的小册子,我有幸直接获得作者赠书。请参考刘龙麟(2017)。

因此无从逐一标注田野口述来源。我只想表明：本文关于一切寄接梨经济发展的讨论，都是东势农民的集体智慧结晶，但有任何疏漏，文责完全在我。

基于一些客观限制，本文只能仰赖"行政院"农业委员会公布的统计数据，没有机会在东势进行大规模基础调查。官方统计数据固然存在一些问题，而且多半不是针对东势农业的调查，但是如果只是借此掌握某些不具争议的明显趋势，这些全台农业普查数据仍具有积极的参考价值，不妨尽可能地利用这些数据。必须说明的是，我无意延续恰亚诺夫式的个体经济学理论建构，本文使用的统计数据仅具有描述的意义，目的在于协助我们认识东势农业的基本情况，而非提出具有规范意义的理论模型。

前文已经提到，东势农民具有相当优异的基层农业技术创新能力。但是在方法论上，本文不将技术的创新看作单一的发展方向，而是仔细考究技术创新与家庭劳动力配置之间的关系，并且在台湾快速工业化与城乡关系变化的脉络下理解东势的农民家计经济。在这样的视角下，我们将发现东势的农业既不是停滞不前的，也没有演变为水稻产业那样"省工—量产"的机械化农业模式，众多水果栽培技术的创新反而走向了"厚工—多样"的方向，更加巩固了既有的劳力密集家庭农业，并且推动农作物种类的多样化与质量的精致化。唯有放在历史变迁、农民家计经济和家庭劳动配置的社会脉络下，这些源自基层的农业技术创新才能获得比较恰当的理解。

当代台湾农村的复杂与分化（柯志明、翁仕杰，1993），已经构成研究者巨大的挑战。本文虽然关怀台湾农民的集体命运，但在分析上仍谨守延伸个案研究的限度，并不试图提出超过东势水果经济的结论，而毋宁是借着寄接梨这个极端案例提出一些反思，揭开台湾基层农业实作过去一些比较少被注意到的面向。至于其他本文不能涉及的问题，则有待研究者进一步展开。

四、寄接梨经济的形成

(一)从"雪花梨"到"寄接梨"

张榕生被誉为"寄接梨之父",可谓东势家喻户晓的传奇人物。在大多数农政部门的出版品中,也一致尊称张榕生为寄接梨的创研者。(行政院农业委员会台中区农业改良场,2005)不过,我在东势的田野调查挖掘出一个更为丰富的图像:寄接梨的诞生,这并非张榕生独自一人能够促成,而是众多农民集体努力的结果。[①] 也就是说,寄接梨实际上是众多东势农民投注数十年光阴岁月引首期盼的心血结晶,而非个人偶然发明。不过,纯粹为了叙述上的便利,下面还是以张榕生为探讨的主轴。

张榕生原是一位小学老师,为了照顾病父才提早退休,于1964年接管父亲的横山梨园。相较于早在日本殖民统治时期就颇具规模的香蕉、菠萝等热带水果,台湾商品化梨树种植面积直到20世纪60年代才开始明显扩大。(康有德,1992:193—198)一个可能的原因是,很长一段时间里台湾商品化水果生产都以日本外销市场为主,但是日本本身就盛产水梨等温带水果,进口需求并不旺盛。东势农民认为,直到工商业发展带动了台湾内需市场的繁荣,横山梨等非外销主力作物才开始具有一定的销路。

东势农民回忆,20世纪60年代稻农的收入远逊于城市里的蓝领工人,早期投入种植水果的收益却有机会追上普通白领阶层。这也是张榕生决定提早退休的重要经济基础,继承家业不至于导致收入锐减。

然而水果市场变化多端,果农的收入无奈地随之剧烈波动。到了20世纪60年代中晚期,梨山高冷温带梨大量涌入市场,逐渐对东势的横山梨产生了排挤效应。尤其两者的采收时间相近,严重冲击了横山梨的市

---

① 刘龙麟先生曾反复强调这个论点。

场价格，打击了张榕生等横山梨农的生计。就在横山梨逐渐遭到市场排挤的同时，长期配合农政系统的稻农也感到难以为继，曾经辉煌一时的外销作物香蕉更突然失去海外市场。就在20世纪70年代，蔓延全台农村的"农业危机"（黄俊杰、廖正宏，1992；廖正宏等，1993）以多种形式深刻影响着东势农民。

东势农民抵抗"农业危机"的方式之一，是积极转作高经济作物。为了维持家计，东势农民热烈尝试种植各类水果作物，结果非预期地推动了"多样性水果经济"的扩张。① 不到10年的时间，果园不仅取代了东势河阶平原上的水田，更快速向山区延伸。许多农民回忆，就在他们忙着学习如何种植各式各样水果的20世纪70年代，确实充满了农业转作的悲喜剧：有人翻身致富，也有人血本无归。野心较大的农民四处寻觅最新的农业模式，相较保守的农民则善于观望，成功经验很容易被村里邻居学习模仿，新型作物推广速度很快。张榕生就是在这样的时代背景下，不断寻找能够一举改善家计的新型水果栽培模式。

必须注意的是，农业转作并非孤立的个体经济行为，而是牵动整个家庭生计的冒险。活动力旺盛的张榕生，最初和几位友人计划到南部种植葡萄。当时许多农民正在研究葡萄的"产季调节"技术，希望利用修剪和催芽的手法诱使葡萄一年三获，借此避开盛产季节以寻求更高的市场价值。张榕生自信东势农民拥有比较成熟的葡萄栽培技术，认为若在南部试种成功必定很有前景。然而家人不许他离家远行，这个计划最终未能实现。

留在东势的张榕生，开始考虑将"产季调节"的策略应用在横山梨上，借此错开温带梨的收成季节。相对于受政府管控的稻米市场，水果市场的特性是容易受到供需条件改变导致价格剧烈波动，但这也提供了

---

① 我曾在另外一篇文章中论证，东势水果产业逐渐取代水稻的过程，并非古典社会科学范式所谓粮食作物向商品作物的演替，而应理解为东势农民在"农村危机"的生存压力冲击之下的响应，是诸多历史、社会与文化条件汇聚的产物。请参考 Yeh, Shou-li (2016)。

农民逆向操作的空间。众多农民交叉试验发现,只要利用落叶剂诱使梨树在夏季落叶,就能让横山梨提早5个月开花结果,从"春花秋果"的正头梨变成"秋花春果"的倒头梨,避开和温带梨同时涌入市场的窘境。东势农民把倒头梨称作"雪花梨",张榕生撰写的《雪花梨栽培法》起了很大的推广作用。"雪花梨"的成功,意味着农民有能力以更细腻的栽培技术以及更多的劳动投入,进行一定程度的市场操作,进而改善整个家庭的经济状况。

20世纪70年代初期,张榕生听说有人尝试在横山梨树上嫁接温带梨,大为兴奋。毕竟当时温带梨的市场价格高出横山梨10倍有余,可谓盛极一时的明星作物[①]。此举若是成功,就能突破梨山高冷温带梨的垄断地位,彻底改变东势农民的经济处境。于是张榕生号召一班农友,有计划地试验寄接梨的栽培办法。当时最大的困难在于,温带梨无法在东势这样的亚热带地区开花着果,因此直接移植整株温带梨树是没有意义的,唯一的方法是每年反复在横山梨的枝条上逐一寄接温带梨花苞,采取所谓"借腹生子"的办法。这样的栽培模式既违背适地适种的原则,又极为繁复厚工,可谓相当疯狂的做法。

在温带梨高昂市场价格的召唤下,张榕生等人一年又一年地持续试验。唯有精准掌握温带梨的休眠特性,并且等待满足温带梨花苞需求的低温,才能找到最适当的寄接时机。这是非常困难的事情,张榕生等农民必须自行摸索东势气候环境下的适当嫁接时机,没有任何前例可以参考。此外,寄接的技巧也非常关键,张榕生等人四处寻访有经验的寄接师傅(过去多半是嫁接柑橘树),在东势的横山梨树上大量寄接来自梨山的高海拔温带梨花苞,并且仔细记录试验结果。

更大的困难在于,他们的尝试不受制度环境鼓励。在当时戒严的体制下,张榕生主持的农业试验聚会竟然引起了争议,当局对农民组织怀

---

① 甚至于"两粒水果价格就是一名学生学期的注册费用"。(谢东华等,2000:54)

有戒心。从日本进口花苞的试验也因检疫问题遭到海关刁难,不得不利用"花材"名义进口,却仍遭到取缔销毁。官方农政专家更否定这项试验的可行性,指出寄接温带梨的繁琐工序势必贬损商业价值,认为这是徒劳之举。20世纪70年代台湾农政部门的主轴,在于规划"加速农村建设重要措施"和"第二次农地改革"等政策,希望推动台湾农业走向大规模机械化的农企业模式(王作荣等,1970;张研田,1980;廖正宏等,1986),因此对寄接梨这样注定耗费大量劳力的农业模式不感兴趣。加之试验初期产量与质量都不稳定,势必赔本经营,可谓困难重重。

1976年农会批准成立的"东势镇果树产销共同经营研究班高级水果组",具有划时代的意义。一位农会专员注意到寄接梨的潜力,协助成立了全台湾第一个农民研究班,赋予张榕生的研究小组合法地位。在最初12位成员的集体努力下,张榕生等人逐渐掌握嫁接温带梨的核心技术,并在1980年左右达到能够商业量产的水平。更难能可贵的是,他们无私地向其他农民推广寄接梨的田间管理方式,从此世上多了"寄接梨"这项以特殊栽培模式克服亚热带地区气候限制的独特果品,市场价格能与高山温带梨争雄。1993年张榕生因病去世,当时正值东势农民转作寄接梨的狂潮。他的儿子后来留下这样的纪录:

> 老实说,从事高接这几年,父亲并没赚到什么钱。初期是不断的实验,后来因身体不太好,上山没以前勤快,……在告别式中,有位老农拿了串刚剪下的高接梨(他照顾得非常好,比别人早成熟),来到父亲灵前,对父亲虔诚地膜拜,感谢父亲改善他的生活。当场大家为之鼻酸。(刘龙麟,2017:104)

(二)省力器械的发明

对东势农民而言,转作寄接梨意味着能够在短时间内大幅提高家庭收入。问题是,寄接梨栽培法要求在几个特定短促农忙季节中,进行极端劳动密集的高水平技术工作。如此高的投入门坎,导致许多农民即便有意转作,也无力承担。

为了改善寄接梨栽培的劳动效率,许多农民投入开发省力器械。首先,外型模仿刨刀的"安全接刀",让农民不再需要透过小刀寄接,大幅增进了寄接的效率和安全。第二,"固定胶布"取代铁丝和塑料布,成为固定寄接的利器,不但兼具黏性、弹性与强度,而且容易撕断。第三,原先农民都是在寄接切口涂上石蜡,避免阳光曝晒与水分流失,后来才研发不必持续加热的"沾蜡",大幅提高了操作速度。第四,后来农民更设计了专用的"塑料封套",大小刚好适于套在刚寄接好的梨枝上,避免寄接的伤口暴露在风和雨水之下,不再需要包覆旧报纸。第五,为防止寄接梨果实遭到鸟啄、虫咬或晒伤,后来普遍应用的"牛皮纸套袋"可谓精心之作,不但具有三层构造(外层防水,内层遮光),还设计了漏水孔和透气孔。第六,"摩带"是固定套袋的专用铁丝,十分柔韧且容易拆除,特别适合大量操作。第七,由于普通的梯子难以适应果园的地形,"三角梯"的发明便利了寄接工作,持续性的高空作业不再需要担心摇晃等问题。

上述这些农事工具资材,如今已是东势农业行里寻常可见的产品,由许多协力厂商专门量产供应。在台湾,恐怕很少有其他水果产业拥有这么多项专属器械。"寄接梨"可谓东势农民集体创造的产物,是一种建立在极精致栽培技术和极高劳动投入基础上的新型水果商品,绝非一时一地的偶然发现。必须强调的是,众多省力器械虽然简化了寄接的劳动过程,实际效果却是大幅降低了寄接梨栽培的门坎,吸引更多农民争相转作,结果推动了整个地区农业劳动投入的"再密集化"。家庭农业收入大幅提高的前景,更吸引许多年轻劳动力返乡。

如今,寄接梨的栽培技术已然成熟。虽然每一位果农对于特定栽培细节,都可能怀有一些独门看法,但是寄接梨的基本栽培模式已然确立。首先要以生长情况良好的横山梨树为砧木,搭设棚架"压枝"(增强抗风力以及提升嫁接效率),细心修剪枝干(角度、长度都非常重要),让养分集中在最健壮的枝条上并有效分配空间。外地购来的温带梨花苞(来自梨山、日本或华北)需先冷藏约30日(满足低温需求),嫁接前还须仔细地削开所有穗枝,用特定的蜡封住芽顶切口(防水分散失),再利用安全接刀把削好的花苞寄接在梨树上,以固定胶带缠绕加固,最后加上塑料封套。等待雪白的梨花绽放以后(嫁接失败就不会发花),还要逐一拆除塑料封套,进行人工授粉(提高着果机率),然后依序疏花、疏果(防止分散养分)和削尾(促进果实成形)。等待果实成形之后,还得帮梨子套上"牛皮纸套袋"(防止日晒、鸟啄和虫咬),接下来就是仔细控制肥料(会影响梨子风味)、农药、除草与灌溉。收成是最后一项劳力繁重的工作,必须在短时间内完成寄接梨的采收、选别、分级和包装。

每棵横山梨树大约可以寄接150—200枝花苞,若以果园面积1公顷计算,总共需嫁接约5万枝花苞,每枝花苞大约能生长3至5颗温带梨。这意味着每一个生产周期,农民都必须实施近百万单次的繁琐农业劳作。事实上,这完全超过了家庭劳动可以负荷的限度。在短促的农忙季节,农民不得不聘请大量雇工协助农务,"人工费"(雇用农业临时工的费用)构成寄接梨生产成本中最大的负担。("行政院"农业委员会台中区农业改良场,2005)为了降低雇工费用,东势逐渐形成著名的"换工制度":农家约定彼此协助劳作,并且不向对方收取工资。就结果来说,这又造成了农民总劳动投入的增加,因为如今他们不但要负担自家果园的农务,还得到其他果园履约协作。

寄接梨的诞生,改变了台湾梨产业的型态。自20世纪80年代以来,寄接梨的种植范围快速扩张。农民回忆:20世纪80年代横山梨产地收购价每斤约 10 至 30 新台币左右,但若实行寄接栽培法,就可以种出价格高达 80 至 120 新台币的温带梨。更重要的是,人工寄接有利于控制产量,而且只要自行寄接不同品种的温带梨,就有机会创造出市场区隔。这些特性都赋予农民较大的操作空间。

1990 年以后横山梨几乎绝迹,绝大多数东势地区的梨农都转而栽培寄接梨,原本种植其他作物的果农也纷纷抢进。前文提到的张大哥,就是在这个时期舍弃桶柑转作寄接梨。1997 年的数字显示,当时全台湾横山梨、寄接梨和温带梨的种植面积比例已经转变为 9%、54% 和 37%,寄接梨已成为台湾梨业的主力。("行政院"农业委员会台中区农业改良场,2005:14—15)根据图表 2,我们可以看到 1980 年至 2010 年之间,全台湾梨子的产量和产值分别增长了 1.53 倍和 4.27 倍,其中产值的增长速度远高于产量;这是由栽培技术创新以及大幅追加农业劳动投入所带动的农业增长。

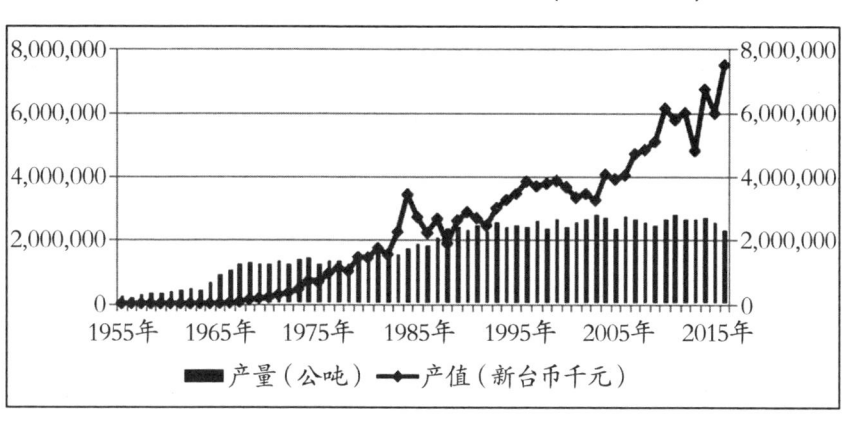

图表 1　台湾梨子产量与产值趋势图(1955—2016)

图表为作者自制。原始数据取自"行政院"农业委员会农业统计数据查询数据库:农产品生产量值统计。2017/12/20,检索自:http://agrstat.coa.gov.tw/sdweb/public/inquiry/InquireAdvance.aspx。

五、东势的农民家计经济

(一)"赚自己的工"

和农政部门的政策期望相反,东势农民的草根技术创新主动迎向了一种更加严厉的劳力密集农业。寄接梨经济的扩张,更带动了东势地区农业劳动投入的"再密集化"。表1是2010年东势常见作物的每公顷人工时数统计(虽然东势农民已不种稻,但仍列入作为参照),我们可以发现即便寄接梨的栽培过程已经过大幅改良,每公顷所需人工时数仍然高达(机械化)粳稻种植的12.3倍。寄接梨如此极端地耗费劳力,由此可见一般。不过,农民似乎并不排斥劳动密集的寄接梨栽培法。就这一点而言,恰亚诺夫的农民家计经济理论仍相当具有解释力。

表格1 2010年各项作物每公顷人工时数比较

(单位:新台币)

	粳稻	青梅	桶柑	水蜜桃	甜柿	寄接梨
男工	121.59	417.6	624.6	697.1	895.9	1,107.9
女工	47.07	290.8	246.2	607.4	814.2	966.8
合计	168.66	708.4	870.8	1,304.5	1,710.1	2,074.7

表格为作者自制。原始数据取自"行政院"农业委员会农业统计数据查询数据库:农畜产品生产成本统计。2017/12/20,检索自:http://agrstat.coa.gov.tw/sdweb/public/inquiry/InquireAdvance.aspx。

这里有必要澄清东势农民的家计经济观念,我们可以利用农政部门惯用的术语讨论这个议题:事实上,东势农民关注的焦点在于"家族劳动报酬"(损益+自家工)而非"损益"(粗收益—总生产费用)。寄接梨的真正价值在于提供出色的"家族劳动报酬",但这只有在忽略"自家工"和"损益"的情况下才能成立。表 2 比较了 2000 年至 2010 年东势地区常见作物的单位公顷收益,我们可以发现寄接梨的"家族劳动报酬"确实遥遥领先其他作物,只是由于"自家工"负担极高,很大程度上抵销了寄接梨的"损益"。

表格 2　东势常见作物每公顷收益比较(2000—2010 平均)

(单位:新台币)

	青梅	桶柑	水蜜桃	甜柿	寄接梨
粗收益	258,817	478,688	656,704	690,569	1,097,876
人工费	92,756	155,850	232,744	271,588	347,022
自家工	60,849	140,999	203,919	246,574	302,044
损益	93,895	204,248	216,784	158,099	233,959
家族劳动报酬	154,744	345,248	420,704	404,674	536,003

表格为作者自制。原始数据取自"行政院"农业委员会农业统计数据查询数据库:农畜产品生产成本统计。2017/12/20,检索自:http://agrstat.coa.gov.tw/sdweb/public/inquiry/InquireAdvance.aspx。

可是在农政部门统计部门的观念中,"损益"才具有参考价值。按照现代农企业(agribusiness)的会计观念,当然应该把家庭农业劳动成本计入总成本之内,因此他们依据劳动时数与市场行情自行估算了各项作物的"自家工"(即考虑家庭劳动机会成本的"设算工资"[imputed wages]),藉以统计"真正的损益"。但是在东势农民的生活世界中,这样的计算没有意义,他们关心的是如何争取更多货币收入改善家计,不会再把"家族劳动报酬"扣除某种虚拟的"自家工"。"自家工"这个概念多少是有点诡异的,只具有模拟的会计价值。

当然,农民完全明白"自家工"也是一种成本,他们在思考农业转作时绝对会考虑一项作物的劳动投入需求。但是对农民来说,更重要的是衡量"家庭消费需求"与"劳动辛苦程度"之间的关系,而非仔细核算"损益"。一般来说,农民可以透过雇工满足一个果园所有农业劳动投入需求,从而把"劳动辛苦程度"降低到最低,但这也意味着必需投入高昂的雇工费用,以致于生产成本必然大幅提高,因此大部分情况下农民只会在家庭劳力不堪负荷的农忙季节聘请雇工。① 为了节约对外雇工成本而主动提高自己的劳动投入,就是农民所谓"赚自己的工"。所以在东势农民的主观认识中,更高程度的"劳动自我开发"其实意味着节省成本,特别是在经济压力极大的时刻。

以本文开头张大哥一家人为例,我们可以进一步了解东势的农民家计经济。当然,这里只能进行抽象的模拟,毕竟下列引用的统计资料,并不是针对张大哥农场的实际调查。表3② 仔细比较了桶柑与寄接梨在了2000年至2010年之间的平均收益。由于张大哥的果园面积是1.3公顷,因此我们也将所有数字权乘1.3倍。平均数字显示若从桶柑转作寄接梨,"家族劳动报酬"可以提高1.55倍,但是"自家工"也将提升2.14倍。换句话说,张大哥从桶柑转作寄接梨,实际上是以边际劳动报酬递减为代价换取较高的"家族劳动报酬"。

表格3 张大哥农场种植不同作物的模拟收入(2000—2010平均,权乘1.3倍)

(单位:新台币)

	自家工	家族劳动报酬	损益
桶柑	183,299	448,822	265,523
寄接梨	392,658	696,804	304,146

---

① 我也听说过经济不虞匮乏的老年农民,就连日常除草这样简单的农活也聘请雇工,自己好整以暇地看顾果园。但是这并不违背农民家计经济的原则,因为这也是权衡"家庭消费需求"与"劳动辛苦程度"之后可能的做法,和所谓资本主义农场没有关系。
② 受制于数据源,这里无法提供1980年至2000年的完整数据,否则更能贴近张大哥果园当初从桶柑转作寄接梨的实际状况。

图表为作者自制。原始数据取自"行政院"农业委员会农业统计数据查询数据库:农畜产品生产成本统计。2017/12/20,检索自:http://agrstat.coa.gov.tw/sdweb/public/inquiry/InquireAdvance.aspx。

但是对张大哥一家人来说,转作的真正意义在于:这段期间两种作物"家族劳动报酬"差距平均高达 247,982 新台币。对一个普通台湾农民家庭来说,年收入 24 万新台币的差距绝对举足轻重,即便可能导致边际劳动报酬递减也在所不惜。我们不能忘记:20 世纪 90 年代初期张大哥舍弃台干工作返乡继承家业,一肩扛起全家七口的生计,究竟是怀抱怎样的心情转作寄接梨? 20 多年匆匆过去,张大哥总算顺利拉扯两位女儿长大,而对于自己经年锻炼的技术与劳动,又寄予了多少辛酸和骄傲?离开农民家计经济的视野,我们就不可能真正理解台湾农村。

东势寄接梨经济之所以能够获得广泛响应,或许正是因为这样一种由农民主动创造的特异栽培模式,在一定程度上符合农民家计经济的需要。对于非农就业机会成本较高和家庭劳动力足够的农民家庭来说,只要愿意承担更高的"劳动辛苦程度",种植寄接梨不失为一个大幅改善家计的机会。在这里,我们不必陷入关于"劳动自我开发"或"自我剥削"的一系列价值判断。事实上,农民也不会无端增加自己的"劳动辛苦程度"。返回历史变迁的视野,也许下面这个问题更加值得关注:究竟是怎样的城乡关系和市场结构加剧了东势农民的生存压力,迫使他们不断寻找替代作物与追加农业劳动投入?

(二)技术创新的方向

只有在一个更大社会变迁的脉络里,我们才能更进一步理解寄接梨诞生的历史意义。恰亚诺夫的"农民家计经济理论"作为一种个体经济模型,并不足以解释哪些外部因素共同推动了东势寄接梨经济的发展。

本文建议,我们应该把"转作"视为一种"生存策略",并且沿着黄宗智所谓"隐性农业革命"的思路出发,借此了解农民在宏观城乡关系变迁和市场结构形成下的生活处境。

工业化与当代农村社会经济变革之间的关系,是众多学者争论的焦点。我曾在另外一篇文章中指出,无论是主张小农经济势必在现代工商经济中逐渐式微的"现代化理论"(张汉裕,1974;于宗先,1975;沈宗瀚,1976;马若孟,1979;张研田,1980;黄俊傑,1984;廖正宏等,1986;廖正宏、黄俊杰,1992;毛育刚,1994;黄树仁,2002),还是批判农村在政权与资本掠夺下走向衰微的"依赖理论"(柯志明,2006;刘进庆,1992;陈玉玺,1995;隅谷三喜男,1995;涂照彦,1999;矢内原忠雄,2002;刘志伟、柯志明,2002;张素玢,2014),都对台湾农村抱持过于悲观的态度,无法解释小农家庭农业为何顽存至今(Yeh,2016)。当我们不再纠结于小农经济是否会随着资本主义发展而趋于消亡的规范性问题,而是具体考察台湾农民在快速工业化冲击下各式各样的生存策略,就会发现一个更为丰富的历史图像。

一个明显的事实是,在20世纪70年代的农业危机(廖正宏等,1986;廖正宏、黄俊杰,1992)冲击下,台湾农村产生了剧烈的分化,而非简单地走向衰微(柯志明、翁仕杰,1993)。值得注意的是,台湾农业生产结构在这段期间产生了剧烈变化:1960年至2010年之间,台湾的稻米、蔬菜和果品的产量比重已经从61%、26%和13%转为18%、41%和41%,产值比重则从85%、9%和6%转为20%、33%和47%。(Yeh,2016:308—309)其中,水果产业的突飞猛进特别引人注目。

我们有理由认为,台湾早在20世纪70年代也经历了一个广义的"隐性农业革命"。怎样理解这个过程,是一个更大的知识课题。本文的目标在于总结东势寄接梨经济的历史经验,希望澄清水果栽培技术创新、劳动配置与农民家计经济之间的关系。从这个角度来看,寄接梨的诞生并非资本主义的自然演化,而是东势农民与更大历史变迁潮流长期互动的结果,其中既有主动的创造,也有被动的适应。无论如何,我们不应过度低估小农家庭农业面对城乡关系变革的弹性与韧性。

事实上,东势农民的口述史显示,他们是在农业危机的冲击下凭借极其有限的社会资源不断寻找能够改善家计的生存策略。在整个20世纪70年代,台湾农村无论内部还是外部都进退维谷:不仅以农会为中心农粮汲取体系难以为继,经济作物的外销市场也快速萎缩,快速工业化进程更导致城乡收入差距不断扩大、农村人口快速流失以及农业劳动人口老化。出路何在? 竭力希望支撑家计的东势农民,开始大规模转作内需导向的多样化水果栽培,迎合伴随城市经济快速扩张下的多样化饮食需求。这既是历史的机遇,也是结构的必然。

在主观上,许多东势居民认为当地水果经济的多样化,应该感谢优良的气候地理条件。但事实上,若不是诸多外在历史条件的改变与汇聚,东势水果产业也可能延续日本殖民统治时代以来的香蕉大规模单一作物外销模式,而非走向迎合岛内消费市场的多样性水果经济。更何况,寄接梨本身就是一种违抗气候限制的特殊栽培方式。历史的曲折在于,若非20世纪70年代农业危机的冲击,东势农民也不会再缺乏垂直整合运销供应体系(农会[稻米]与青果合作社[外销果品])支持的逆势下,被迫转向摸索多样性水果经济的陌生道路。根据东势农民的口述,东势农会在寄接梨产业发展的过程中,并没有发挥比较重要的制度性贡献。但这并不意味着东势农民否定农业合作化的重要性。事实上,农民普遍十分渴望农业合作化组织或其他公共权力的支持。

不能忽略的是,台湾狭窄的内需水果市场结构也是推动东势水果经济多样化的关键因素。随着水果供应日渐饱和,农民愈来愈清楚真正的机会来自于逆向市场操作下的商品差异,而非一味增加产量。若非如此,张榕生也不必费尽心思研发葡萄产季调节、雪花梨和寄接梨。在缺乏当局或合作化组织强大奥援的历史前提下,为了躲避"生产过剩—价格崩跌"的市场周期,东势农民努力的方向是尽可能转作较为稀贵的高单价水果,研究反季节作物栽培方式,寻找具备市场潜力的新型作物,或者努力将水果质量提升到平均水平上。众多条件汇合的结果,最终推动了东势果品的多样化与精致化。或者说,东势农民尝试以精致和多样的种植策略抵抗市场波动。

寄接梨不过是其中一个引人注目的案例:在市场逆境中,农民花费将近10年时间集体创造出一项新型高价商品作物。在这个过程中,东势农民展现出极为积极活泼的草根技术创新能力。然而,许多社会条件决定了东势草根农业技术创新的可能限度。举例来说,东势农民很难去设想如何取得节省劳力的大型农业机具,从事大规模机械化的水果栽培作业:他们既缺乏添购这种机械设备的资金,也不可能取得机械化耕作足以产生利润的规模农地,更不具备设计这类机械化水果栽培必须的工程知识。何况在农民家计经济中,所有农业投资都意味着挪用部分当年家庭消费额度,必须十分谨慎看待:购买几十万新台币的日本进口温带梨花苞,已经算是相当大胆的投资。换言之,东势农民唯一能够依凭的,几乎只有他们的双手,他们的劳动、经验与技术,以及家庭所有的一小片农地。寄接梨就是在这样的市场逆境下诞生。

这就是为什么东势的草根农业创新,最终走向了节省资本的"厚工—多样"(labor intensifying diversified crops)而非耗费资本的"省工—单一"(labor saving single crop)方向。相较而言,黄应贵(1979)针对彰化平原的田野调查,发现当地水稻产业之所以快速转向机械化,实际上在长期粮价低迷的背景下,受到20世纪70年代快速工业化带动工资大幅上涨的冲击,迫使农民寻求节约劳力的办法,结果逐渐形成一个精细的稻作代耕分工体系。我曾在许多场合听到农民戏称:"今天种稻子只需要打三通电话:打电话请人插秧,请人喷药,请人收割。地主完全不需下田。"这样的说法虽然过于夸张,但仍一定程度反映了今日台湾机械化水稻产业的特质。事实上,如今台湾水稻产业可说是掌握在近千个拥有百万资本的农业机具代耕队手中,他们以租佃或代耕的形式纵横台湾平原地区,进行特殊型态的广泛地域单一作物耕作。

同样在20世纪70年代,东势的水果经济却走向了完全不同的方向。作为东势农民集体创造的产物,寄接梨的特性在于以栽培技术创新以及追加农业劳动投入创造出水果市场中的商品差异,从而争取更高家庭农业收入。农政部门一开始对此持怀疑的态度,寄接梨并不符合主流所谓现代化农业的发展想象。东势农民以不太一样的眼光看待寄接梨:他们认为寄接梨的诞生,改善了众多农民的生活,提供更多工作机会,带给东势一段时间的经济繁荣,让返乡农家子弟有机会养活一家老小,换工制度更维系了农村的人情味。寄接梨的栽培过程的确过于繁琐厚工,但是这样精致的农业技艺也寄寓着众多农民的心血与骄傲,代表他们有能力凭一己之力独立生存。

东势农业劳动投入的再密集化以及作物种类的多样化,体现了家庭农场的坚韧以及城乡关系的不对称。东势农民对于价格十分敏感,可是他们缺乏农业合作化下的集体议价能力,"技术创新"和"劳动自我开发"是农民仅有抵抗市场波动的筹码:为了维持家计,必须穷尽一切机会,四处寻觅新型作物和技术,必要的时候可以多做一点、辛苦一点,哪怕只为了增加一点收入。"都是钱啊!"一位农民曾对我说,"我很缺钱,我要很认真找钱,在土里找钱。"这才是寄接梨之所以广为东势农民接受的社会背景。

然而"转作红利"(bonus of switch to different crops)终究是有限的。图表4显示出横山梨与其他温带梨的产地价格变化趋势,我们可以发现在2000年代四种温带梨(新世纪梨、丰水梨、幸水梨和新兴梨)的产地价格都衰退了50%左右:这意味着果农的收入也可能减少一半左右,消费者对于温带梨的购买力则增加一倍左右。城市居民是这个高度倾斜的农产供应体系的受益者:我们得以享用新鲜、廉价又多样的果品。

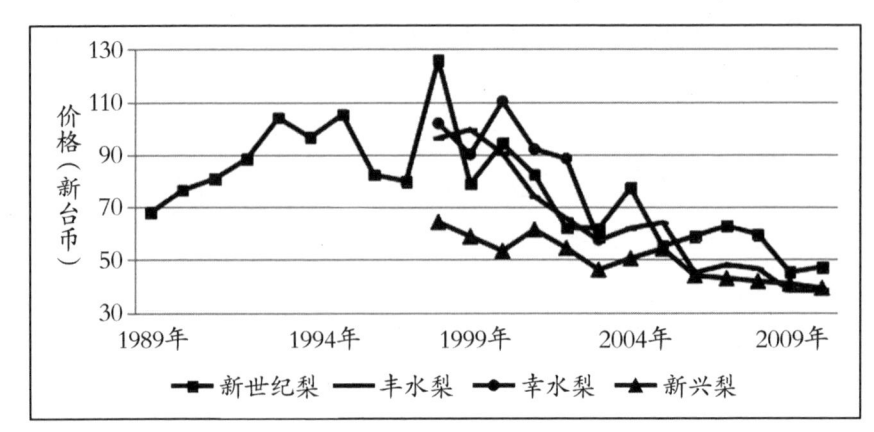

图表 4　台湾温带梨产地每公斤价格（1989—2010）

图表为作者自制。原始数据取自"行政院"农业委员会农业统计数据查询数据库：农产品价格统计。2017/12/20，检索自：http://agrstat.coa.gov.tw/sdweb/public/maintenance/Announce.aspx。

回头看看张大哥的果园吧。那天我第一次拜访张大哥的寄接梨园，当场受到很大的震撼："把果树种得那么密集，会不会养分不足？"张大哥回答："所以要施肥呀。"当时已接近收成季节，我不得不弯腰走路，深怕碰掉数不清的包覆在牛皮纸袋中的饱满果实。为了让我见识寄接梨的模样，张大哥仔细拆开一个牛皮纸袋，又小心翼翼地包覆回去。劳动投入需求如此沉重的栽培模式是否将为时代淘汰？我那时已慢慢明白东势果农的困境，真正的难处似乎在于生产过剩、市场价格萎靡和季节性缺工等问题，反倒很少听到农民抱怨工时长。其实张大哥有在思考转作的问题，隔壁果园的甜柿价格好像不错，可是市场波动很大，他认为应该再观望一阵子。当时两位女儿已经到了念高中的年纪，其中一个坚持要念农校。夫妻两都怀抱相当复杂的心情。"可是这样果园就有后了呀！"我说。"看她以后自己想做什么啦。"只见张大哥露出最纯朴的笑容。

六、结论

当代台湾水果经济的确呈现出相当活泼与复杂的面貌,值得研究者持续关注。针对政策、制度与市场环境的分析,固然也很有价值,但是难免疏远了第一线农业劳动者的真实情境。本文尝试从"农民家计经济"的角度,探讨东势水果经济基层活泼的农业创新为何走向了"厚工—多样"的方向,而非类似机械化水稻产业那样的"省工—单一"模式。无论是商品农、在地师傅还是农民家计经济的观点,都没有办法概括台湾快速工业化震荡过程中东势农民的生存策略。

作为东势农民集体创造的产物,寄接梨的诞生,其实反映了东势农业的集体困境以及高度倾斜的城乡关系:农民竟然甘愿承担如此严厉的农业密集劳动,还视之为改善家计的绝佳机会。在这个脉络下,东势的"隐性农业革命"的推动力恐怕来自于城乡关系变革下的农业危机,以及家庭农场回应经济压力的弹性与韧性。当然,我们也在其中看到了机会,农民展现出卓越的栽培技术创新能力,不应低估家庭农场的精耕细作与多样化生产禀赋。

当代农村经济的复杂,千头万绪,已经超乎个别理论典范能够概括的程度。援引恰亚诺夫的"农民家计理论"和黄宗智的"隐性农业革命"概念,不是为了争论家庭农场这样的经济组织是否合理或优越,而毋宁是希望提供一个不同于主流经济学的同情眼光,重新理解基层农民的坚韧与创造,并且反省当代台湾高度倾斜的城乡关系。

参考文献

于宗先(1975):《台湾农业发展论文集》,台北:联经出版社。

马若孟(1979):《台湾农村社会经济的发展》,陈其南等译,台北:牧童出版社。

毛育刚(1994):《台湾农业发展论文集·续编》,台北:联经出版社。

王作荣等(1970):《台湾第二次土地改革刍议》,台北:环宇书局出版。

叶守礼(2015):《小农经济现代变迁:东势果农的商品化之路》,台湾东海大学社会学系硕士论文。

叶守礼(2017):《乡民生活世界:农村社会学研究的田野反思》,《庶民文化研究》第15期,第107—134页。

[日]矢内原忠雄(2002):《日本帝国主义下之台湾》,周宪文译,台北:海峡学术出版社。

刘龙麟(2017):《寄接梨补遗》。未出版。

刘志伟、柯志明(2002):《战后粮政体制的建立与土地制度转型过程中的国家、地主与农民(1945—1953)》,《台湾史研究》第9卷第1期,第107—180页。

刘进庆(1992):《台湾战后经济分析》,台北:人间出版社。

"行政院"农业委员会台中区农业改良场编(2005):《梨栽培管理技术研讨会专集》,农委会台中农改场。

吴田泉(1993):《台湾农业史》,台北:自立晚报。

张汉裕(1974):《经济发展与农村经济》,台北:三民书局。

张研田(1980):《农企业的发展》,台北:联经出版社。

张素玢(2014):《浊水溪三百年:历史、社会、环境》,台湾卫城出版公司。

杨弘任(2014):《社区如何动起来?黑珍珠之乡的派系、在地师傅与社区总体营造》,新北:群学出版有限公司。

汪冠州(2010):《技术的共变转换:牛奶凤梨乡的技术与社会》,东海大学社会学系硕士论文。

沈宗瀚(1976):《台湾农业之发展》,台北:台湾商务印书馆。

陈玉玺(1995):《台湾的依附型发展》,台北:人间出版社。

陈宪明(2002):《由农业资材行的运作看栽培技术的发展与扩散——以屏东平原莲雾产业为例》,"国立"师范大学地理研究所硕士论文。

恰亚诺夫(1996):《农民经济组织》,萧正洪译,北京:中央编译出版社。

柯志明(2006):《米糖相克:日本殖民统治下台湾的发展与从属》,新北:群学出版有限公司。

柯志明、翁仕杰(1993):《台湾农民的分类与分化》,《"中央研究院"民族学研究所集刊》第72期,第107—150页。

涂照彦(1999):《日本帝国主义下的台湾》,台北:人间出版社。

秦晖(1996):《当代农民研究中的"恰亚诺夫主义"》,载恰亚诺夫《农民经济组织》,第2—6页,北京:中央编译出版社。

康有德(1992):《水果与果树》,台北:黎明文化事业出版社。

黄应贵(1979):《农业机械化:一个台湾中部农村的人类学研究》,《"中央研究院"民族学集刊》第46期,第31—78页。

黄宗智(1994):《中国研究的规范认识危机:论社会经济史中的悖论现象》,香港:牛津大学出版社。

黄宗智(1994a):《华北的小农经济与社会变迁》,香港:牛津大学出版社。

黄宗智(1994b):《长江三角洲小农家庭与乡村发展》,香港:牛津大学出版社。

黄宗智(2010):《中国的隐性农业革命》,北京:法律出版社。

黄宗智(2013):《明清以来的乡村社会经济变迁:历史、理论与现实(卷三:超越左右:从实践历史探寻中国农村发展出路)》,北京:法律出版社。

黄俊杰(1984):《面对历史的挑战:沈宗瀚与我国农业现代化的历程》,台北:幼狮文化事业公司。

黄树仁(2002):《心牢:农地农用意识形态与台湾城乡发展》,台北:巨流图书公司。

谢东华等(2000):《大甲溪带电奔流》,台北:时报文化出版社。

谢志一(2002):《草根、知识与黑珍珠:屏东莲雾技术发展的脉络式研究》,台湾世新社会发展研究所硕士论文。

[日]隅谷三喜男、刘进庆、涂照彦(1995):《台湾之经济:典型NIES之成就与问题》,台北:人间出版社。

廖正宏、黄俊杰(1992):《战后台湾农民价值取向的转变》,台北:联经出版社。

廖正宏、黄俊杰、萧新煌(1993):《光复后台湾农业政策的演变:历史与社会的分析》,台北:"中央研究院"民族学研究所。

Burawoy, Michael. (1998). "The Extended Case Method," *Sociological theory*, 16, 1: 4-33.

Yeh, Shou-li. (2016). "Transformation and Tradition in Taiwan's Peasant Economy, 1960-2015: A Case Study of the Dongshi Fruit Economy," *Rural China*, 13 (2): 306-343.